초판 1쇄 발행 2024년 7월 5일

지은이 이동화
펴낸이 김현미
감수 박은진
외주교정 윤수진
표지디자인 권수현
내지 캐릭터 이미지 Midjourney(생성형 인공지능)

펴낸곳 콩세알
출판등록 제353-2022-000043호
주소 21553 인천시 남동구 문화로 161
전화 010-8237-6209 **팩스** (050) 4201-6209
이메일 kongsaeal@naver.com
인스타그램 https://www.instagram.com/kongsaeal_publisher/

ISBN 979-11-985059-1-0 (73410)

콩세알은 어린이 수학·과학 전문출판사입니다.

- 책값은 뒤표지에 있습니다.
- 잘못 만들어진 책은 구입하신 서점에서 바꾸어 드립니다.
- 이 책은 저작권법에 의하여 보호를 받는 저작물이므로 무단 전재와 무단 복제를 금합니다.

'게임'이라고 하면 여러분은 무엇이 떠오르나요?

아마 핸드폰 게임이나 PC 게임이 떠오를지도 몰라요. 하지만 이런 게임이 있기 훨씬 오래전부터 인류는 다양한 형태의 게임을 만들고 즐겼어요. 그리고 이런 게임 중에서도 두뇌 싸움을 하며 지적인 유희를 즐기는 수학게임에 많은 사람들이 열광했어요!

대표적인 수학게임으로는 틱택토, 님 게임, 헥스 등이 있는데, 이 게임들을 이 책에서 알아볼 거예요. 수학게임을 하며 다양한 경우의 수를 계산하고, 자신만의 전략을 짜서, 상대의 허점을 공격해 봐요! 상대와 두뇌 싸움을 하는 과정에서 큰 즐거움을 느낄 수 있을 거예요.

물론 모든 수학게임이 두 명이 대결하는 것은 아니에요. 혼자 하는 수학게임도 있어요. 카쿠로, 배틀쉽 솔리테어, 테트라스퀘어 등이 그 예라 할 수 있죠. 이런 게임 역시 문제를 해결하는 과정에서 다양한 전략을 사용해야 해요. 자신만의 전략을 통해 문제를 해결한다면 큰 성취감을 느낄 수 있을 거예요. 그리고 이렇게 수학게임을 즐기다 보면 자연스럽게 집중력과 사고력이 향상되는 경험을 할 수 있을 거예요.

수학게임은 수학자들에게 관심의 대상이 되기도 해요. 그래서 수학자에 의해 필승 전략이나 해법이 알려진 게임도 있어요. 이 책에서는 어렵지 않은 수준에서 이런 전략에 대해서도 알아보고 있어요. 그리고 자신의 실력을 확인해 보고 싶은 친구들을 위해 여러 도전 문제도 준비했답니다.

그럼, 본격적으로 수학게임의 세계로 떠나 볼까요? 다양한 수학게임을 통해 제가 느꼈던 즐거움을 여러분도 느끼길 바랄게요. 게임을 통해 수학의 매력을 느끼고, 때로는 성공하고 때로는 실패하는 경험을 해 보세요. 여러분의 모험을 응원할게요!

수학교사 이동화

종이와 펜으로 하는
수학게임왕

차례

1 혼자 놀기

테트라스퀘어 010
모르피온 솔리테어 022
배틀쉽 솔리테어 032
지뢰찾기 퍼즐 044

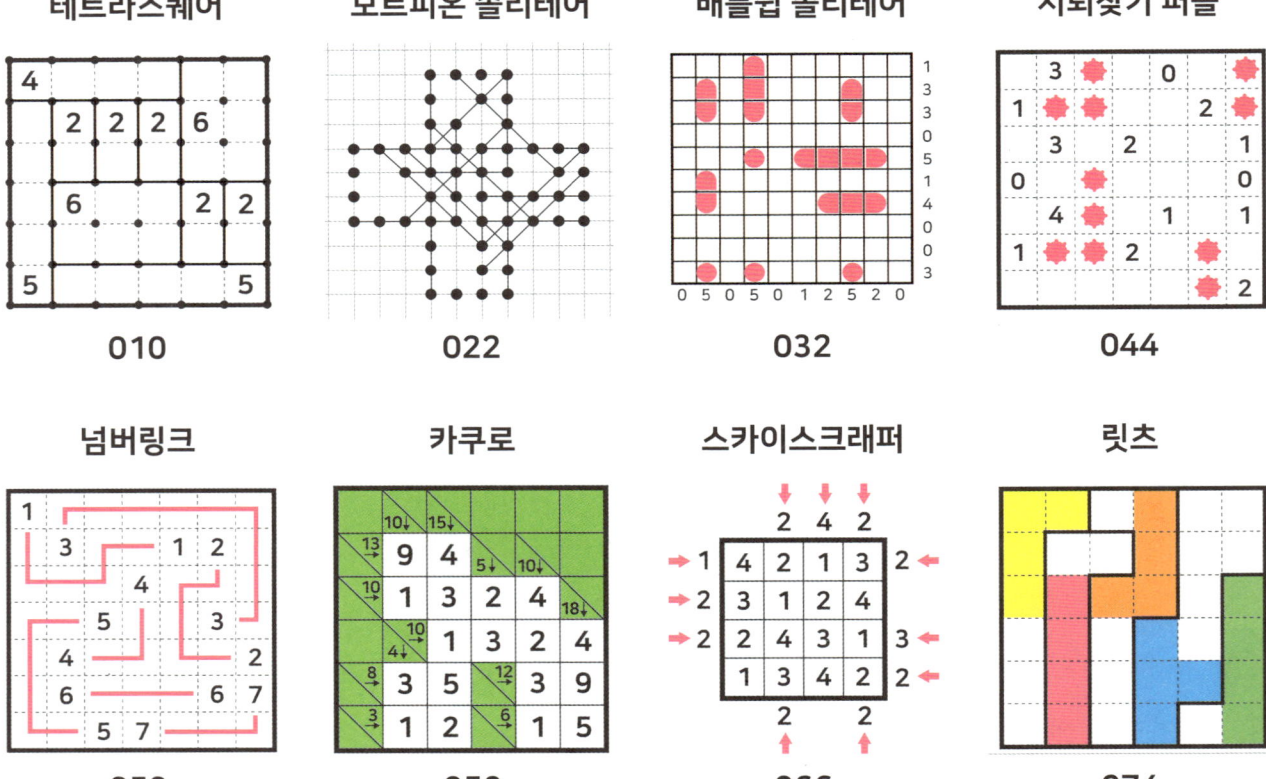

넘버링크 052
카쿠로 058
스카이스크래퍼 066
릿츠 074

둘이 놀기 2

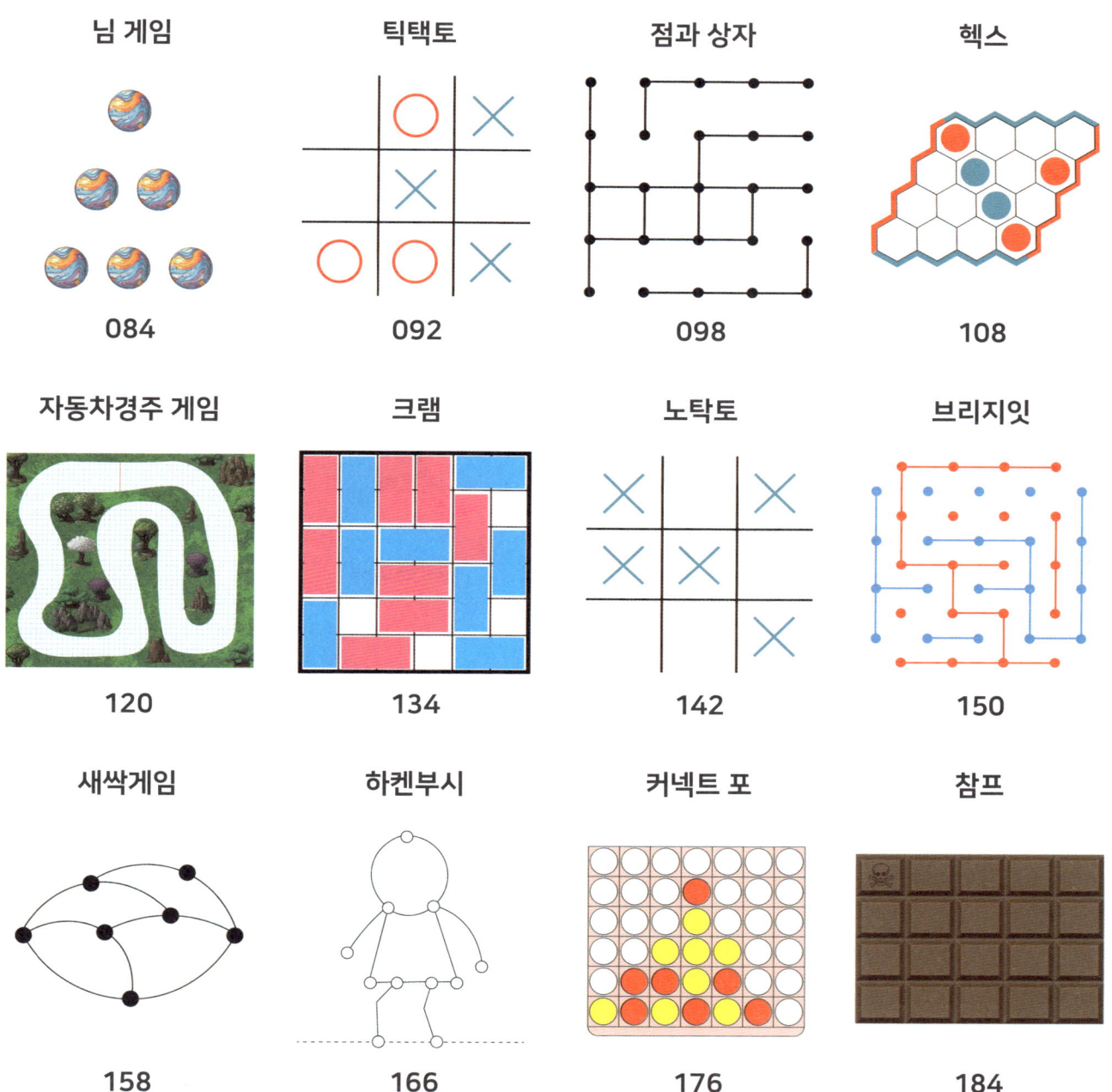

님 게임	틱택토	점과 상자	헥스
084	092	098	108

자동차경주 게임	크램	노탁토	브리지잇
120	134	142	150

새싹게임	하켄부시	커넥트 포	참프
158	166	176	184

정답과 설명 3

구성과 특징

이 책에서 소개하는 게임은 연필과 책에서 제공하는 게임판만 있으면 어디서든 즐길 수 있어요. 본격적으로 게임을 하기 전에 책의 구성과 특징을 알아볼까요?

1 게임 즐기기

게임 규칙

자세한 설명과 진행 과정에 대한 그림을 통해 게임의 규칙을 알아봐요.

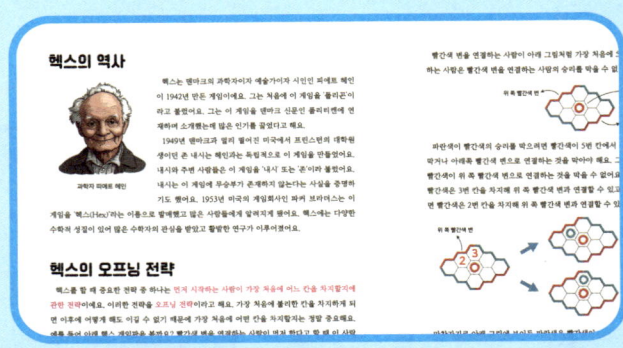

게임 전략

게임의 수학적 성질이나 게임에서 사용할 수 있는 전략에 대해 알아봐요.

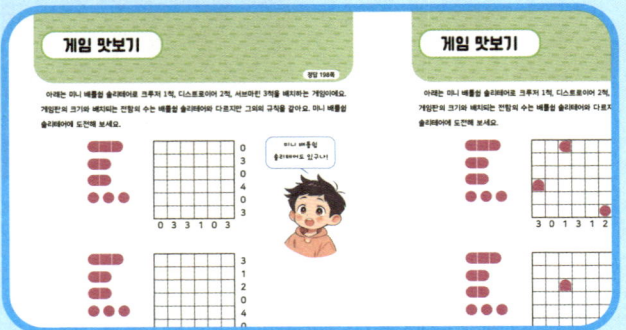

게임 맛보기

간단한 형태의 게임을 직접 해 보며 자신만의 전략을 찾아봐요!

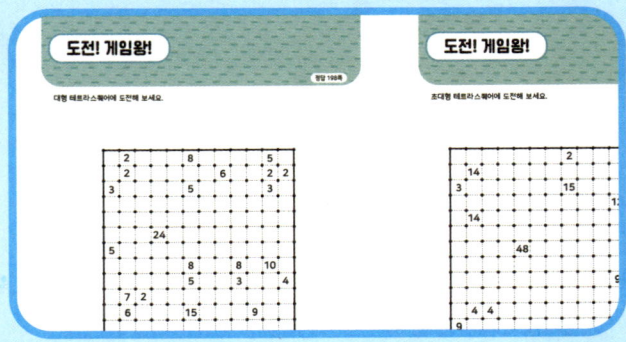

도전! 게임왕!

게임을 해 보며 전략을 익히고 어려운 게임 문제에 도전해 봐요!

자기 전략 찾기

게임 전략에 대해 보기 전에 게임을 직접 해 보며 자신만의 전략을 찾아보길 추천해요!

풀이 확인하기

책 뒤에 나와 있는 정답과 설명을 통해 게임 문제에 대한 자신의 풀이가 맞는지 확인해 봐요!

게임판 받기 2

책 안에서 각 게임마다 게임판을 제공하고 있지만, 더 해 보고 싶은 친구를 위해 게임판 파일도 제공하고 있어요. 아래 링크나 QR코드를 통해 게임판을 다운받으면 돼요.

bit.ly/수학게임왕

또는

게임 준비물 3

게임 준비물은 연필과 지우개면 충분해요. 단, 게임에 따라서 두 가지 색의 펜이 필요한 경우도 있어요. 게임판은 책에 있으므로 책 안에 있는 게임판에서 게임을 하면 돼요. 만약 게임판이 부족하면 위 링크의 게임판을 다운받아서 사용하면 돼요.

연필, 지우개, 게임판

혼자 놀기

1 테트라스퀘어

테트라스퀘어는 스도쿠로 유명한 일본의 퍼즐 회사 니코리에서 만든 퍼즐이에요. 우리나라에는 테트라스퀘어란 이름으로 많이 알려졌지만 원래 이름은 '시카쿠'예요. 단순하면서도 여러 수학 개념이 녹아 있는 흥미로운 게임이랍니다.

> 게임판을 작은 직사각형으로 나누는 게임이구나!

게임은 위 그림처럼 주어진 게임 문제에서 시작해요. **혼자 하는 게임**으로 규칙에 따라 **전체 게임판을 작은 직사각형으로 나누면 성공**이랍니다. 문제 해결에 성공하면 큰 성취감을 느낄 수 있어요. 게임 규칙을 좀 더 구체적으로 알아볼까요?

게임 규칙

1 아래 그림과 같이 주어진 문제를 직사각형으로 나누는 것이 목표예요.

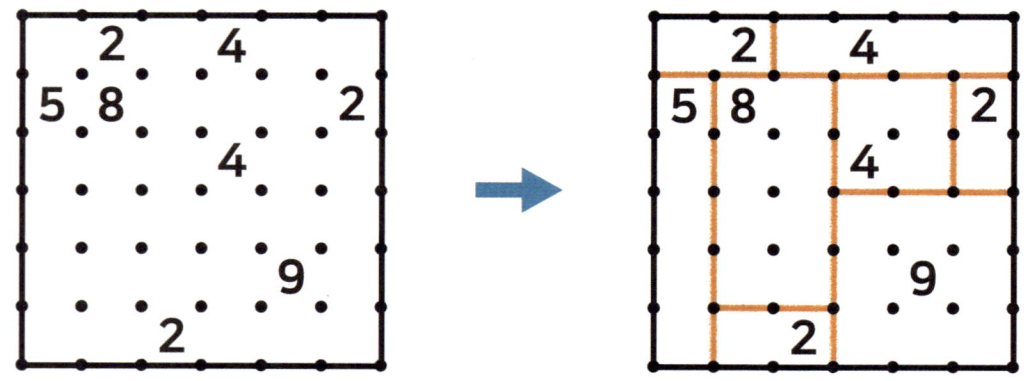

테트라스퀘어 문제(왼쪽)와 그 해답(오른쪽)

② 각 직사각형에는 하나의 숫자만 들어가고, 비거나 남는 공간이 있어서는 안 돼요.

빈 공간 없이 직사각형에 하나의 숫자가 들어간 모습

③ 직사각형이 아닌 다른 모양으로 나눠서는 안 돼요.

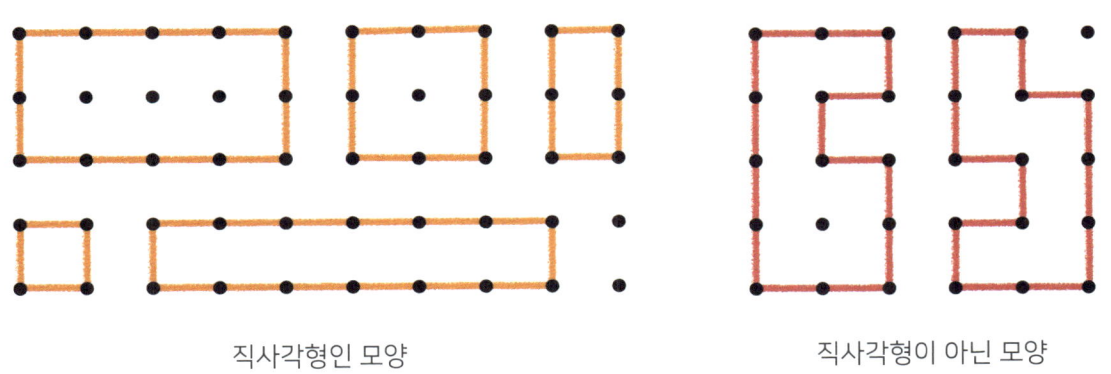

직사각형인 모양　　　　　　　　직사각형이 아닌 모양

④ 직사각형 안의 숫자와 직사각형을 이루는 칸의 수가 같아야 해요.

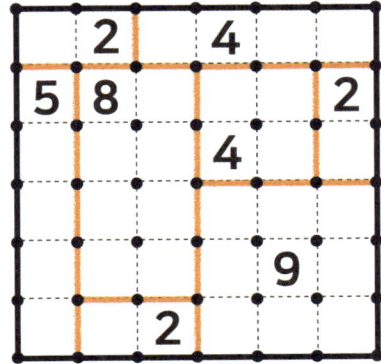

직사각형을 이루는 칸의 수와 직사각형 안의 숫자가 같은 모습

게임 맛보기

정답 196쪽

테트라스퀘어에 도전해 보세요.

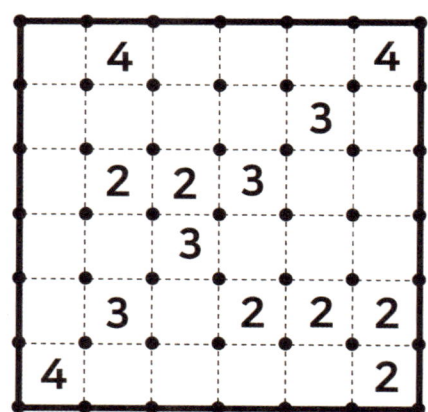

게임 맛보기

정답 196쪽

조금 더 큰 테트라스퀘어에 도전해 보세요.

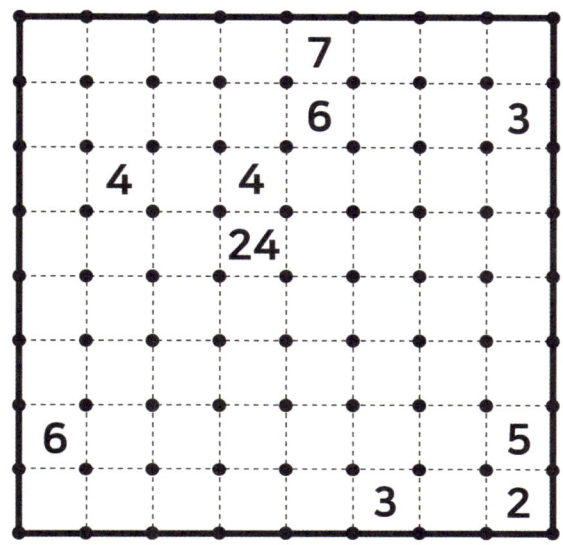

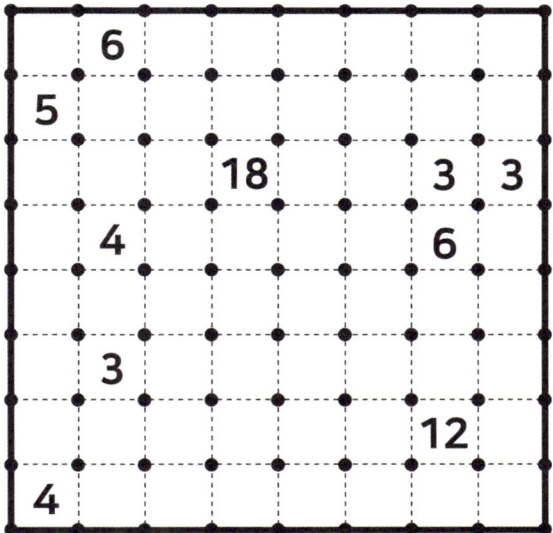

테트라스퀘어 속 수학 : 소수

테트라스퀘어에는 직사각형 안의 숫자와 직사각형을 이루는 칸의 수가 같아야 한다는 규칙이 있어요. 따라서 게임을 할 때 숫자를 포함하는 직사각형의 형태를 미리 추측해야 해요. 그리고 숫자에 따라 가능한 직사각형의 종류가 많을 수도 있고 적을 수도 있어요. 직사각형을 추측할 때 이와 관련된 수학 성질을 알고 있다면 좀 더 쉽게 문제를 해결할 수 있어요. 이에 대해 알아볼까요?

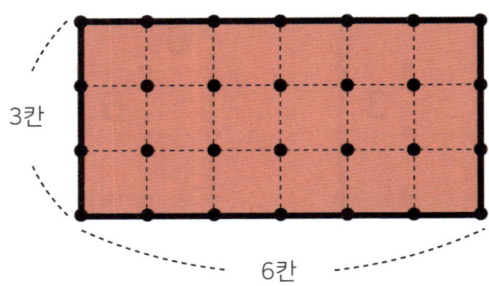

위 그림의 직사각형은 모두 몇 칸으로 되어 있나요? 맞아요. 모두 18칸으로 되어 있어요. 어떻게 알 수 있나요? 한 가지 방법은 칸을 하나씩 세어 보는 거예요. 이 방법은 확실하지만 효율적이지 않아요. 직사각형이 크다면 시간이 오래 걸릴 것이기 때문이에요. **좀 더 효과적인 방법은 세로 칸의 수와 가로 칸의 수를 곱하는 거예요.** 위의 직사각형은 세로 3칸, 가로 6칸으로 두 수를 곱하면 18이 나와요. 이는 실제 직사각형의 칸의 수와 같아요. 즉, 다음과 같이 직사각형의 칸의 수를 구할 수 있어요.

(직사각형의 칸의 총 수) = (세로 칸의 수) X (가로 칸의 수)

직사각형의 이런 성질을 테트라스퀘어의 문제 상황에 적용해 볼까요? 테트라스퀘어에서 다음과 같은 숫자가 나온 경우를 생각해 볼게요.

6

그러면 6을 포함하는 직사각형의 형태를 생각해야 해요. 이 직사각형은 총 칸의 수가 6인 직사각형이에요. 그리고 앞에서 알아봤듯이 세로 칸의 수와 가로 칸의 수의 곱이 6이 되는 직사각형을 생각하면 된다는 것을 알 수 있어요. 즉, 두 수의 곱이 6이 되는 경우를 생각하면 된다는 거고, 이를 통해 가능한 모든 직사각형을 생각할 수 있어요. 실제 두 수의 곱이 6이 되는 경우를 모두 찾으면 다음과 같아요.

$$6 = 1 \times 6 = 2 \times 3$$

곱해서 6이 되는 두 수 중 앞의 수가 세로 칸의 수일 수도 있고, 가로 칸의 수일 수도 있어요. 예를 들어 1 X 6에서 1은 세로 칸의 수일 수도 있고, 가로 칸의 수일 수도 있어요. 따라서 두 수의 곱으로 표현된 식에 대해 가능한 직사각형이 각각 두 개씩 있으므로 6칸으로 된 직사각형은 아래와 같이 4가지예요.

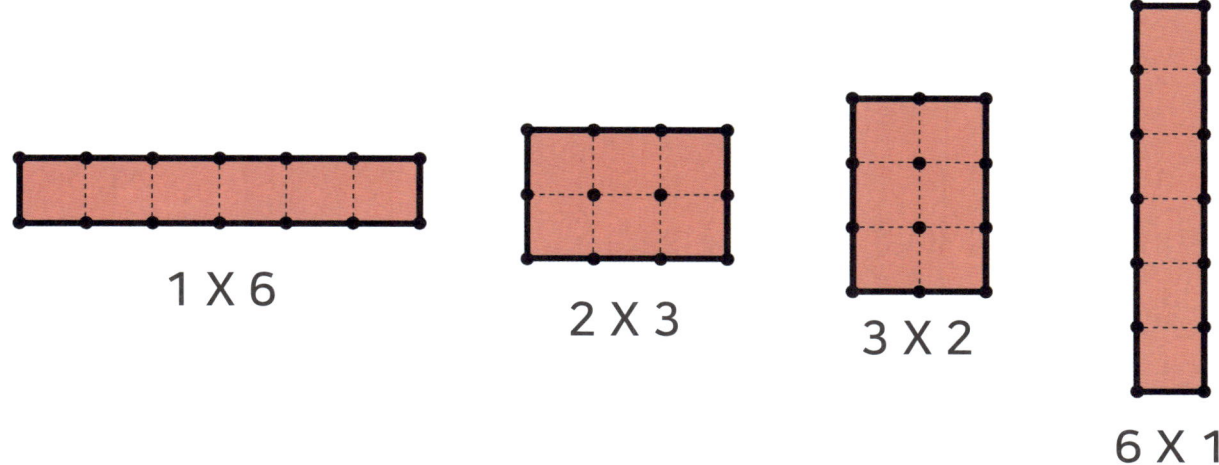

그러므로 테트라스퀘어를 풀 때 6이 나온다면 6을 포함하는 직사각형은 위의 4가지 중 한 가지가 돼요. 다른 숫자에 대해서도 이와 비슷하게 가능한 사각형을 생각할 수 있어요. 그런데 어떤 숫자는 가능한 사각형이 너무 많기 때문에 어떤 직사각형으로 그려지는지 판단하기 어려울 수 있어요. 예를 들면 24가 그런 숫자 중 하나예요. 아래 식처럼 두 수의 곱이 24가 되는 경우는 총 4가지인데 각각에 대해 가능한 직사각형이 두 개씩 있기 때문에 모두 8개의 직사각형을 생각해야 해요.

$$24 = 1 \times 24 = 2 \times 12 = 3 \times 8 = 4 \times 6$$

반면 두 수의 곱이 한 가지 식으로만 표현되는 수도 있어요. 심지어 이런 수는 무수히 많은데 5가 그중 하나예요.

$$5 = 1 \times 5$$

따라서 5의 경우는 가능한 직사각형이 아래 그림처럼 두 가지뿐이에요.

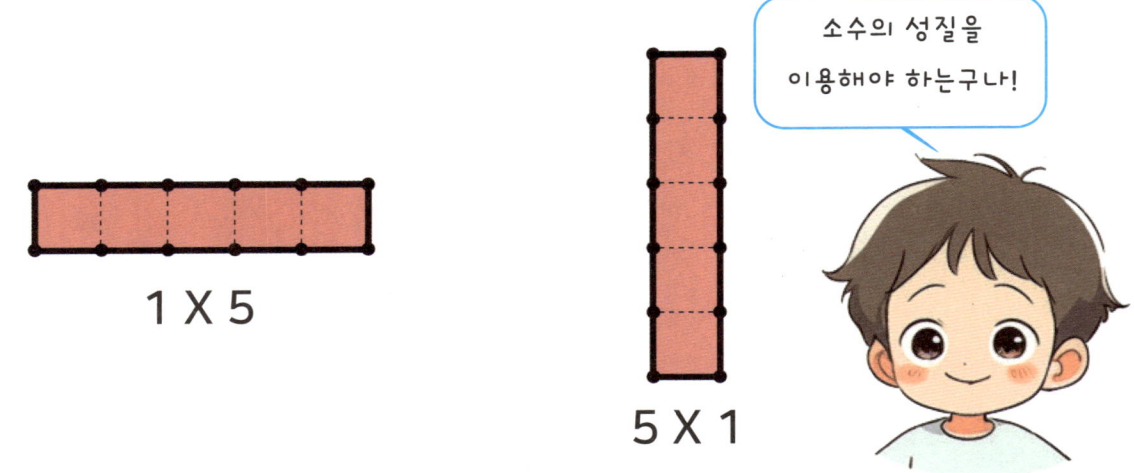

두 수의 곱이 한 가지 식으로만 표현되는 수 중 1을 제외한 수를 '소수'라고 해요. 5도 소수 중 하나예요. 처음 10개의 소수를 쓰면 아래와 같아요.

2, 3, 5, 7, 11, 13, 17, 19, 23, 29

이런 **소수는 가능한 직사각형이 두 가지뿐이므로 미리 알아두면 테트라스퀘어를 해결하는 데 도움이 돼요.** 사실 소수는 수학에서 아주 중요한 탐구 대상 중 하나예요. 많은 수학자가 소수의 성질에 대해 연구했고 소수와 관련된 많은 성질이 밝혀졌어요. 하지만 아직 밝혀지지 않은 수학적 성질도 많아요.

대표적인 예는 소수가 나타나는 규칙이에요. 수가 커짐에 따라 소수가 나타나는 것은 너무나 불규칙해 보여요. 어떨 때는 짧은 간격에 많은 소수가 관찰되지만 어떨 때는 한참 동안 등장하지 않기도 해요. 소수의 등장과 분포에는 어떤 규칙이 존재하는 걸까요? 수학자들은 아직도 이 규칙을 밝히기 위해 노력하고 있어요.

수학계에서 가장 유명한 미해결 문제 중 하나인 리만 가설도 소수의 규칙과 관련이 있어요. 이 문제는 100만 달러(약 13억 원)의 현상금이 걸려 있는 수학 문제로 약 160년 전 독일의 수학자 베른하르트 리만이 제기했지만, 아직 증명되지 않았어요.

소수는 실생활에서도 많이 이용되는데, 대표적으로 암호를 생각할 수 있어요. 소수의 원리를 바탕으로 하는 대표적인 암호로 세 명의 수학자가 만든 RSA 암호가 있어요. RSA 암호는 인터넷으로 은행 거래를 하는 인터넷 뱅킹에 많이 사용돼요.

테트라스퀘어의 전략

테트라스퀘어에서 사용할 수 있는 전략을 알아볼까요?

테트라스퀘어의 전략1

직사각형이 유일하게 그려지는 숫자의 직사각형을 먼저 그린다.

테트라스퀘어를 할 때 가장 먼저 확인해 볼 것은 위의 전략과 같이 직사각형이 유일하게 그려지는 숫자가 있는지 확인하고 그 숫자에 해당하는 직사각형을 그리는 거예요.

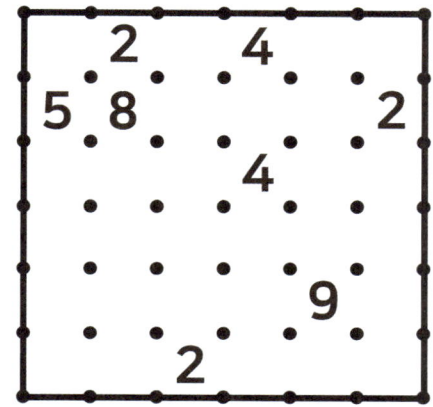

예를 들어 위 문제에서 숫자 4를 생각하면 직사각형이 그려지는 방법이 많아서 하나로 결정하기 어렵다는 것을 알 수 있어요. 하지만 숫자 9는 어떤가요? 9는 1 X 9와 3 X 3으로 표현될 수 있는데 9칸이 한 줄로 들어갈 수 없으므로 3 X 3인 직사각형을 그려야 해요. 9를 포함하는 이러한 형태의 직사각형은 가능한 곳이 한 곳밖에 없어요. 따라서 아래 그림처럼 직사각형을 그릴 수 있어요.

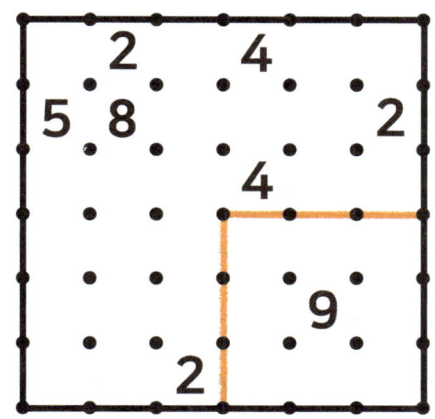

테트라스퀘어의 전략2

특정 숫자의 직사각형에 반드시 포함되는 칸이 있는지 확인하고 가능한 방법을 줄여 간다.

다음 전략은 특정 숫자를 기준으로 생각했을 때 이 숫자의 직사각형에 반드시 포함되는 칸이 있는지 확인하는 거예요.

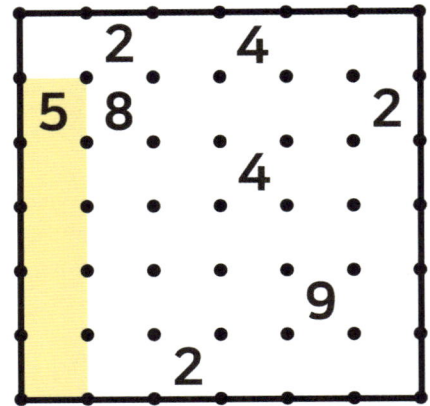 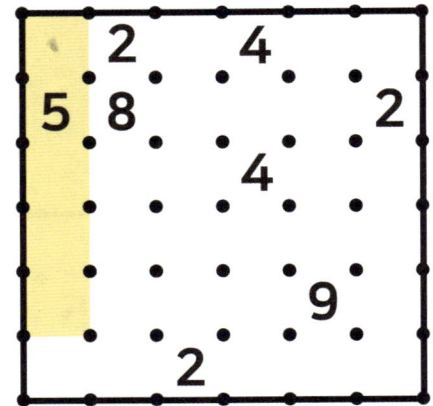

예를 들어 위 문제에서 숫자 5를 살펴볼까요? 숫자 5는 1 X 5로만 표현되기 때문에 가로로 긴 직사각형이나 세로로 긴 직사각형만 가능해요. 그런데 위 문제에서 가로로 긴 직사각형은 들어갈 수 없으므로 세로로 긴 직사각형이 들어가야 하고 가능한 방법이 위 두 가지라는 것을 알 수 있어요. 그런데 아래 그림에 표시한 주황색 4칸은 가능한 두 가지 직사각형이 겹치는 부분이에요. 따라서 주황색 4칸은 5를 포함하는 직사각형에 반드시 속하는 부분이고 다른 숫자를 포함하는 직사각형에는 속하지 않아요. 이를 고려하면 다른 숫자의 직사각형을 찾을 때도 가능한 방법을 줄여서 생각할 수 있고 문제 해결의 실마리를 얻을 수 있어요.

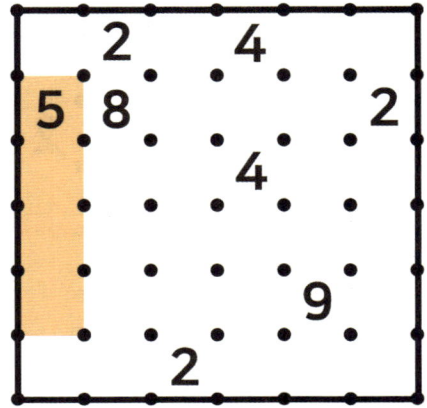

테트라스퀘어의 전략3

특정 직사각형에만 포함되는 칸이 있는지 확인한다.

마지막 전략은 숫자가 아닌 게임판의 각 칸에 집중해서 생각해 보는 전략이에요. 각 칸을 기준으로 그 칸이 포함되는 직사각형이 유일한지 따져 보는 거예요.

예를 들어 위 문제에서 노란색으로 표시한 칸을 볼까요? 이 칸은 어떤 직사각형에든 포함되어야 해요. 그런데 두 칸 옆의 2가 들어가는 직사각형에는 포함될 수 없어요. 그리고 9나 8이 들어가는 직사각형에도 포함될 수 없어요. 노란색 칸이 포함될 수 있는 유일한 직사각형은 바로 숫자 5가 들어가는 직사각형이에요. 따라서 숫자 5의 직사각형은 아래 그림처럼 그려질 수밖에 없어요.

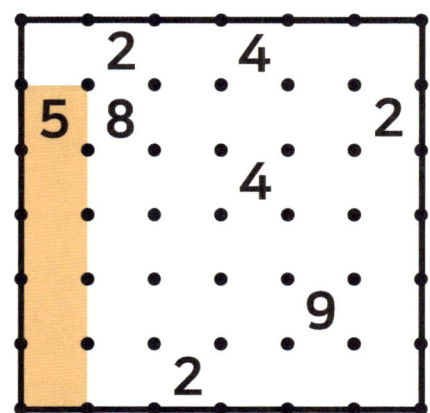

이렇게 테트라스퀘어의 전략 세 가지를 알아봤어요. 이 외에도 여러 전략을 더 생각해 볼 수 있어요. 자신만의 전략을 찾아 테트라스퀘어에 도전해 봐요!

도전! 게임왕!

정답 196쪽

대형 테트라스퀘어에 도전해 보세요.

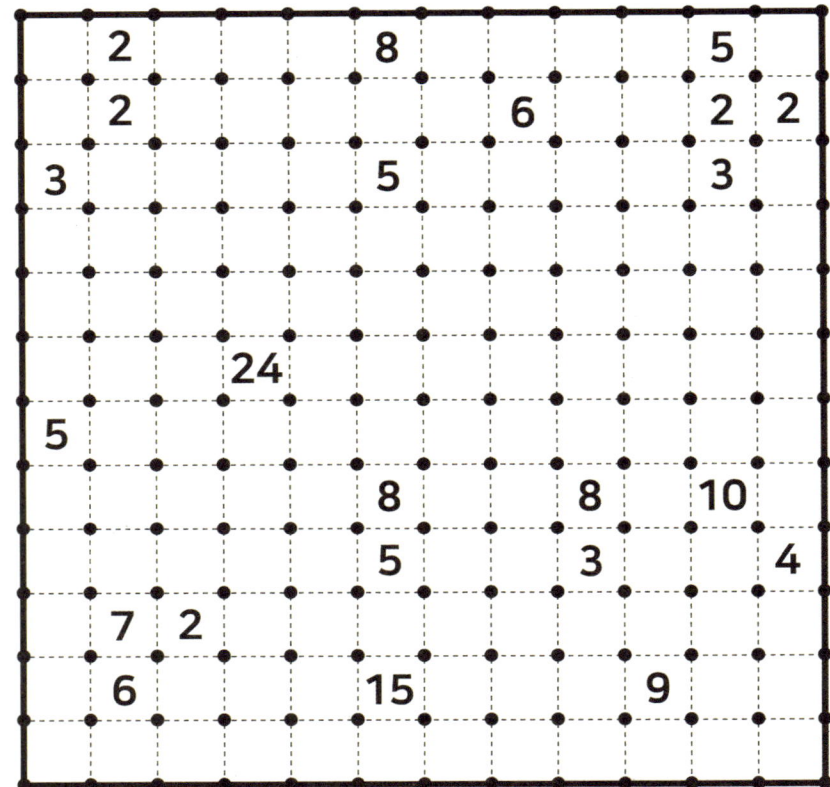

정말 큰 게임판이다!!
쉽지 않겠는걸?

도전! 게임왕!

정답 196쪽

초대형 테트라스퀘어에 도전해 보세요.

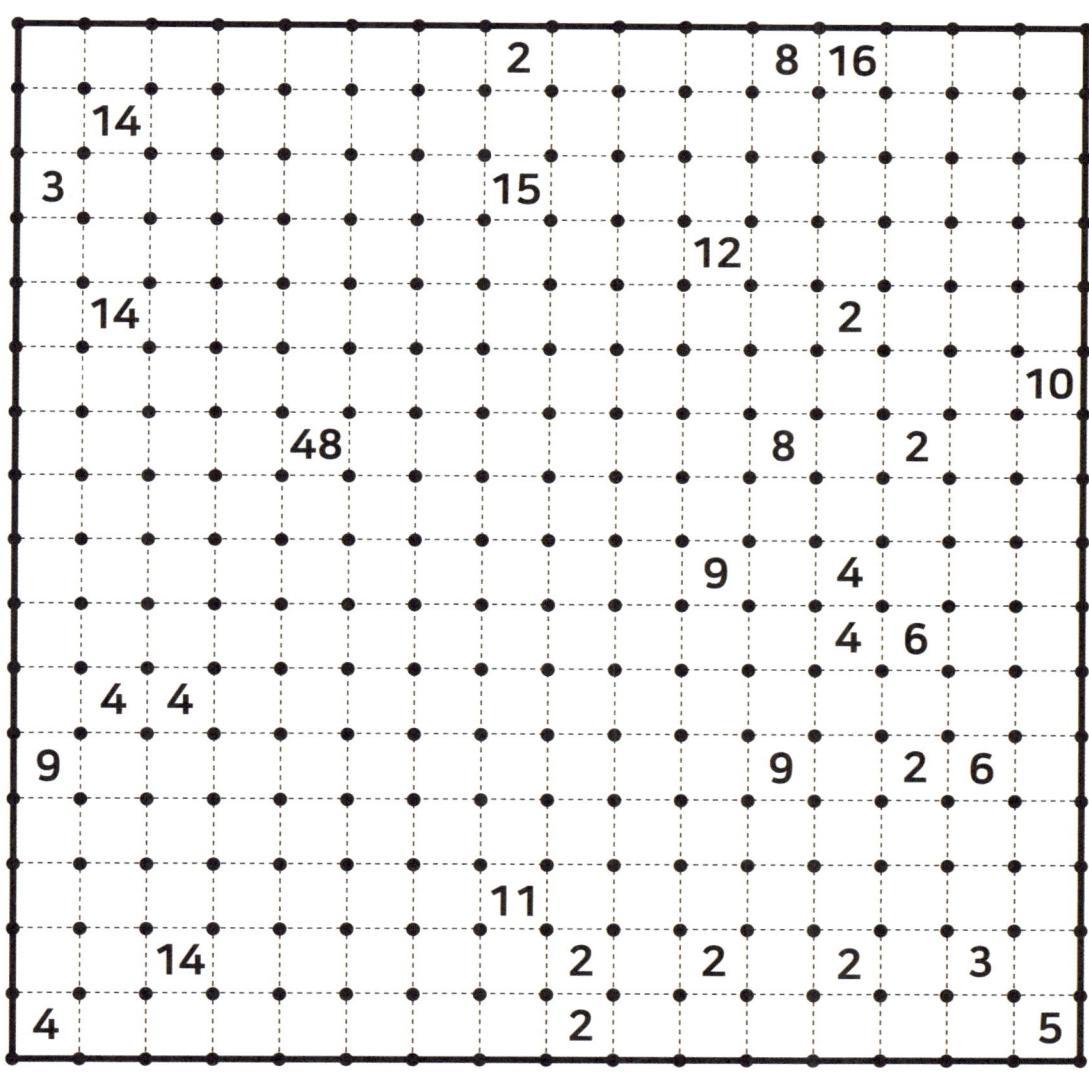

2 모르피온 솔리테어

모르피온 솔리테어는 36개의 십자가 형태의 점(십자 점)에서 진행하는 게임으로 1970년대 프랑스에서 크게 유행했어요. 많은 수학자도 관심을 두고 모르피온 솔리테어를 연구했어요.

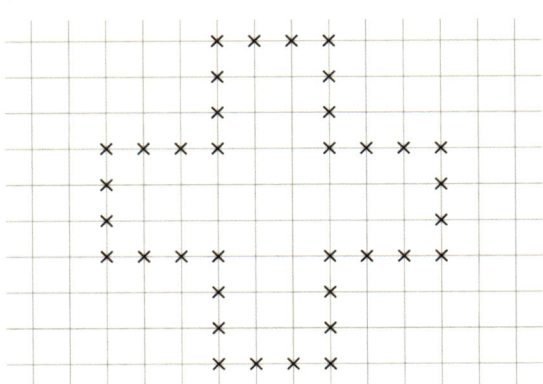

게임은 위 그림과 같은 게임판에서 시작해요. **혼자 하는 게임**으로 규칙에 따라 선을 그려서 **최대한 많은 선을 그리는 것이 목표**예요. 게임 규칙을 좀 더 구체적으로 알아볼까요?

게임 규칙

1 게임판의 교차점 중 한 곳에 새로운 십자 점을 추가하고, 추가한 점과 원래 게임판에 있던 네 개의 십자 점을 지나는 선을 그린 후 1점을 얻어요. 즉, 새로 추가하는 십자 점은 원래 있던 점 네 개를 포함한 다섯 개의 점이 연속으로 한 줄이 되는 곳이어야 해요.

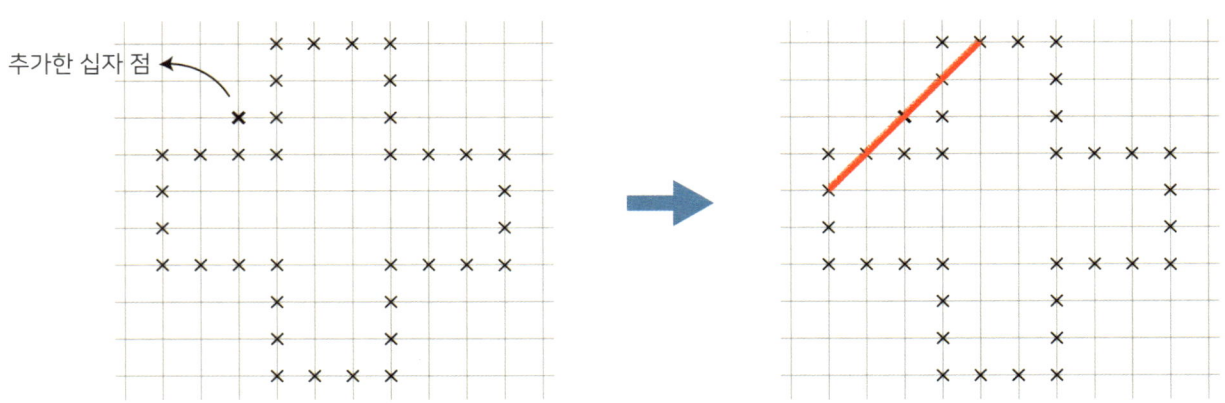

십자 점을 추가한 후 선을 그린 모습

❷ 다섯 개의 점이 한 줄이 되는 것은 가로, 세로, 대각선 방향 모두 가능해요.

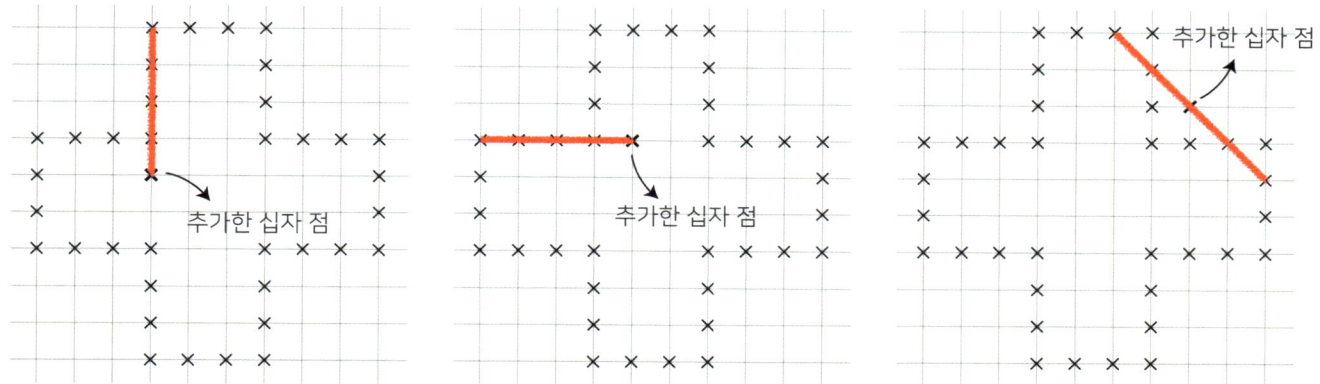

십자 점을 추가한 후 선을 그린 다양한 모습

❸ 새로운 선을 추가할 때, 새로운 선과 이미 그려진 직선이 점을 공유할 수는 있지만, 선의 일부가 겹칠 수는 없어요.

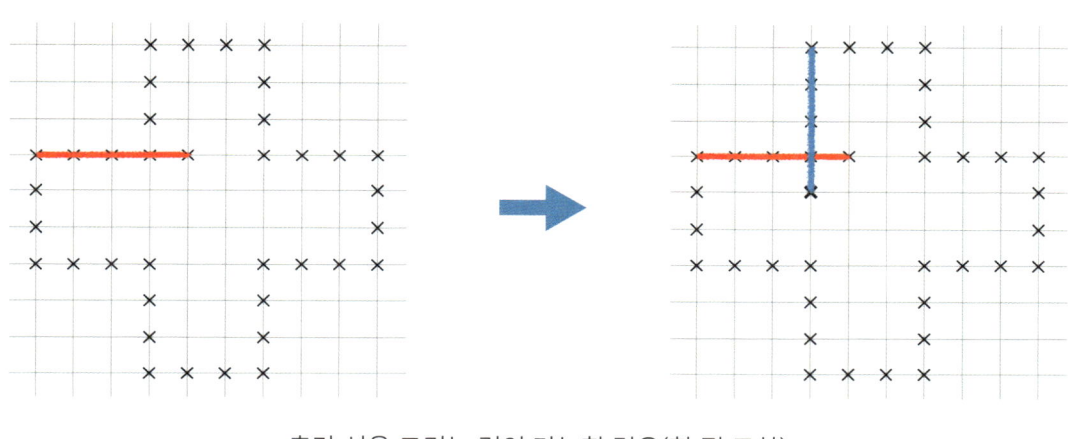

추가 선을 그리는 것이 가능한 경우(한 점 교차)

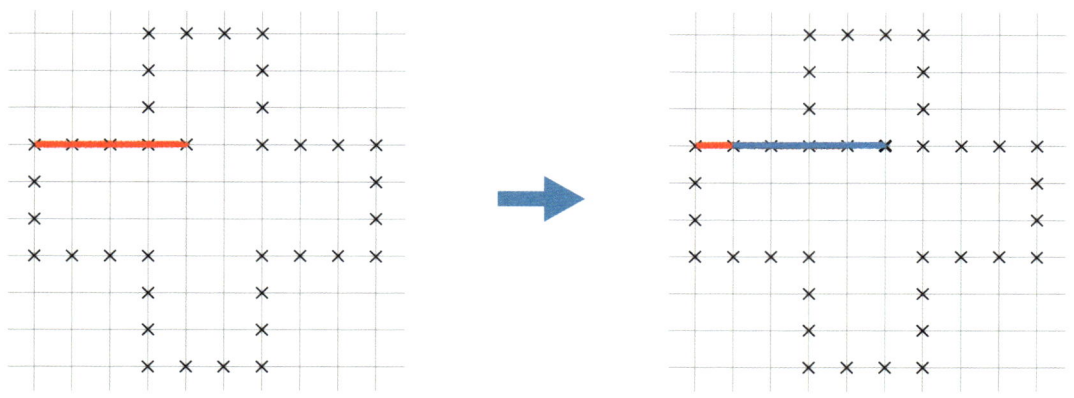

추가 선 그리는 것이 불가능한 경우(선 일부 교차)

❹ 최대한 많은 선을 그려 높은 점수를 얻는 것이 목표예요.

앞에서 소개한 규칙으로 진행하는 게임을 '5T 모르피온 솔리테어'라고 해요. 그리고 이와는 약간 규칙이 다른 '5D 모르피온 솔리테어'도 있어요. 두 게임의 유일한 차이점은 서로 평행하게 그려지는 두 선이 교점을 가질 수 있는지 없는지예요. 5T 모르피온 솔리테어에서는 평행하게 그려지는 두 선이 교점을 가질 수 있지만, 5D 모르피온 솔리테어에서는 이것이 불가능에요. 5D 모르피온 솔리테어에서는 두 선이 평행하지 않을 때만 교점을 가질 수 있어요.

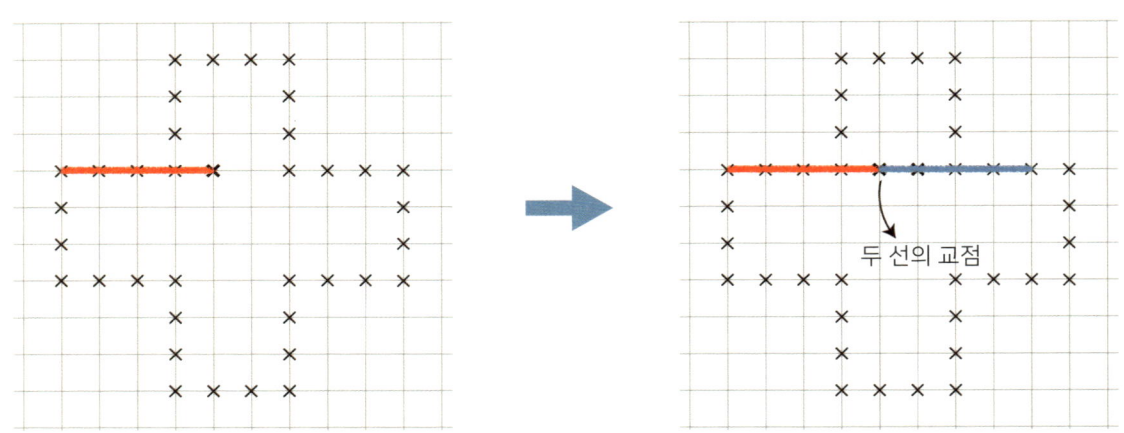

평행하게 그려지는 두 선이 교점을 갖는 경우(5T에서는 가능, 5D에서는 불가능)

예를 들어 위 그림과 같이 추가로 그려지는 선이 기존에 있던 선 중 평행한 선과 교점을 갖는 것이 5T 모르피온 솔리테어에서는 가능하지만, 5D 모르피온 솔리테어에서는 불가능해요.

5T 모르피온 솔리테어의 변형 게임으로 4T 모르피온 솔리테어도 있어요. 4T 모르피온 솔리테어는 4개의 점을 지나는 선을 그리며 아래 그림과 같은 게임판에서 게임을 해요. 그외의 규칙은 5T 모르피온 솔리테어와 같아요. 비슷하게 4D 모르피온 솔리테어도 4개의 점을 지나는 선을 그린다는 점만 빼면 5D 모르피온 솔리테어와 규칙이 같아요.

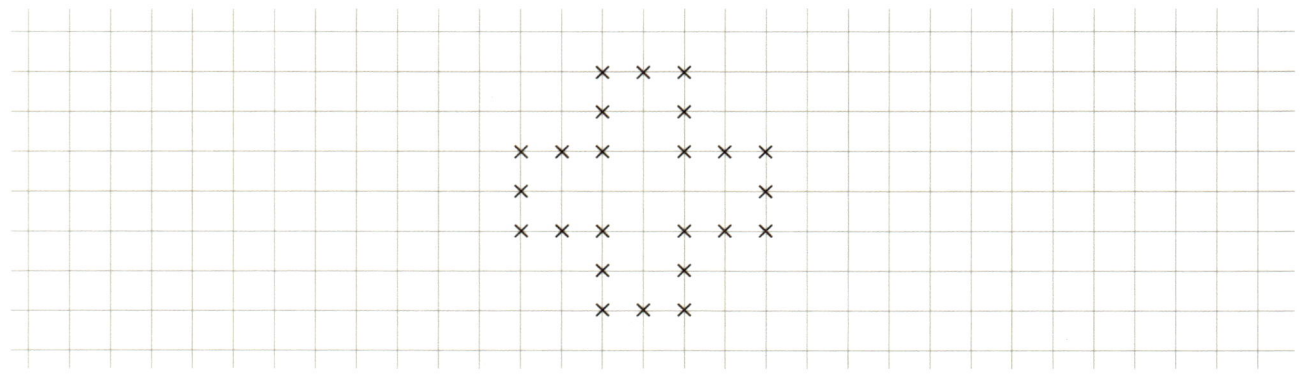

4T 모르피온 솔리테어와 4D 모르피온 솔리테어에서 사용되는 게임판

게임 맛보기

아래는 4T 모르피온 솔리테어예요. 4T 모르피온 솔리테어는 네 개의 십자 점을 지나는 직선을 그린다는 점만 제외하면 5T 모르피온 솔리테어와 규칙이 같아요. 4T 모르피온 솔리테어를 해 보며 최고 기록에 도전해 보세요.

혼자 놀기 모르피온 솔리테어

모르피온 솔리테어의 역사

퍼즐 전문가 피에르 베를로캥

모르피온 솔리테어는 1970년대 프랑스에서 크게 유행했던 게임으로 정확한 기원은 알려져 있지 않아요. 모르피온 솔리테어가 많은 사람들에게 알려지는 데 큰 역할을 한 사람은 프랑스의 퍼즐 전문가 피에르 베를로캥이에요. 그는 1974년 4월호부터 1976년 4월호까지 프랑스 잡지 〈과학 & 삶(Science & Vie)〉에 모르피온 솔리테어에 관한 칼럼을 연재했는데 독자들이 모르피온 솔리테어의 새로운 기록을 세우면 이를 칼럼을 통해 소개했어요. 그가 칼럼에서 마지막으로 소개했던 모르피온 솔리테어의 기록은 2010년 8월까지 세계 신기록이었다고 해요.

모르피온 솔리테어의 기록

보통 모르피온 솔리테어를 하면 어떤 순서로 선이 그려졌는지 파악하기가 어려워요. 그래서 좋은 기록을 세웠다고 해도 어떤 순서로 선이 그려진 건지 알 수가 없어요. 이런 문제로 인해 게임의 진행 과정을 파악할 수 있도록 선이 그려진 순서를 기록하는 방법이 있어요. 이는 다음과 같아요.

모르피온 솔리테어의 게임 진행 기록 방법

게임을 진행할 때 새로 추가하는 점에 번호를 붙여 아래 그림과 같이 진행 상황을 기록하면 게임 종료 후에도 어떻게 게임이 진행됐었는지 파악할 수 있다.

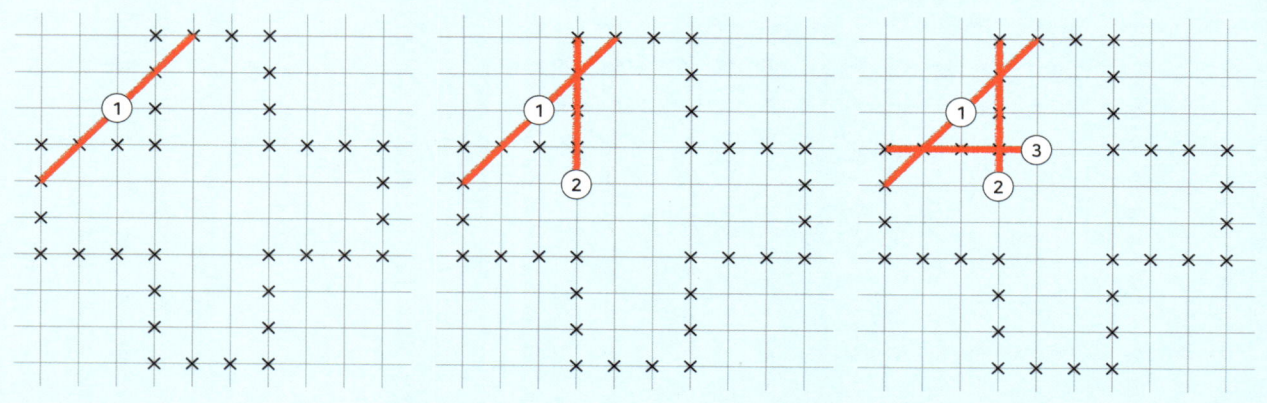

모르피온 솔리테어는 최대한 많은 선을 그리는 것이 목표인 만큼 많은 사람들이 기록을 세우기 위해 도전했어요. 그리고 컴퓨터가 발달함에 따라 학자들은 컴퓨터를 이용해서 기록을 찾는 연구를 했어요. 하지만 컴퓨터를 이용해도 모르피온 솔리테어는 엄청나게 많은 계산을 해야 하는 어려운 문제라서 아직도 기록을 찾기 위한 연구는 계속되고 있어요.

그래도 비교적 빠르게 해결된 것은 4D 모르피온 솔리테어와 4T 모르피온 솔리테어예요. 2004년 MIT 대학의 천재 교수라 불리는 에릭 드메인은 그의 연구팀과 함께 4D 모르피온 솔리테어와 4T 모르피온 솔리테어의 해법을 발표했는데 4D 모르피온 솔리테어는 31개의 선, 4T 모르피온 솔리테어는 56개의 선을 그리는 해법이었어요.

2007년 핀란드 탐페레 대학교의 헤이키 휘뢰와 티모 포라넨은 그들의 논문을 통해 드메인보다 더 많은 선을 그리는 해법을 발표했어요. 그들의 해법은 4D 모르피온 솔리테어는 35개, 4T 모르피온 솔리테어는 62개의 선을 그리는 것이었어요. 그리고 2008년 컴퓨터 과학자 마이클 퀴스트가 헤이키 휘뢰와 티모 포라넨의 기록이 최선의 해법임을 증명하면서 4D 모르피온 솔리테어와 4T 모르피온 솔리테어 문제는 완전히 해결됐어요.

4T 모르피온 솔리테어의 기록(62개)

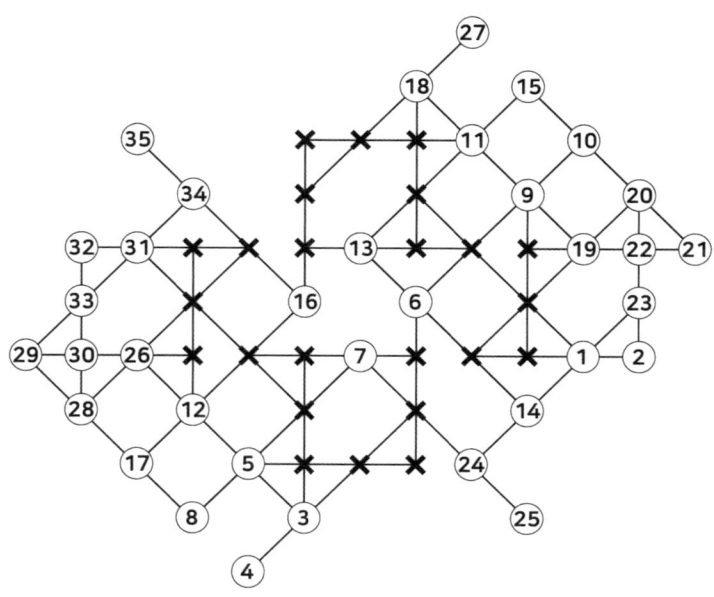

4D 모르피온 솔리테어의 기록(35개)

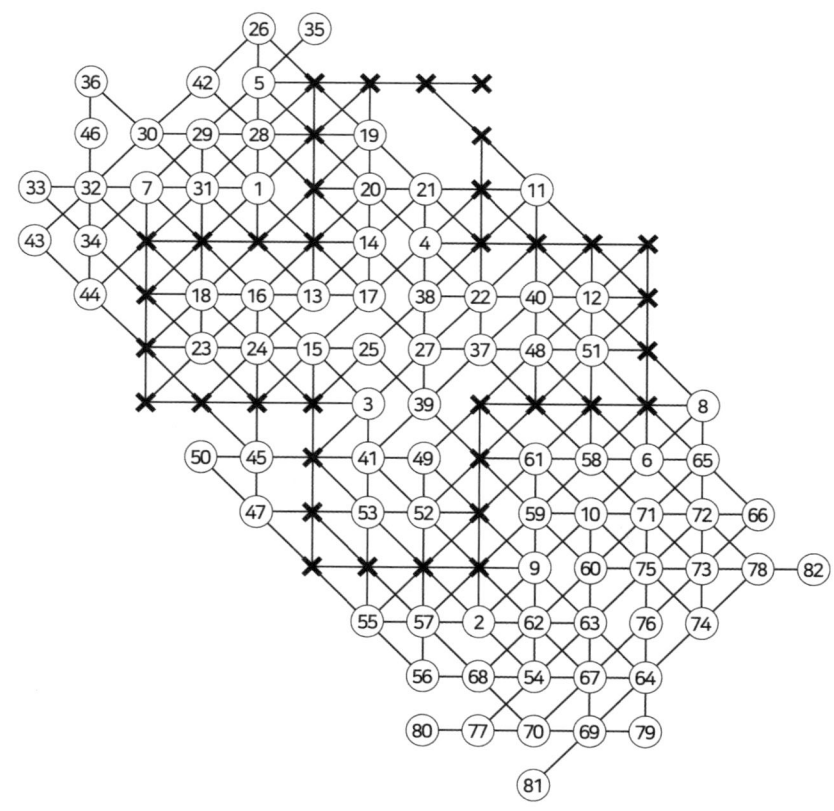

5D 모르피온 솔리테어의 기록(82개)

5D 모르피온 솔리테어와 5T 모르피온 솔리테어의 경우에는 오랜 시간에 걸쳐 계속해서 기록이 경신됐어요. 가장 최근 기록은 미국의 컴퓨터 과학자 크리스토퍼 D. 로진이 세운 기록으로 5D 모르피온 솔리테어는 82개, 5T 모르피온 솔리테어는 178개의 선을 그리는 해법이에요. 하지만 이것이 최선의 방법인지 더 많은 선을 그리는 방법이 존재하는지는 아직 알려져 있지 않아요. 많은 학자들은 아직도 최선의 해법을 찾기 위해서 모르피온 솔리테어에 대한 연구를 계속하고 있어요. 여러분도 한번 최고 기록에 도전해 보는 것은 어떨까요?

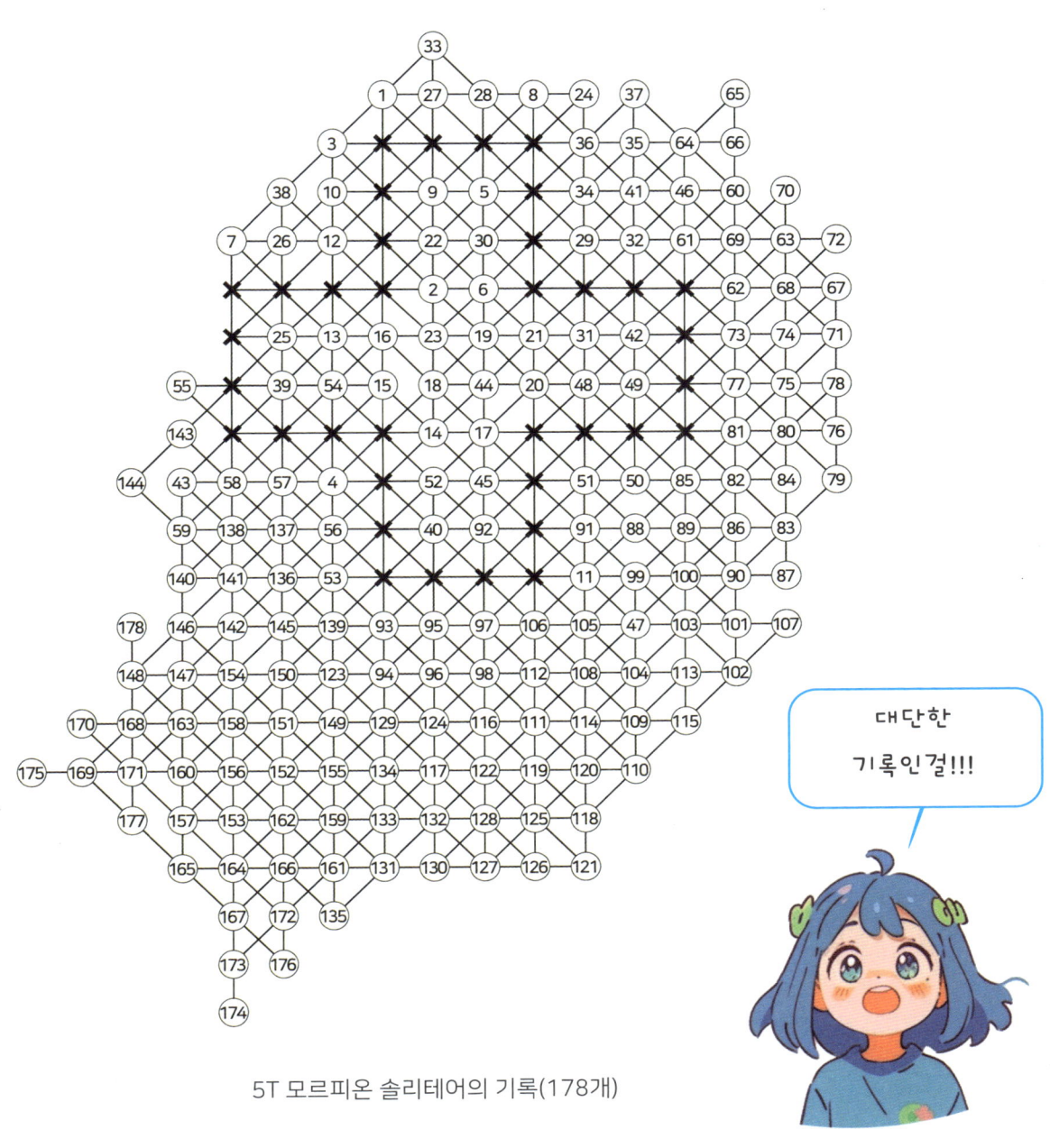

5T 모르피온 솔리테어의 기록(178개)

대단한 기록인걸!!!

도전! 게임왕!

5T 모르피온 솔리테어를 해 보며 최고 기록에 도전해 보세요.

도전! 게임왕!

5T 모르피온 솔리테어를 해 보며 최고 기록에 도전해 보세요.

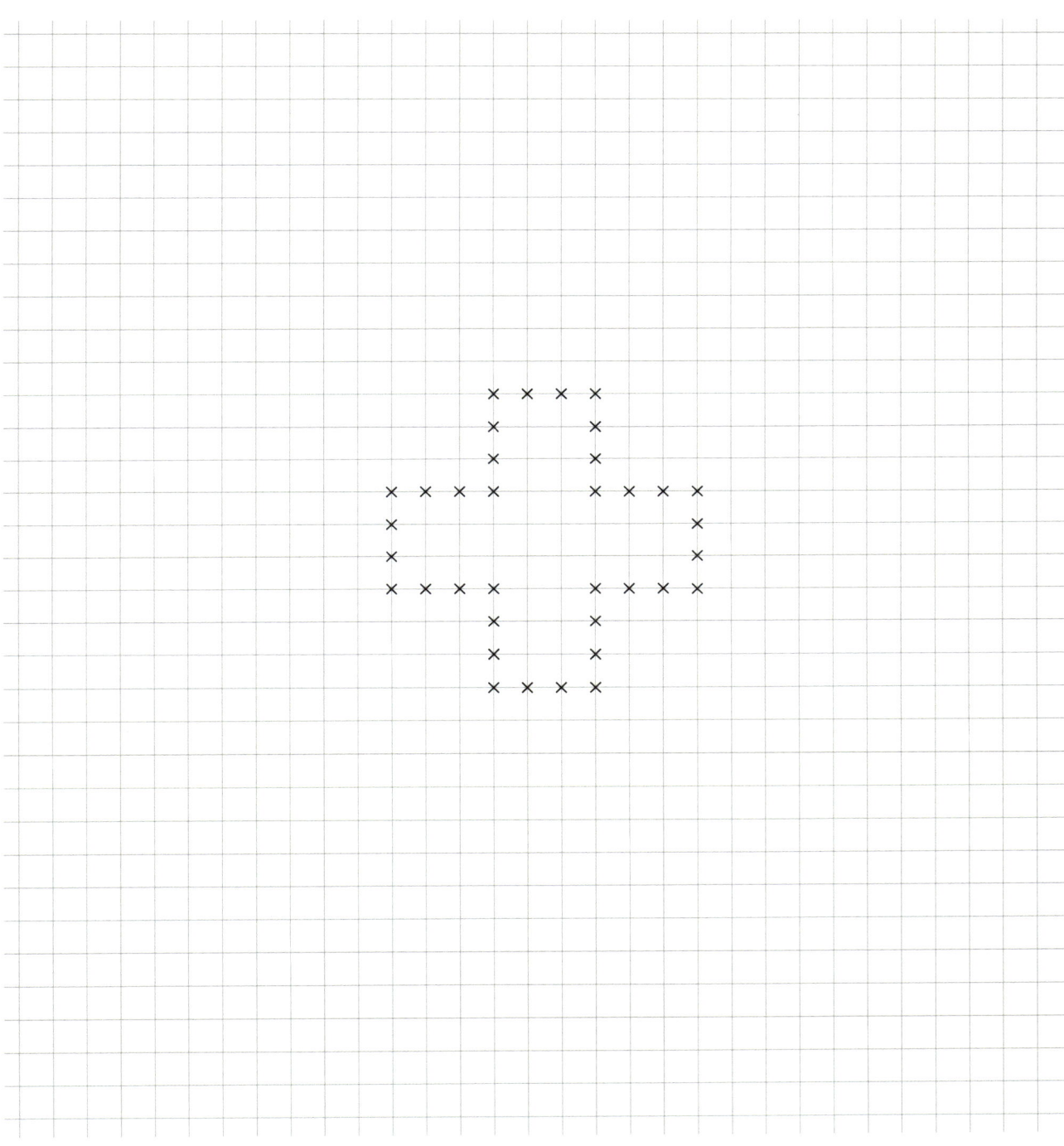

3 배틀쉽 솔리테어

배틀쉽 솔리테어는 우루과이 수학자인 제이미 포니아치크가 1982년에 만든 게임으로 유명한 보드게임인 배틀쉽을 혼자 하는 퍼즐로 만든 게임이에요.

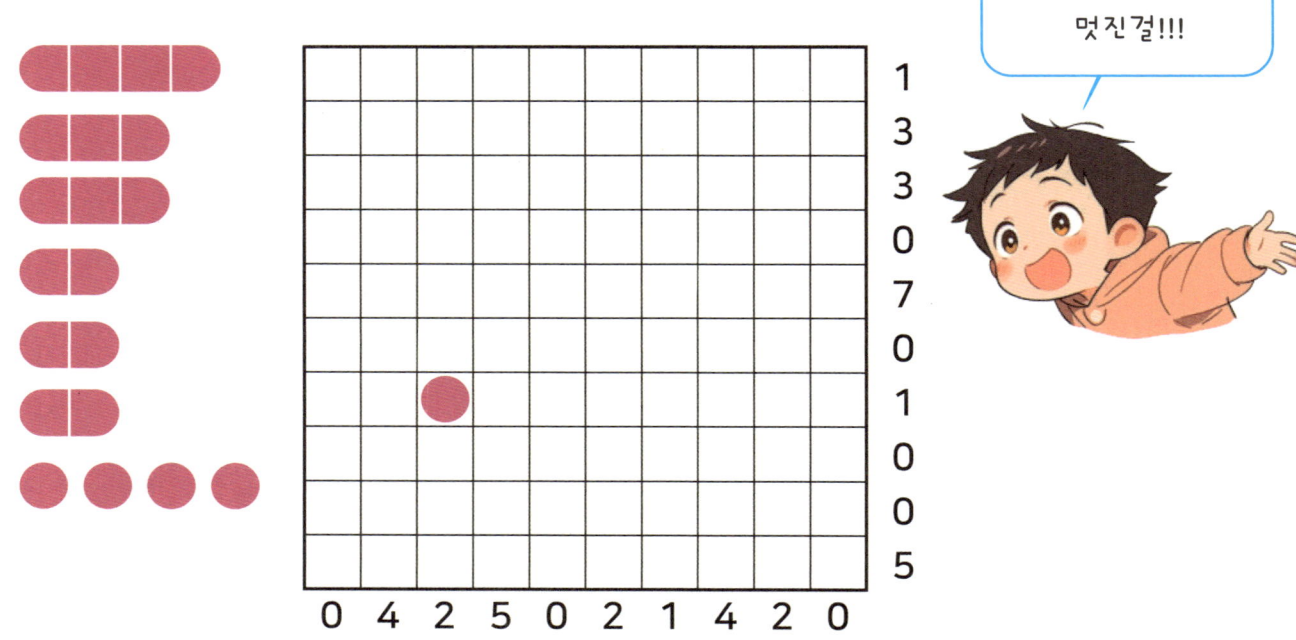

게임은 위 그림처럼 주어진 게임 문제에서 시작해요. **혼자 하는 게임**으로 규칙에 따라 **모든 전함을 배치하면 성공**이랍니다. 게임 규칙을 좀 더 구체적으로 알아볼까요?

게임 규칙

1 4칸 크기의 배틀쉽, 3칸 크기의 크루저, 2칸 크기의 디스트로이어, 1칸 크기의 서브마린과 같이 총 4종류의 전함을 10 X 10 크기의 바다(게임판)에 규칙에 맞게 배치해야 해요.

배틀쉽   크루저   디스트로이어   서브마린

2 배틀쉽 1척, 크루저 2척, 디스트로이어 3척, 서브마린 4척으로 총 10척을 배치해요.

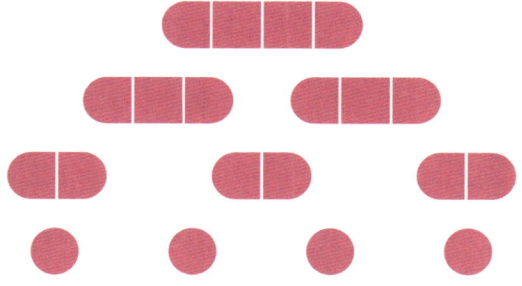

배틀쉽 솔리테어에서 배치되는 10척의 전함

3 전함은 가로로 배치될 수도 있고, 세로로 배치될 수도 있어요.

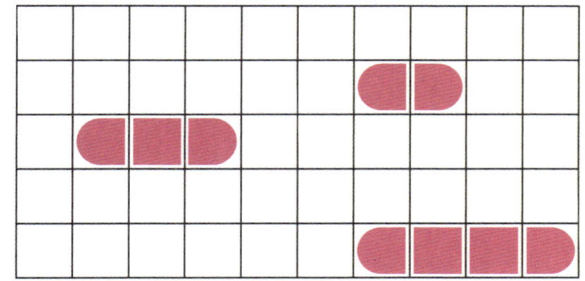
가로로 배치된 전함의 모습

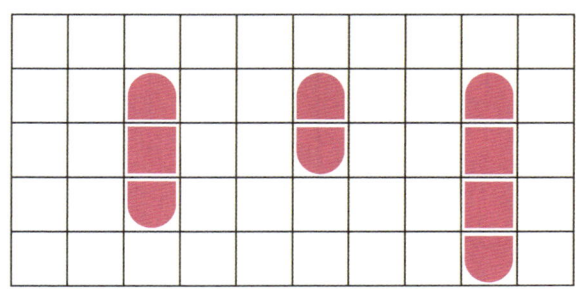
세로로 배치된 전함의 모습

4 게임판에서 아래 써 있는 숫자는 각 세로줄에서 전함이 차지하는 칸의 수예요. 오른쪽의 숫자는 각 가로줄에서 전함이 차지하는 칸의 수예요.

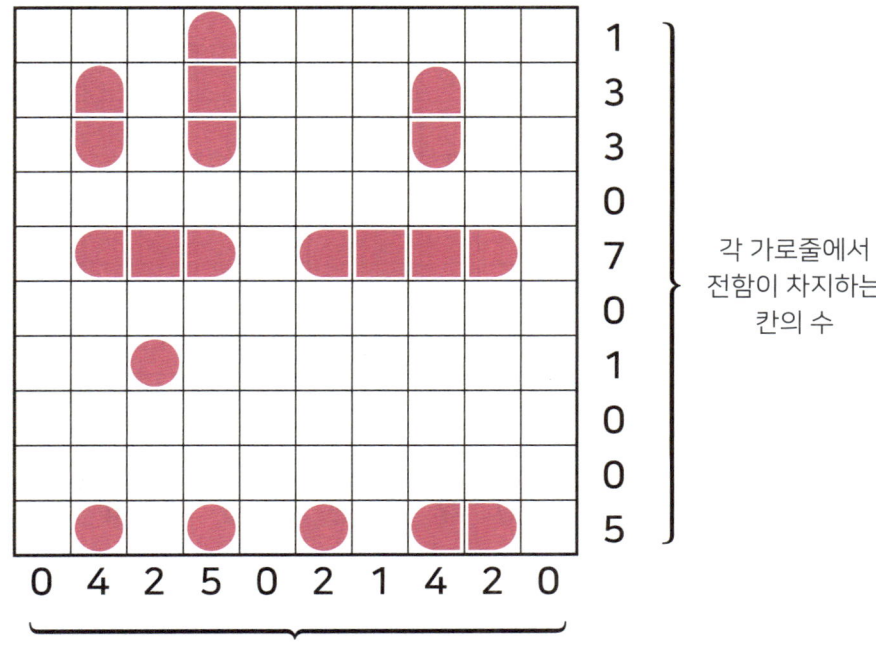

5 전함 주변에 다른 전함이 들어올 수 없어요.

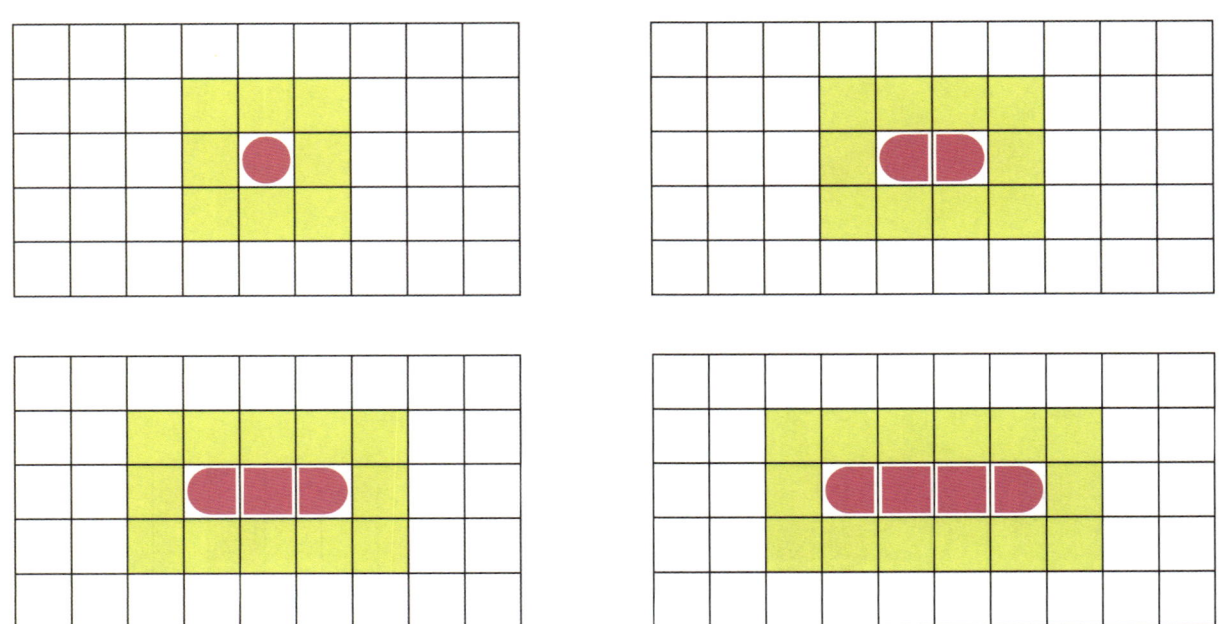

배치된 전함의 모습과 다른 전함이 들어올 수 없는 칸(노란색)

6 처음부터 게임판에 일부 전함의 배치가 공개될 수 있어요. 공개된 전함을 포함해 10척의 전함을 배치하면 돼요.

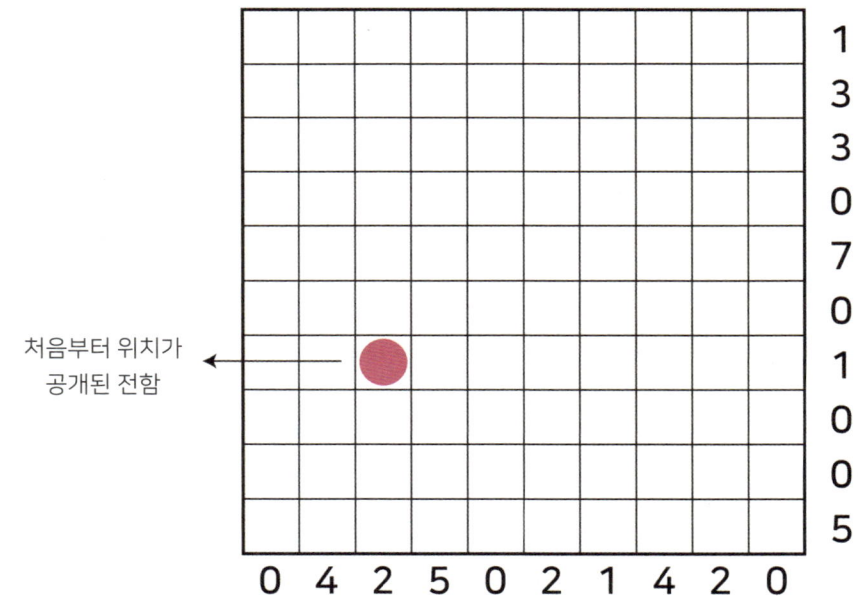

처음부터 위치가 공개된 전함

7 모든 전함이 배치되면 성공이에요.

게임 맛보기

정답 196쪽

아래는 미니 배틀쉽 솔리테어로 크루저 1척, 디스트로이어 2척, 서브마린 3척을 배치하는 게임이에요. 게임판의 크기와 배치되는 전함의 수는 배틀쉽 솔리테어와 다르지만, 그외의 규칙은 같아요. 미니 배틀쉽 솔리테어에 도전해 보세요.

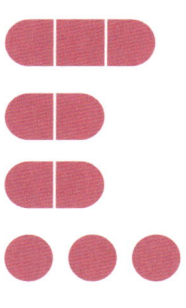 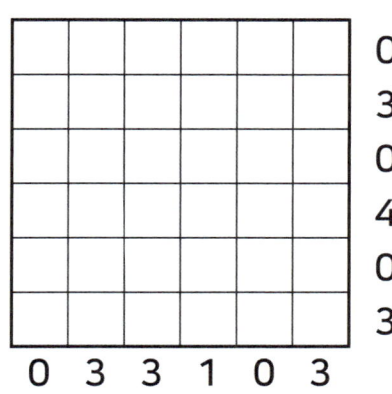 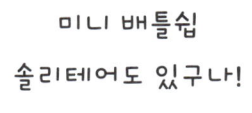

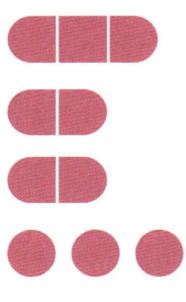 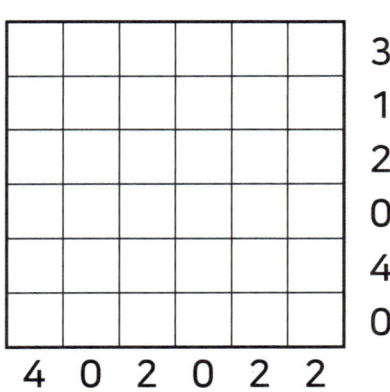

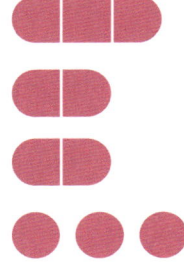 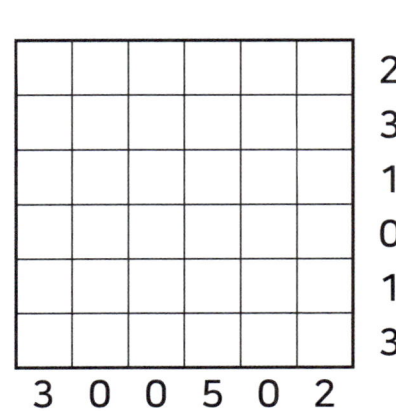

혼자 놀기 배틀쉽 솔리테어

게임 맛보기

정답 196쪽

아래는 미니 배틀쉽 솔리테어로 크루저 1척, 디스트로이어 2척, 서브마린 3척을 배치하는 게임이에요. 게임판의 크기와 배치되는 전함의 수는 배틀쉽 솔리테어와 다르지만 그외의 규칙은 같아요. 미니 배틀쉽 솔리테어에 도전해 보세요.

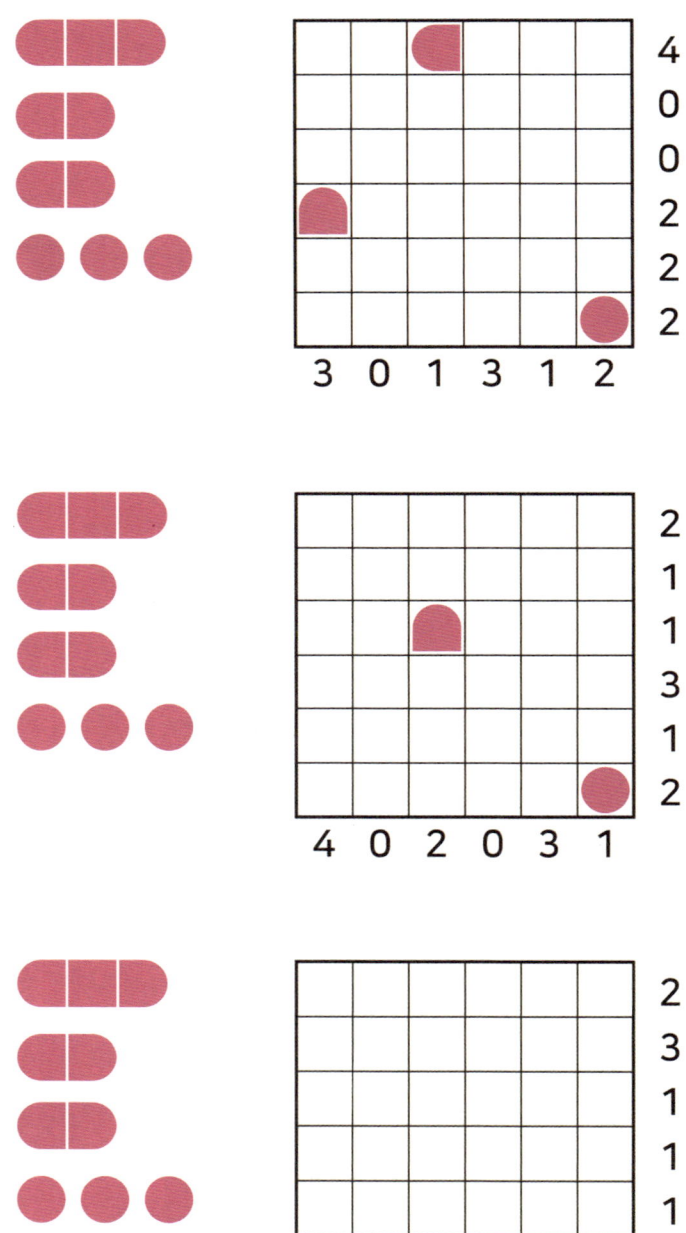

배틀쉽 솔리테어의 역사

수학자 제이미 포니아치크

배틀쉽 솔리테어는 우루과이 수학자인 제이미 포니아치크가 1982년에 만든 게임으로 아르헨티나의 잡지를 통해 처음 소개됐어요. 이 게임은 1992년 세계 퍼즐 연맹에서 주최한 제1회 세계 퍼즐 챔피언십에서 게임 종목으로 선정되며 더 많은 인기를 끌었어요. 배틀쉽 솔리테어는 유명한 보드게임인 배틀쉽을 혼자 하는 퍼즐로 만든 게임으로 게임 이름 뒤에 붙는 '솔리테어'는 혼자 하는 게임이란 의미를 갖고 있어요. 보드게임 배틀쉽은 두 명이 하는 게임으로 각자 상대방이 배치한 전함을 추측하며 맞추는 게임이에요.

배틀쉽 솔리테어의 기본 게임 방법

배틀쉽 솔리테어를 잘하기 위한 몇 가지 기본적인 게임 방법을 알아보도록 해요. 배틀쉽 솔리테어는 앞에서 규칙을 알아봤듯이 10 X 10 크기의 바다에 전함을 배치하는 게임이에요. 따라서 바다 중 어디에 전함이 들어올지 생각해야 해요. 그런데 이는 반대로 말하면 어디에 전함이 들어오지 않는지를 생각하는 것과 같아요. 어디에 전함이 들어오지 않는지 알면, 어디에 전함이 들어

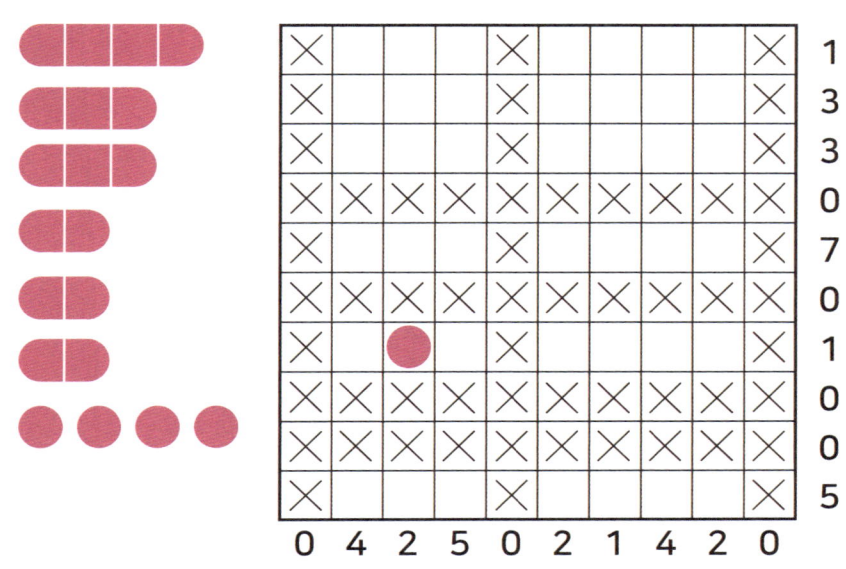

전함이 들어오지 않는 칸에 X 표시를 한 모습

올지도 알 수 있기 때문이에요. 따라서 앞쪽의 그림처럼 전함이 들어오지 않는 부분에 전함이 들어오지 않는다는 의미로 X 표시를 하는 것이 좋아요.

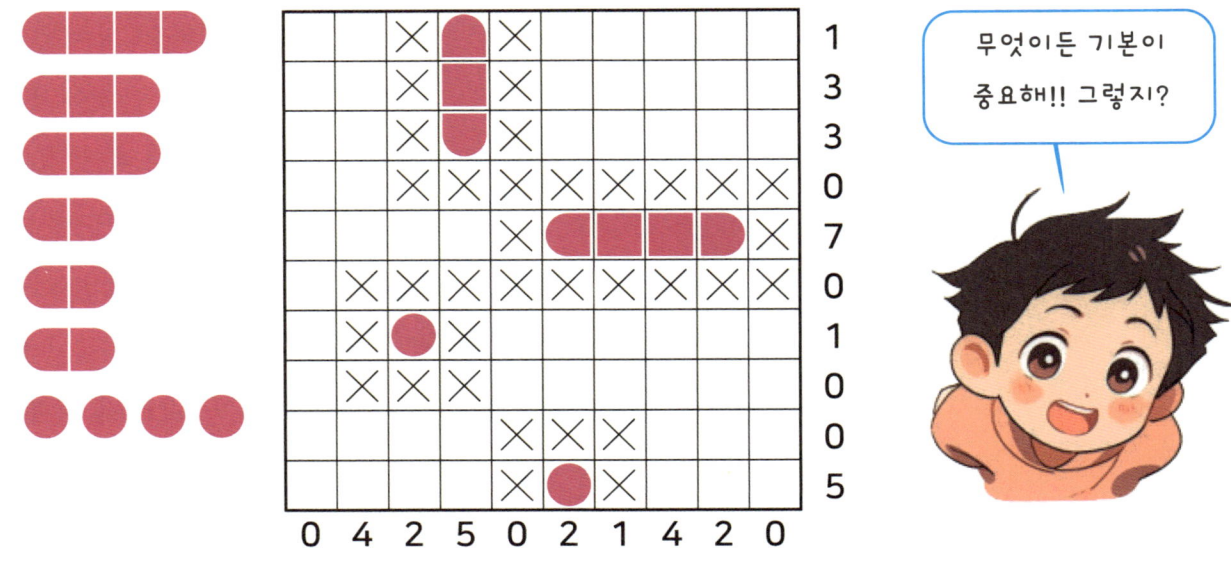

배치된 전함 주변에 X 표시를 한 모습

비슷한 관점에서 위 그림처럼 전함이 배치된 경우 전함 주변에 바로 X 표시를 해요. 전함 주변에는 다른 전함이 들어올 수 없다는 규칙이 있기 때문이에요.

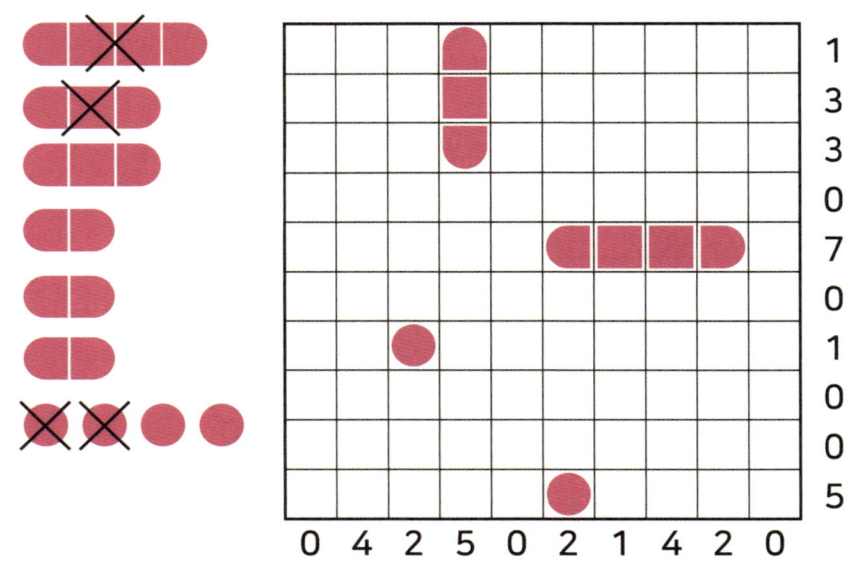

게임판 왼쪽의 전함 중 배치된 전함에 X 표시를 한 모습

마지막으로 게임판 왼쪽에 있는 10척의 전함 중 게임판에 배치된 전함엔 X 표시를 해요. 그래야 현재 남아 있는 전함의 수를 알 수 있고 효과적으로 게임을 할 수 있기 때문이에요.

배틀쉽 솔리테어의 전략

배틀쉽 솔리테어에서 사용할 수 있는 전략을 알아볼까요?

배틀쉽 솔리테어의 전략1

배틀쉽, 크루저 등 큰 전함이 배치될 수 있는 곳이 한 가지만 있는지 확인한다.

배틀쉽(4칸)이나 크루저(3칸) 등 큰 전함의 경우 서브 마린(1칸)과 같은 작은 전함에 비해 배치 가능한 방법의 수가 더 적어요. 따라서 게임 초반에 전함이 들어오지 않는 바다 부분에 X 표시를 해 배틀쉽이 들어갈 수 있는 곳이 어딘지 확인하고 그중 배치가 가능한 곳이 한 곳만 있는지 검토할 필요가 있어요. 이때가 배틀쉽의 배치를 결정할 수 있는 아주 적절한 시기이기 때문이에요.

물론 게임 초반에 배틀쉽이 들어갈 수 있는 곳이 한 곳만이 아닐 수 있어요. 그럴 때는 게임을 진행하다, 게임이 막히고 진행이 안 될 때 다시 확인해 봐야 해요.

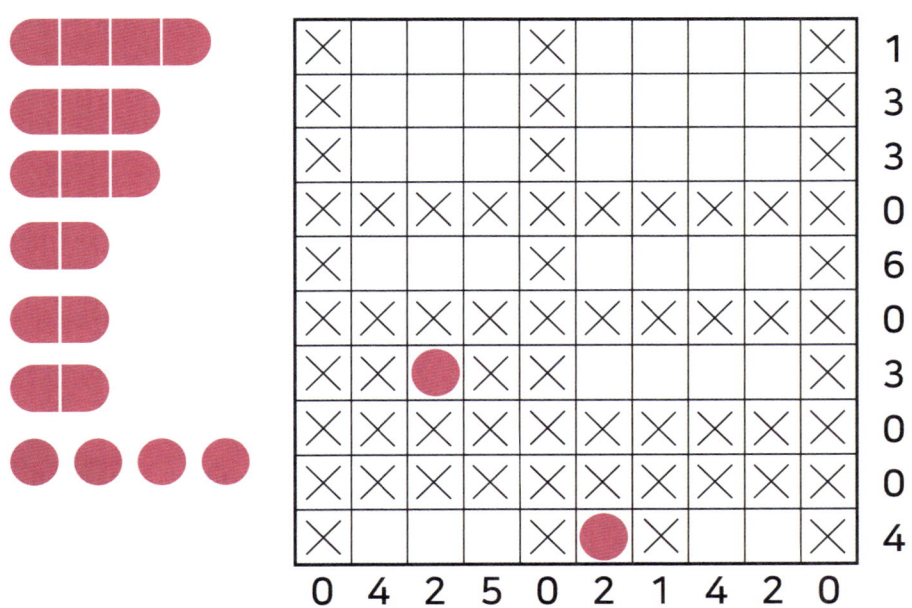

예를 들어 위 게임 상태를 볼까요? 위의 게임은 각 가로줄과 세로줄에 0이라고 쓰여 있는 부분에 모두 X 표시를 한 게임 진행 초반의 모습이에요. 이때가 배틀쉽이 어디에 배치 가능한지 알아볼 수 있는 적절한 시기예요.

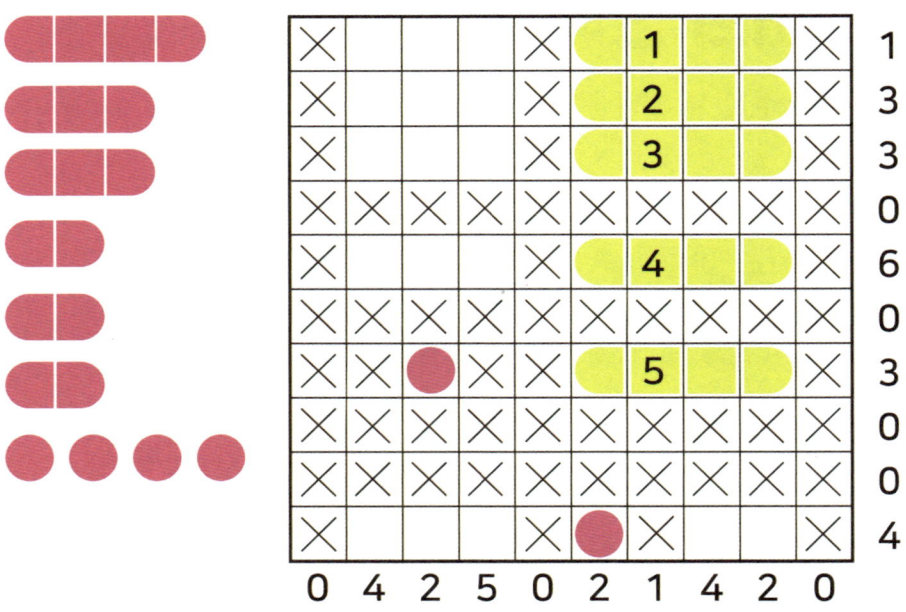

배틀쉽은 4칸짜리 전함이기 때문에 가능한 배치가 위 그림처럼 5가지라는 것을 알 수 있어요. 이 중 1번 위치를 볼까요? 1번 위치 오른쪽 끝 숫자가 1이므로 1번 위치를 포함한 가로줄에 전함이 1칸만 들어가야 한다는 것을 알 수 있어요. 따라서 이곳엔 배틀쉽이 들어갈 수 없어요. 비슷하게 2, 3, 5번 위치에도 배틀쉽이 들어갈 수 없다는 것을 알 수 있어요. 따라서 5가지 경우 중 배틀쉽이 들어갈 수 있는 곳은 4번 위치로 아래 그림처럼 배치되어야 한다는 것을 알 수 있어요. 이렇게 배틀쉽은 다른 전함에 비해 배치 가능한 경우의 수가 적기 때문에 게임 초반에 배치하도록 노력할 필요가 있어요.

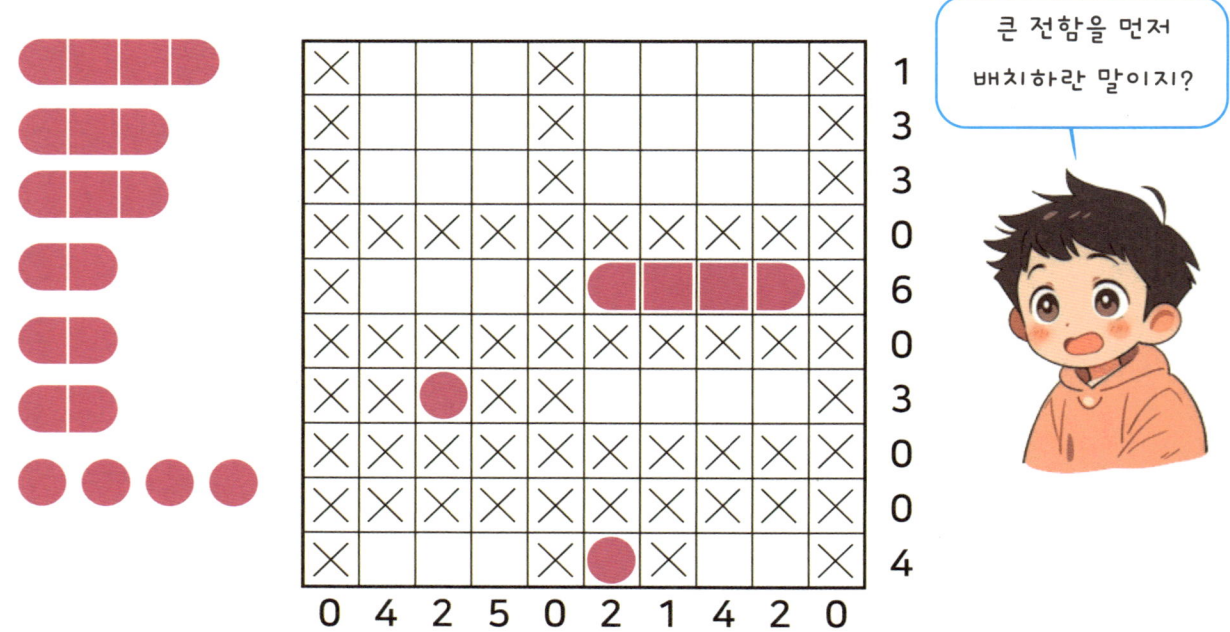

큰 전함을 먼저 배치하란 말이지?

배틀쉽 솔리테어의 전략2

> 전함이 들어갈 수 있는 영역에서 전함이 반드시 배치되는 칸을 찾아 전함을 배치하는 방법의 수를 줄여간다.

게임을 진행하다 보면 전함의 위치를 확실히 결정할 수는 없지만 전함이 들어갈 수 있는 영역이 정해지는 경우가 있어요. 이럴 경우 그 영역에서 전함이 확실히 배치되는 칸을 표시하면 전함을 배치하는 방법의 수를 줄이며 게임을 진행할 수 있어요.

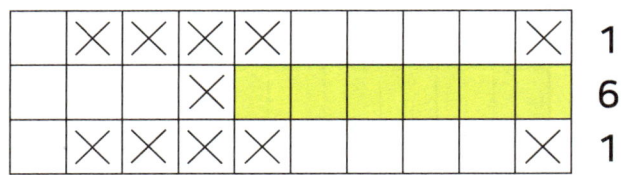

예를 들어 위 그림에서 노란색 칸에 배틀쉽이 배치되는 경우를 생각해 볼까요? 이때 배틀쉽은 아래 방법 중 한 가지로 배치되게 돼요.

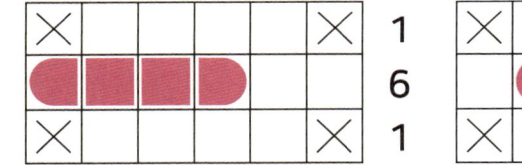 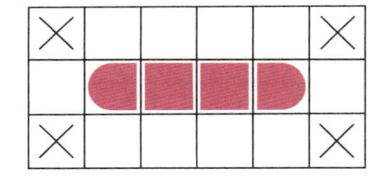 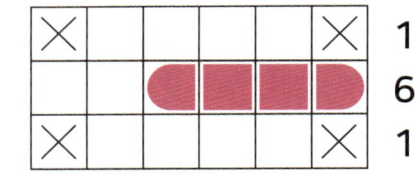

그리고 이를 통해 노란색 영역의 가운데 두 칸에 항상 배틀쉽이 배치된다는 것을 알 수 있어요. 즉, 이 두 칸은 전함이 반드시 배치되는 칸이고 아래 그림의 빨간색 점처럼 표시하도록 해요.

이렇게 빨간색 점으로 표시하면 주변에 전함이 들어오지 않는 칸도 알 수 있어요. 빨간색 위의 칸과 아래 칸 그리고 대각선 위와 대각선 아래 칸에 전함이 들어올 수 없으므로 아래 그림처럼 X 표시를 해요. 이렇게 전함이 들어올 칸을 확인하면 다른 가능성을 줄이며 게임을 할 수 있어요.

도전! 게임왕!

정답 197쪽

배틀쉽 솔리테어에 도전해 보세요.

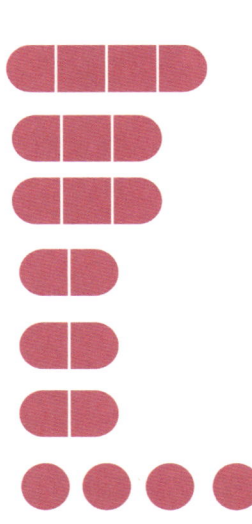
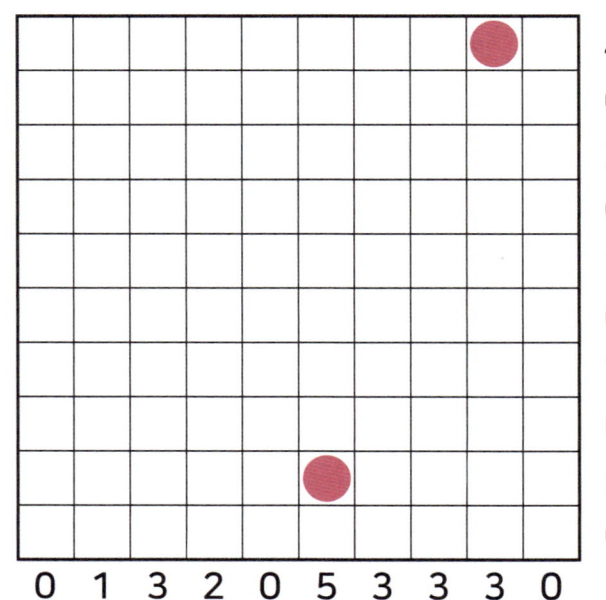

앞에서 배운 전략 기억하지?!

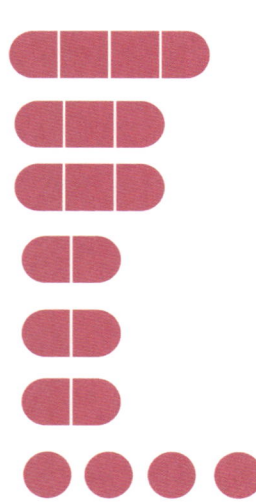
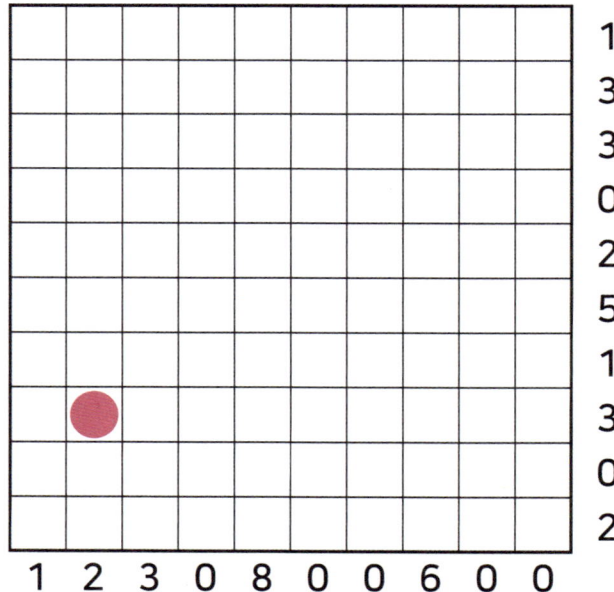

도전! 게임왕!

정답 197쪽

배틀쉽 솔리테어에 도전해 보세요.

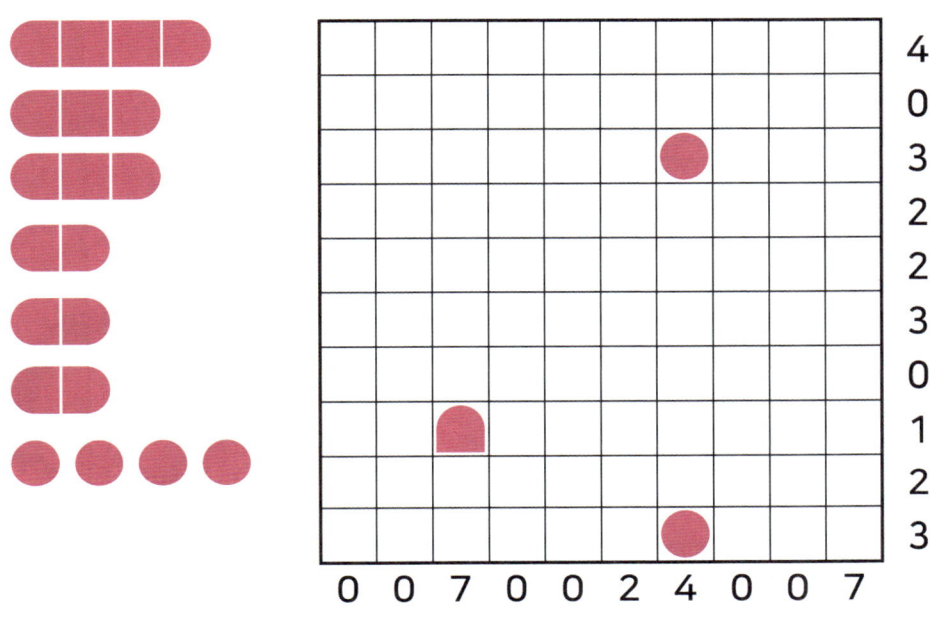

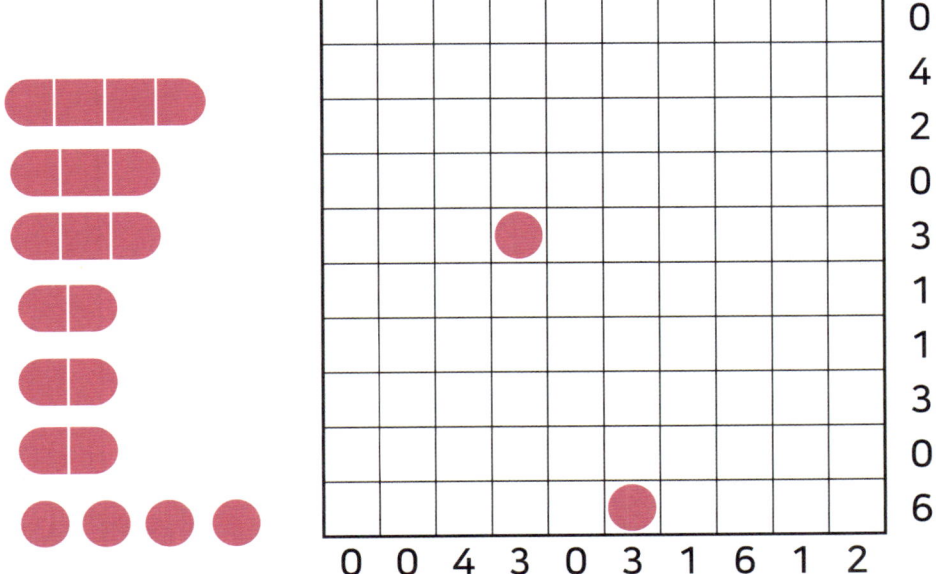

4 지뢰찾기 퍼즐

　지뢰찾기는 마이크로소프트에서 만든 운영 체제인 윈도우에 포함되며 유명해진 게임이에요. 지뢰찾기 퍼즐은 이런 지뢰찾기를 퍼즐로 만든 게임이에요. 지뢰찾기의 경우 게임의 각 칸을 클릭하면서 힌트를 얻지만, 지뢰찾기 퍼즐은 처음부터 모든 힌트가 공개되어 있어요.

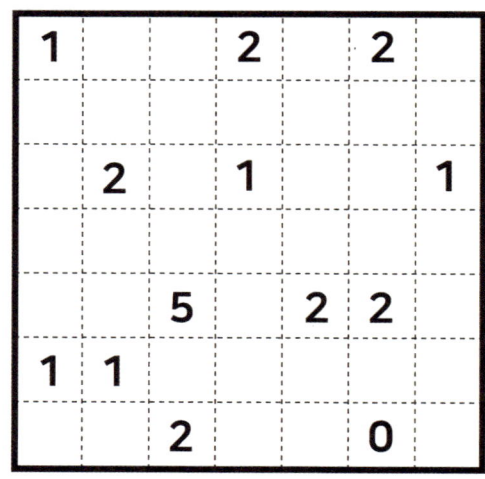

　게임은 위 그림처럼 주어진 게임 문제에서 시작해요. 혼자 하는 게임으로 규칙에 따라 모든 지뢰를 찾으면 성공이랍니다. 게임 규칙을 좀 더 구체적으로 알아볼까요?

게임 규칙

❶ 전체 지뢰의 수는 공개될 수도 있고 공개되지 않을 수도 있어요.

❷ 숫자가 있는 칸에는 0부터 8까지 숫자가 들어갈 수 있어요.

❸ 숫자가 있는 칸에는 지뢰가 없고, 숫자가 없는 칸에는 지뢰가 있을 수도 있고 지뢰가 없을 수도 있어요.

4 칸 안의 숫자는 주변 8칸에 숨어 있는 지뢰의 숫자예요.

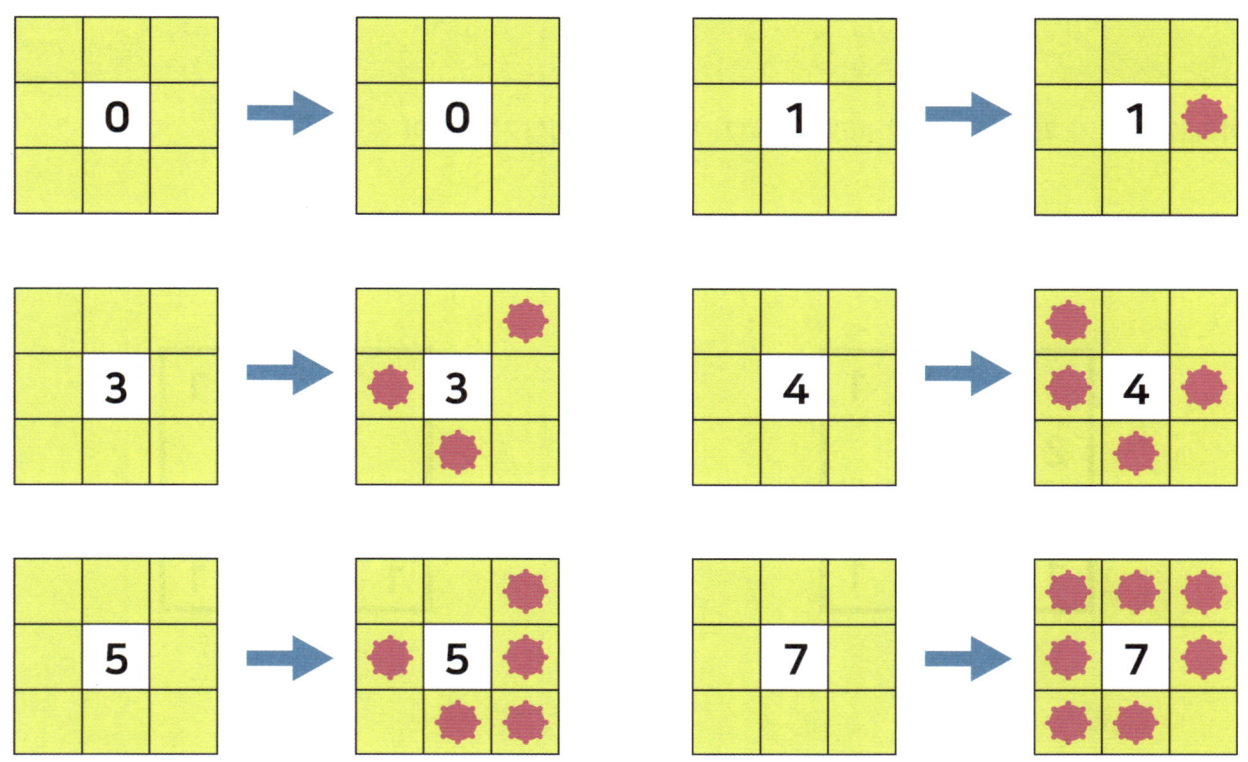

지뢰찾기 퍼즐 칸의 숫자와 주변에 있는 지뢰

5 숨어 있는 모든 지뢰를 찾으면 성공이에요.

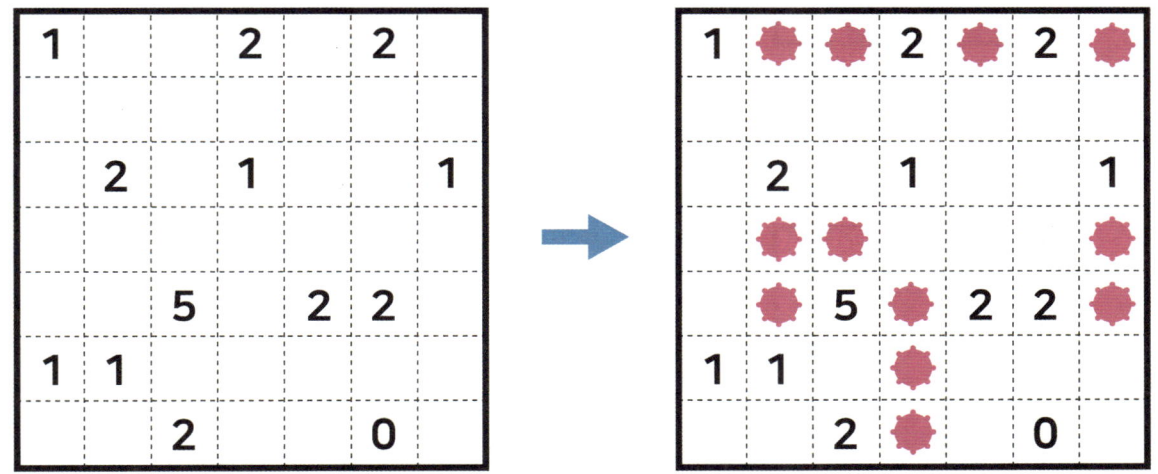

지뢰찾기 퍼즐 문제와 정답

게임 맛보기

정답 197쪽

아래 지뢰찾기 퍼즐에는 각각 4개의 지뢰가 있어요. 지뢰찾기 퍼즐에 도전해 보세요.

지뢰찾기 속 수학 : 지뢰찾기 정리

지뢰찾기와 관련해 재미있는 정리가 알려져 있어요. 이 정리는 2009년 스페인의 수학 교사인 안토니오 하라 델 라스 에라스에 의해 처음 알려졌어요. 이에 대해 알아볼까요?

 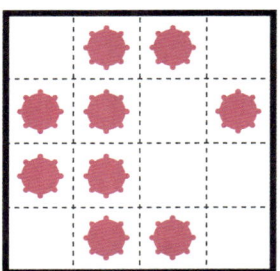

쌍대 관계에 있는 두 지뢰찾기 보드

위의 두 지뢰찾기 보드를 보면 지뢰가 있는 칸과 지뢰가 없는 칸이 서로 반대인 것을 알 수 있어요. 왼쪽 보드에서 지뢰가 있는 칸이면 오른쪽 보드에서는 지뢰가 없고, 왼쪽 보드에서 지뢰가 없는 칸이면 오른쪽 보드에서는 지뢰가 있어요. 이렇게 지뢰가 있는 칸과 없는 칸이 서로 반대인 경우 서로 쌍대 관계에 있다고 말해요. 위 그림에서 각 빈칸 주변의 지뢰 수를 쓰면 아래와 같아요.

쌍대 관계에 있는 두 지뢰찾기 보드와 주변 지뢰의 수

이 숫자를 더해 볼까요? 위 그림에서 왼쪽 보드에 있는 숫자를 모두 더하면 아래와 같아요.

$$2 + 2 + 1 + 3 + 4 + 1 + 3 + 2 + 3 = 21$$

그리고 오른쪽 보드에 있는 모든 숫자를 더하면 아래와 같아요.

$$3 + 2 + 5 + 5 + 2 + 3 + 1 = 21$$

각 보드의 숫자 합이 서로 같다는 것을 알 수 있어요. 그런데 이것이 우연일까요? 안토니오 하라 델 라스 에라스는 두 지뢰찾기 보드가 쌍대 관계에 있을 때 이런 성질이 항상 성립한다는 것을 증명했어요. 여러분도 다양한 지뢰찾기 보드를 통해 이 성질이 성립하는지 직접 확인해 봐요!

> **지뢰찾기 정리**
>
> 두 지뢰찾기 보드가 쌍대 관계에 있을 때 빈칸에 지뢰의 수를 나타내는 숫자의 합은 서로 같다.

지뢰찾기 퍼즐의 전략

지뢰찾기 퍼즐에서 사용할 수 있는 전략을 알아볼까요?

> **지뢰찾기 퍼즐의 전략1**
>
> 숫자가 있는 칸에는 지뢰가 올 수 없으므로 이를 통해 확실히 지뢰가 오는 칸을 확인한다.

위의 왼쪽 그림을 보면 가운데 쓰여 있는 숫자 5의 주변 8칸 중 3칸에 숫자가 쓰여 있는 것을 볼 수 있어요. 이 3칸엔 지뢰가 올 수 없으므로 위의 오른쪽 그림처럼 나머지 5칸에 지뢰가 온다는 것을 알 수 있어요. 그리고 이렇게 지뢰를 표시하면 아래 그림처럼 그 주변이 해결될 수도 있어요.

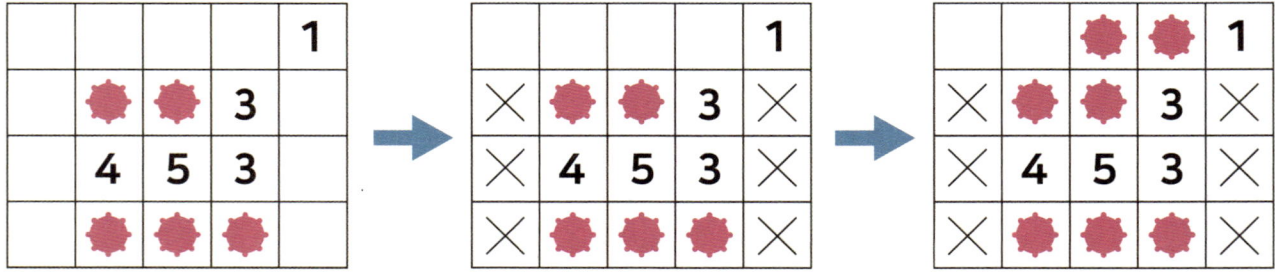

지뢰찾기 퍼즐의 전략2

> 서로 이웃한 숫자의 차를 이용해 확실히 지뢰가 오는 칸을 확인한다.

아래 지뢰찾기 보드를 볼까요?

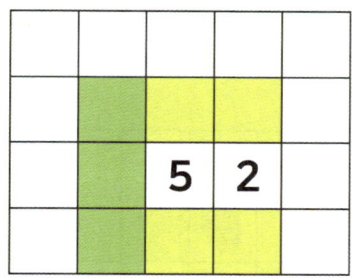

위 그림에서 노란색으로 되어 있는 칸은 숫자 5와 2가 서로 공유하고 있는 칸이에요. 이 칸에는 지뢰가 많이 들어와도 2개예요. 따라서 숫자 5의 주변에 들어오는 5개의 지뢰 중 3개는 아래 그림처럼 초록색 칸에 들어올 수밖에 없어요.

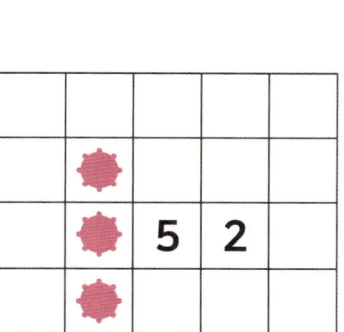

비슷하게 아래 왼쪽 그림과 같은 지뢰찾기 보드를 보면 노란색 칸에는 최대 1개의 지뢰가 들어올 수밖에 없고, 파란색 칸에도 최대 1개의 지뢰가 들어올 수밖에 없어요. 따라서 숫자 5 주변의 5개의 지뢰 중 3개는 아래 오른쪽 그림처럼 초록색 칸에 들어와야 해요.

지뢰찾기 퍼즐의 전략3

> 서로 이웃한 숫자를 통해 지뢰가 오지 않는 칸을 확인한다.

지뢰찾기 퍼즐 전략2에 따르면 서로 이웃한 숫자를 통해 반드시 지뢰가 들어오는 칸을 확인할 수 있어요. 그런데 반대로 이를 통해 지뢰가 들어오지 않는 칸을 확인할 수도 있어요. 앞에서 살펴봤던 아래 지뢰찾기 보드를 다시 볼까요?

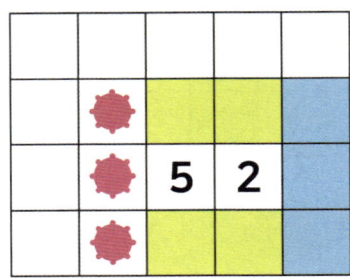

위 그림에서 노란색 칸에는 반드시 두 개의 지뢰가 와야 해요. 즉, 숫자 2 주변에 와야 하는 두 개의 지뢰는 모두 노란색 칸에 오게 돼요. 따라서 파란색 칸에는 지뢰가 올 수 없으므로 아래 그림처럼 표시할 수 있어요.

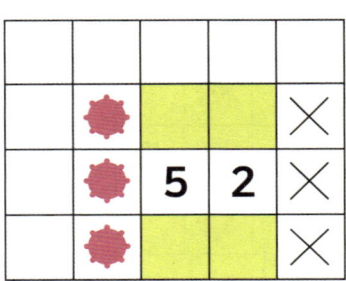

이렇게 주변 숫자를 통해 지뢰가 들어오지 않는 칸도 확인할 수 있어요. 이 외에도 지뢰찾기 퍼즐에는 여러 전략이 있어요. 자신만의 전략을 찾아 지뢰찾기 퍼즐에 도전해 봐요!

지뢰가 없는 곳의 위치를 파악하는 것도 중요하겠네!

도전! 게임왕!

정답 197쪽

지뢰찾기 퍼즐에 도전해 보세요.

퍼즐 1

	3			0		
1					2	
		3		2		1
0						0
		4			1	1
1				2		
						2

퍼즐 2

2				0		
		4				1
		4		4		
1					3	1
			2	2	1	
2					2	2
		1			1	

퍼즐 3

		1	1		2	
0			1			2
		2				
2		2	1		3	
1				3	5	
	0					1

퍼즐 4

		1		4		2
1						
		2				
		3		0		2
2		4		1		
	1			1		1

5 넘버링크

　넘버링크는 서로 같은 두 수를 연결하는 게임으로 미국의 유명한 퍼즐 작가인 샘 로이드와 영국의 유명한 퍼즐 작가인 헨리 어니스트 듀드니가 만든 퍼즐에 기원을 두고 있어요. 이후 스도쿠로 유명한 일본의 퍼즐 회사 니코리에서 '아루콘'이란 이름으로 소개하며 많은 사람에게 알려졌어요.

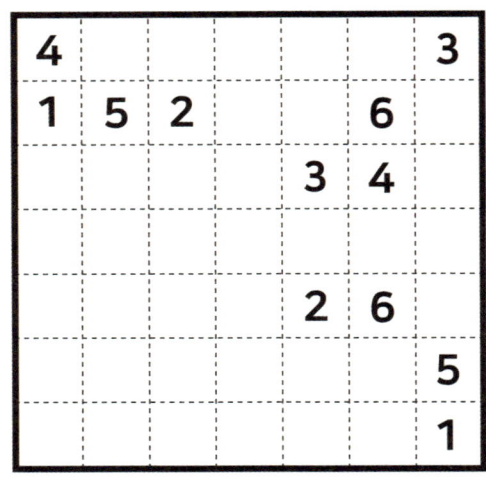

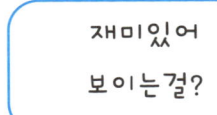

　게임은 위 그림처럼 주어진 게임 문제에서 시작해요. **혼자 하는 게임**으로 규칙에 따라 **서로 같은 두 수를 모두 연결하면 성공**이랍니다. 게임 규칙을 좀 더 구체적으로 알아볼까요?

게임 규칙

1 점선으로 나눠진 정사각형의 칸을 따라 서로 같은 두 수를 연결해야 해요.

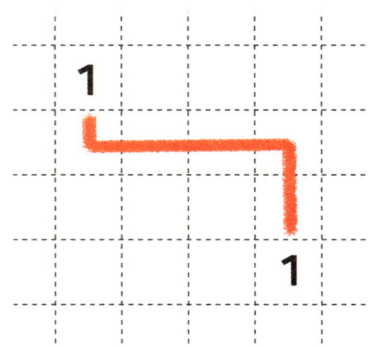 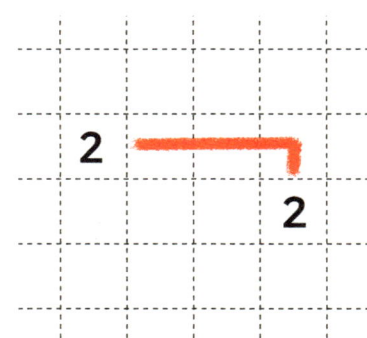 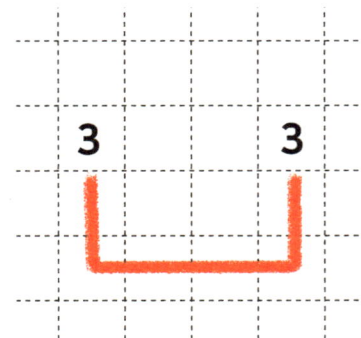

두 수를 연결하는 다양한 경우

2 두 수를 연결한 선들이 서로 만나서는 안 되고 숫자는 선의 양 끝에 있어야 해요.

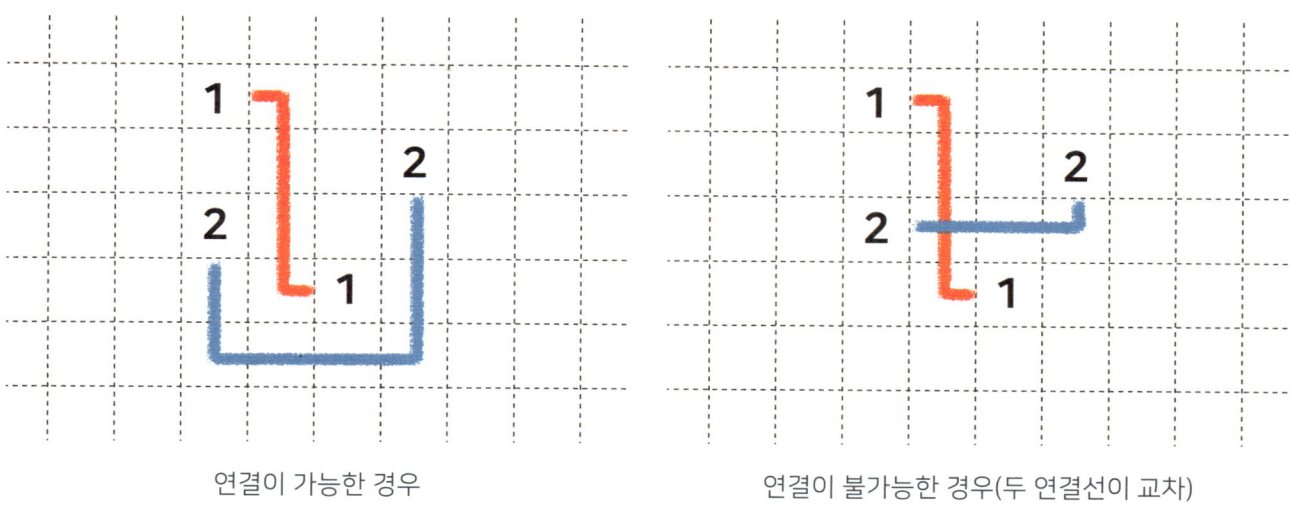

연결이 가능한 경우　　　　　　　　　연결이 불가능한 경우(두 연결선이 교차)

3 모든 수를 서로 연결하면 성공이에요.

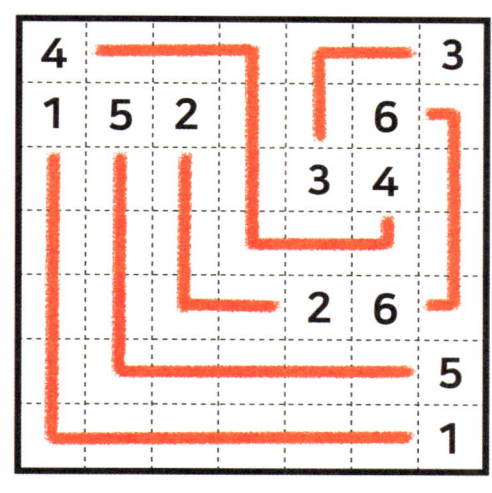

모든 수를 서로 연결한 모습

　넘버링크를 소개할 때 경우에 따라 빈칸이 없어야 한다는 규칙을 제시하는 경우도 있어요. 여기서는 이런 규칙이 적용되지 않지만 보통 넘버링크에서 잘 만들어진 게임은 모든 숫자를 연결했을 때 자연스럽게 빈칸이 없게 되고, 여기서 풀어 볼 게임도 마찬가지예요. 따라서 퍼즐을 해결하고 나면 빈칸이 없게 모든 숫자가 연결될 거예요.

게임 맛보기

정답 197쪽

넘버링크에 도전해 보세요.

넘버링크의 전략

넘버링크에서 사용할 수 있는 전략을 알아볼까요?

넘버링크의 전략1

특정 선을 그릴 때 다른 숫자의 연결을 방해하는지 확인한다.

아래 게임에서 숫자 6을 볼까요? 이 숫자는 노란색 칸을 통해서 연결하거나 파란색 칸을 통해서 연결해야 해요.

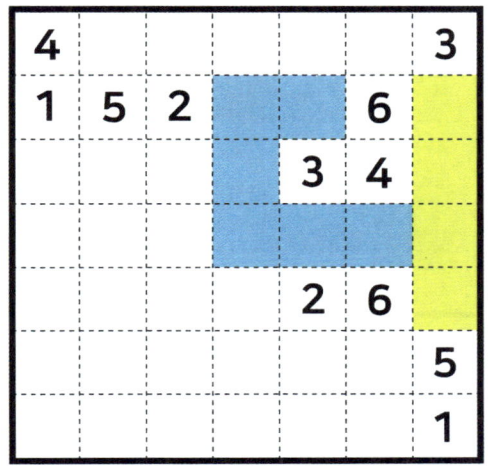

맞아! 다른 숫자의 연결을 방해하면 안되지!!

그런데 파란색 칸을 통해서 연결하면 숫자 4는 서로 연결할 수 없어요. 따라서 숫자 6은 노란색 칸을 통해 연결할 수밖에 없고, 이를 나타내면 아래 그림과 같아요.

넘버링크의 전략2

유일하게 한 숫자에만 연결되는 칸이 있는지 확인한다.

숫자 4의 경우 아래 그림에서 노란색 칸을 통해서만 다른 숫자 4와 연결할 수 있기 때문에 이 노란색 칸은 숫자 4끼리 연결하는 선이 반드시 지나는 칸이에요.

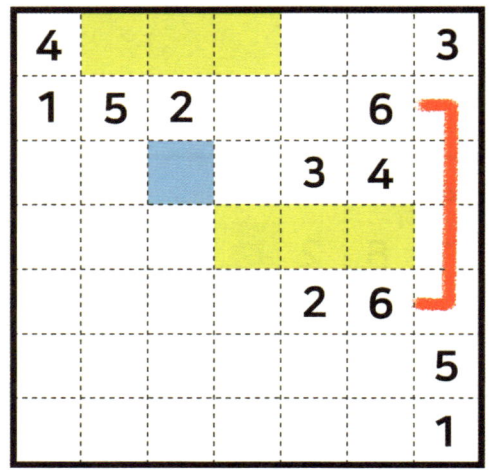

유일한 경우를 찾아야겠구나!!

더구나 숫자 4를 연결하는 선이 위 그림의 파란색 칸을 지나면 숫자 2는 연결할 수 없기 때문에 이 칸을 지나서는 안 돼요. 따라서 숫자 4는 아래 그림처럼 연결돼요.

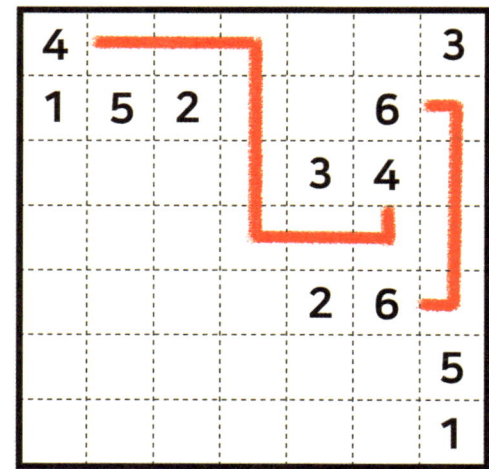

이렇게 다양한 경우를 고려하며 서로 연결되는 선을 찾으면 퍼즐을 해결할 수 있어요.

도전! 게임왕!

정답 198쪽

넘버링크에 도전해 보세요.

6 카쿠로

카쿠로는 1966년 각종 퍼즐을 소개하는 캐나다의 한 잡지에 처음 소개됐어요. 이후 일본에서 '카쿠로'라는 이름으로 이 게임이 소개되었고, 스도쿠만큼 큰 인기를 끌었어요.

게임은 위 그림처럼 주어진 게임 문제에서 시작해요. **혼자 하는 게임**으로 규칙에 따라 **빈칸에 들어갈 숫자를 모두 찾으면 성공**이랍니다. 게임 규칙을 좀 더 구체적으로 알아볼까요?

게임 규칙

1 각 빈칸(흰색 칸)에는 1부터 9까지의 숫자가 들어갈 수 있어요.

2 대각선 오른쪽에 있는 숫자는 그 숫자의 오른쪽에 연속적으로 있는 빈칸(흰색 칸)에 들어가는 숫자의 합이에요.

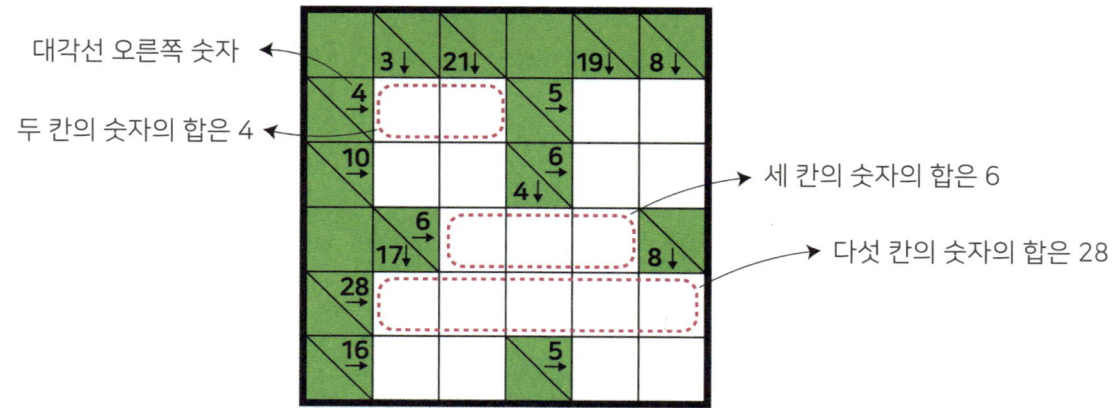

3 대각선 아래 있는 숫자는 그 숫자의 아래에 연속적으로 있는 빈칸(흰색 칸)에 들어가는 숫자의 합이에요.

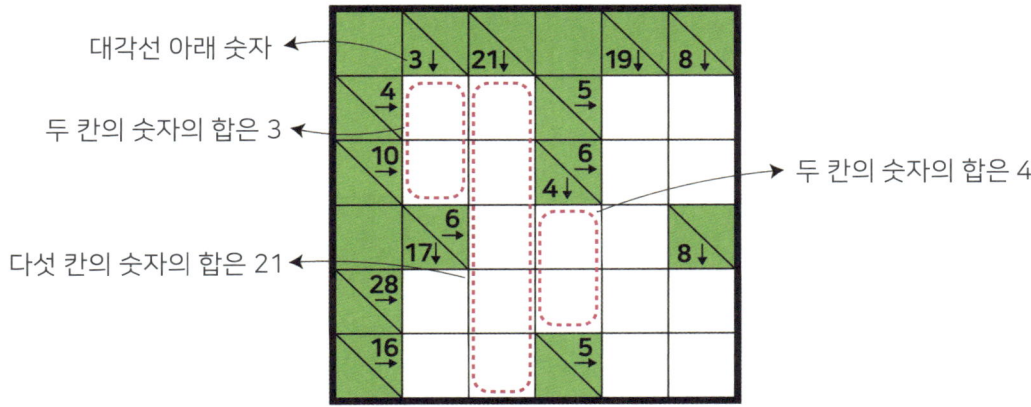

4 서로 더해지는 칸에는 같은 숫자가 들어갈 수 없어요.

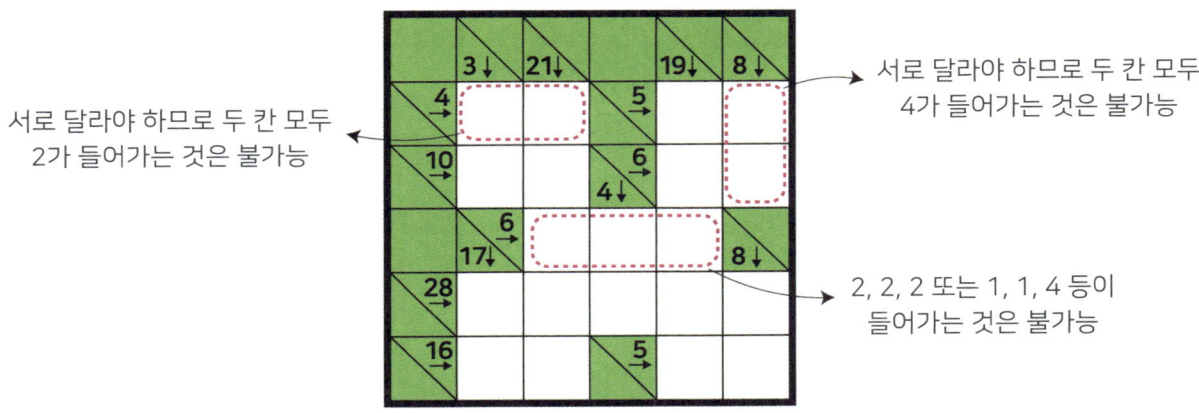

5 빈칸(흰색 칸)에 들어갈 모든 숫자를 찾으면 성공이에요.

빈칸을 완성해 문제를 해결한 모습

게임 맛보기

정답 198쪽

카쿠로를 해 보며 자신만의 전략을 찾아보세요.

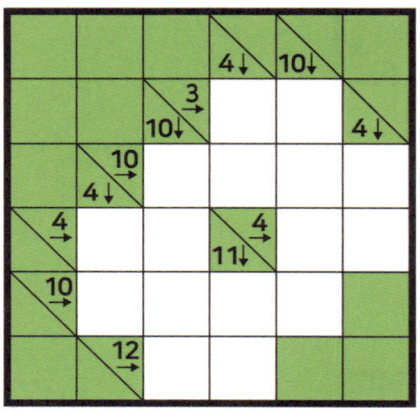

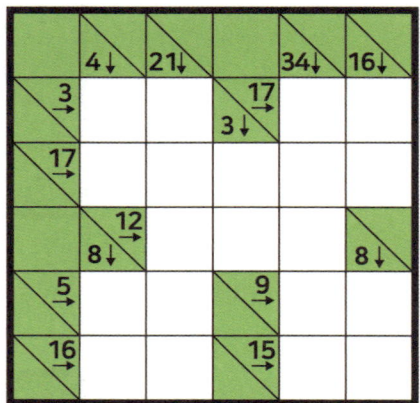

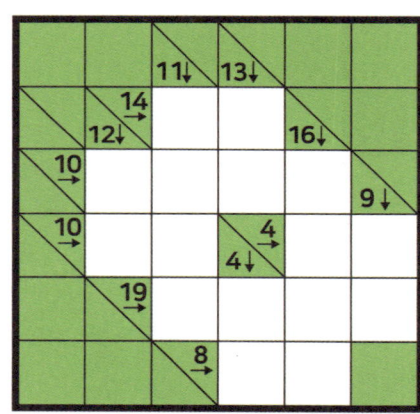

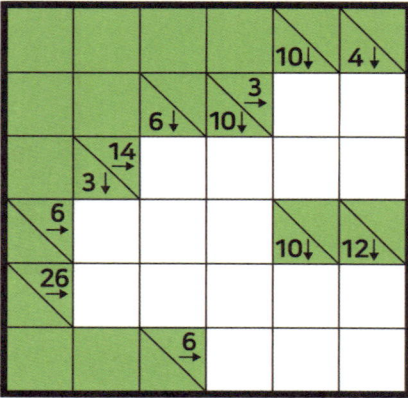

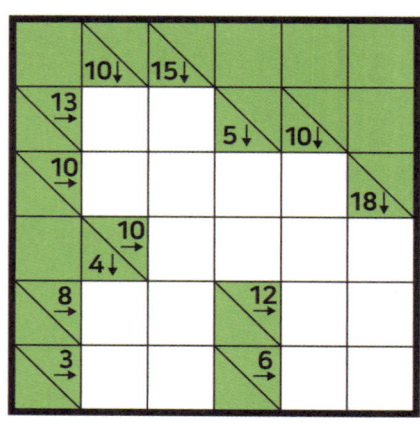

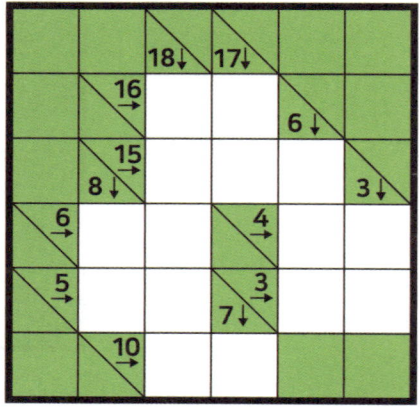

카쿠로 속 수학

카쿠로를 풀 때, 여러 숫자를 더해 특정 숫자가 나오도록 해야 하므로 이와 관련된 수학 성질을 잘 파악하면 퍼즐을 해결할 때 도움이 돼요. 카쿠로 규칙상 1부터 9까지 숫자만을 사용하고, 서로 같은 숫자는 더하지 않으므로 이러한 조건을 고려해 생각할 거예요. 먼저 두 수의 합이 각 자연수가 되는 경우를 생각해 볼까요? 카쿠로에서는 같은 숫자끼리는 더할 수 없으므로 두 수의 합 중 가장 작은 경우는 1과 2를 더한 3이에요.

$$3 = 1 + 2$$

이건 알아두면 유용하겠는걸?

비슷하게 4부터 17까지를 생각하면 아래와 같아요.

$$4 = 1 + 3$$
$$5 = 1 + 4 = 2 + 3$$
$$6 = 1 + 5 = 2 + 4$$
$$7 = 1 + 6 = 2 + 5 = 3 + 4$$
$$8 = 1 + 7 = 2 + 6 = 3 + 5$$
$$9 = 1 + 8 = 2 + 7 = 3 + 6 = 4 + 5$$
$$10 = 1 + 9 = 2 + 8 = 3 + 7 = 4 + 6$$
$$11 = 2 + 9 = 3 + 8 = 4 + 7 = 5 + 6$$
$$12 = 3 + 9 = 4 + 8 = 5 + 7$$
$$13 = 4 + 9 = 5 + 8 = 6 + 7$$
$$14 = 5 + 9 = 6 + 8$$
$$15 = 6 + 9 = 7 + 8$$
$$16 = 7 + 9$$
$$17 = 8 + 9$$

위 식에서 알 수 있듯이 3, 4, 16, 17의 경우에는 두 수의 합으로 표현할 수 있는 경우가 한 가지 뿐이에요. 따라서 문제에서 3, 4, 16, 17이 나온다면 이 수를 먼저 생각해 보는 것이 좋아요.

세 수의 합이 각 자연수가 되는 경우 중 몇 가지를 생각하면 아래와 같아요.

$$6 = 1 + 2 + 3$$
$$7 = 1 + 2 + 4$$
$$8 = 1 + 2 + 5 = 1 + 3 + 4$$
$$9 = 1 + 2 + 6 = 1 + 3 + 5 = 2 + 3 + 4$$
$$10 = 1 + 2 + 7 = 1 + 3 + 6 = 1 + 4 + 5 = 2 + 3 + 5$$

숫자 6 또는 7의 경우 세 수의 합으로 나타나는 경우가 한 가지이므로 이런 경우가 문제에 나온다면 이를 먼저 생각해 보는 것이 좋아요. 다른 경우에 대해서도 이런 식으로 생각해 볼 수 있어요. 자연수를 다른 자연수의 합으로 표현하는 다양한 경우를 알아보고 카쿠로를 풀 때 활용해 봐요!

카쿠로의 전략

카쿠로에서 사용할 수 있는 전략을 알아볼까요?

카쿠로의 전략1

가로 열과 세로 열의 공통 칸에 유일하게 들어가는 숫자가 있는지 확인한다.

위 문제에서 빨간색 칸은 숫자 합이 3이 되는 두 칸 중 하나인 동시에 숫자 합이 4가 되는 두 칸 중 하나예요. 숫자 합이 3이 되는 경우는 1 + 2뿐이므로 빨간색 칸에는 1 또는 2가 들어가야 해요. 동시에 숫자 합이 4가 되는 경우는 1 + 3뿐이므로 빨간색 칸에는 1 또는 3이 들어가야 해요. 이 두 조건을 모두 만족하려면 빨간색 칸에는 1이 들어가야 한다는 것을 알 수 있어요. 따라서 다음 쪽의 그림같이 돼요.

그리고 자연스럽게 아래 그림처럼 나머지 칸도 채울 수 있어요.

이렇게 가로 열과 세로 열의 공통 칸에 유일하게 들어가는 숫자를 찾음으로써 문제를 해결해 갈 수 있어요.

카쿠로의 전략2

연결된 여러 칸을 한 그룹으로 본 후 그 그룹에 유일하게 들어가는 숫자 조합을 확인한다.

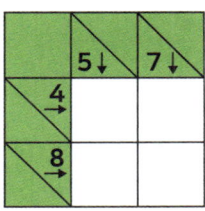

위 문제에서 4개의 빈칸을 한 그룹으로 본 후, 여기에 유일하게 들어가는 숫자 조합을 생각해 볼까요? 먼저 숫자 4를 통해 위의 두 칸에 들어갈 수 있는 숫자가 아래 두 경우 중 하나라는 것을 알 수 있어요.

앞쪽의 두 경우 중 첫 번째 경우는 아래와 같이 진행되는 데 아래 두 칸에 둘 다 4가 들어가게 되므로 이 경우는 안된다는 것을 알 수 있어요.

따라서 앞쪽의 두 경우 중 두 번째 경우만 가능하고 아래처럼 숫자가 채워져요.

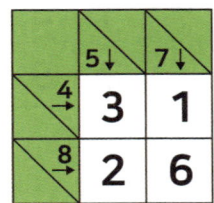

카쿠로의 전략3

조건의 합과 차를 이용해 빈칸에 들어갈 숫자를 찾는다.

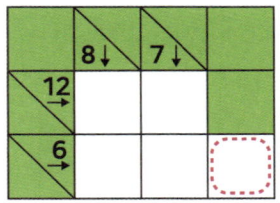

위 문제에서 세로 열을 보면 빨간색 칸을 제외한 나머지 4개의 빈칸의 합은 15임을 알 수 있어요. 그리고 가로 열을 보면 빨간색 칸을 포함한 5개의 빈칸의 합은 18임을 알 수 있어요. 따라서 두 수의 차를 생각하면 아래 그림과 같이 빨간색 칸에 3이 들어감을 알 수 있어요.

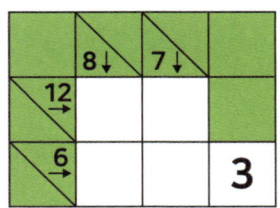

이렇게 조건의 합과 차를 이용하면 빈칸에 들어갈 숫자를 찾을 수 있어요. 카쿠로의 다양한 전략을 활용해 카쿠로를 즐겨 봐요!

도전! 게임왕!

정답 198쪽

카쿠로를 해 보며 자신만의 전략을 찾아보세요.

혼자 놀기 **카쿠로**

7 스카이스크래퍼

스카이스크래퍼는 일본인 나츠하라 마사노리가 1992년에 만든 게임으로 일본의 퍼즐 잡지에 소개되며 알려졌어요. 다양한 변형 게임이 있는 흥미로운 게임이에요.

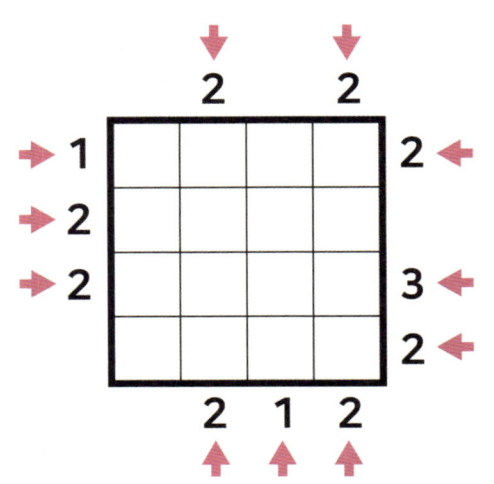

게임은 위 그림처럼 주어진 게임 문제에서 시작해요. **혼자 하는 게임으로 규칙에 따라 빈칸에 들어갈 숫자(건물의 높이)를 모두 찾으면 성공**이랍니다. 게임 규칙을 좀 더 구체적으로 알아볼까요?

게임 규칙

❶ 각 가로줄에는 1부터 4까지가 한 번씩 들어가고, 각 세로줄에도 1부터 4까지가 한 번씩 들어가요.

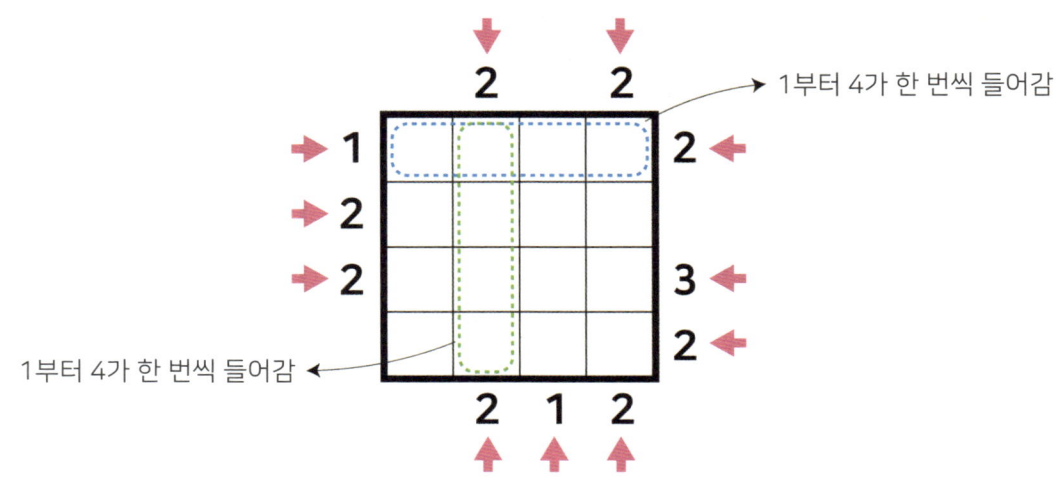

2 각 칸에 들어가는 숫자는 그 칸에 들어가는 건물의 높이예요.

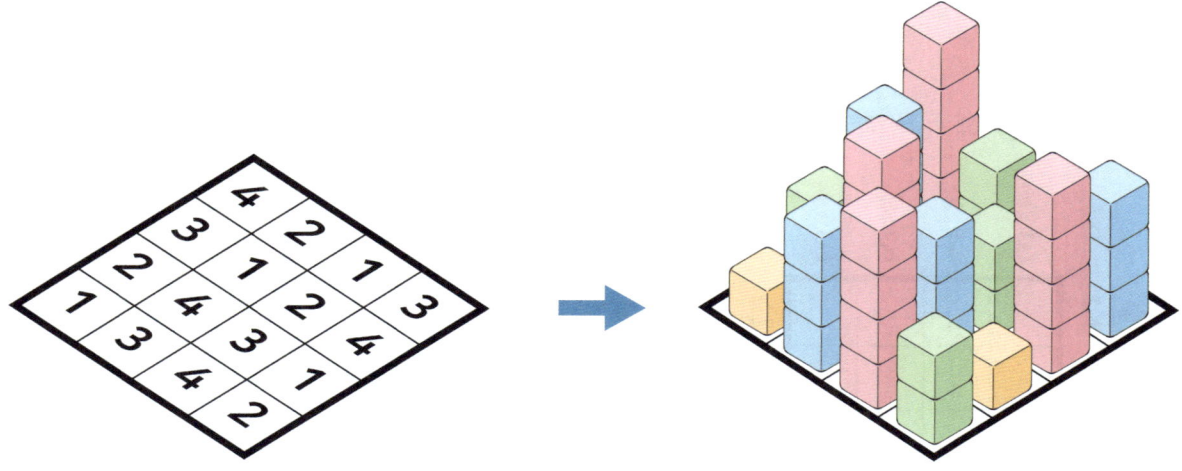

3 게임판 밖에 있는 단서가 되는 숫자는 옆 화살표 방향으로 보이는 건물의 수예요.

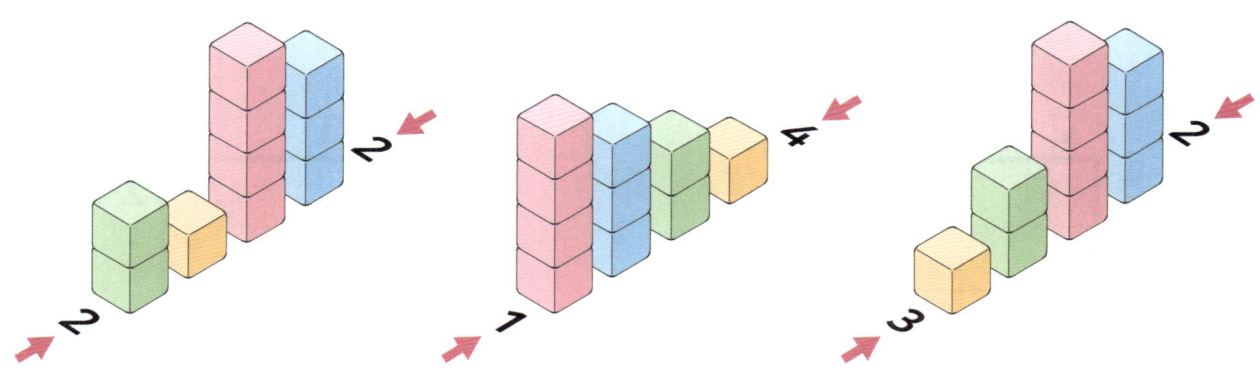

4 빈칸에 들어갈 모든 숫자(건물의 높이)를 찾으면 성공이에요.

	↓2	↓2		
→1	4	2	1	3	2←
→2	3	1	2	4	
→2	2	4	3	1	3←
	1	3	4	2	2←
	↑2	↑1	↑2		

게임 맛보기

정답 199쪽

스카이스크래퍼를 해 보며 자신만의 전략을 찾아보세요.

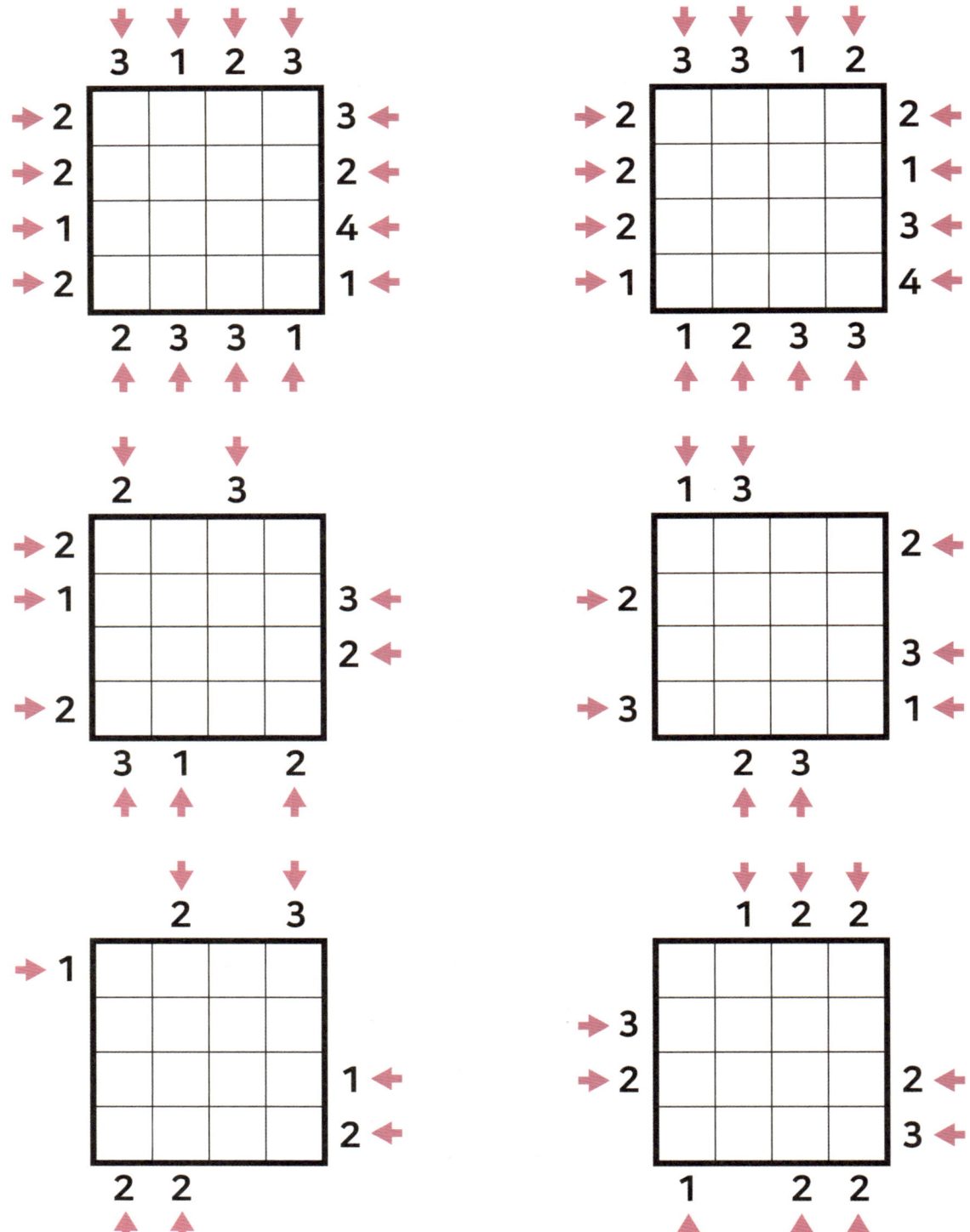

스카이스크래퍼의 전략

스카이스크래퍼에서 사용할 수 있는 전략을 알아볼까요?

스카이스크래퍼의 전략1

단서가 되는 숫자가 1이면 그 방향의 첫 번째 건물은 가장 높은 건물이다. 비슷하게 단서가 되는 숫자가 4(가장 큰 숫자)이면 그 방향의 건물은 1층부터 4층 순으로 있다.

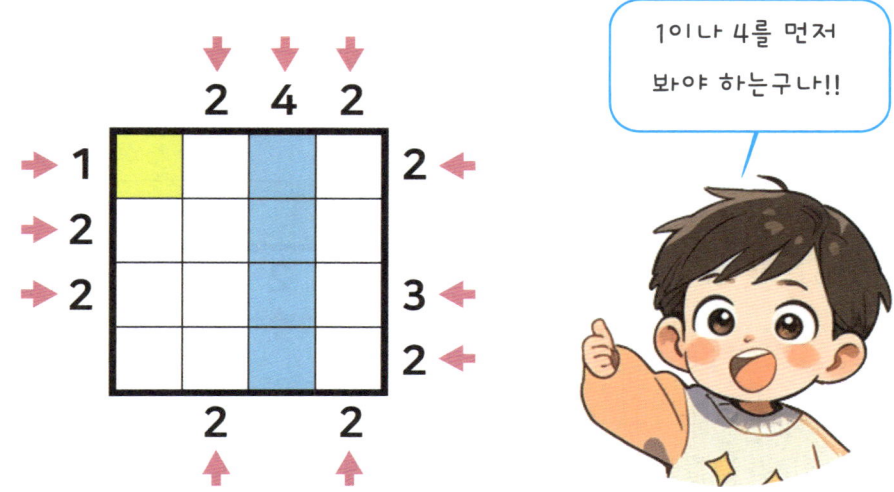

단서가 되는 숫자가 1이라는 것은 그 방향에서 건물이 하나만 보인다는 거예요. 그리고 하나만 보이는 이유는 그 방향의 첫 번째 건물이 가장 높은 건물이기 때문이에요. 따라서 위 문제의 노란색 칸에는 4가 들어가요. 또한 단서 숫자가 4(가장 큰 숫자)라는 것은 그 방향에서 모든 건물이 보인다는 거예요. 모든 건물이 보이는 이유는 그 방향으로 가장 낮은 건물부터 높은 건물까지 순서대로 있기 때문이에요. 따라서 아래 그림처럼 파란색 칸에는 1부터 4가 순서대로 들어가요.

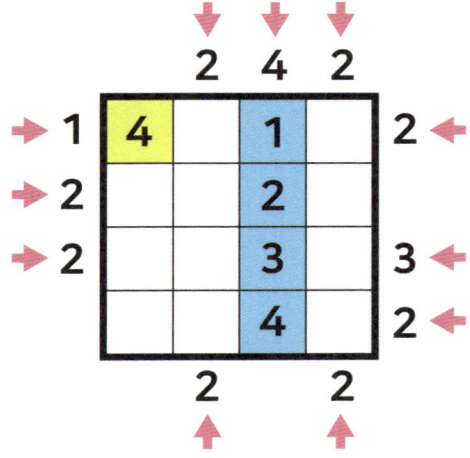

스카이스크래퍼의 전략2

각 숫자는 각 가로 열과 세로 열에 한 번씩 들어가야 하므로 이를 이용해 빈칸에 들어갈 숫자를 찾는다.

각 숫자는 각 가로 열과 세로 열에 한 번씩 들어가야 하므로 위 문제에서 노란색 칸에는 숫자 4가 들어갈 수 없어요. 따라서 숫자 4는 아래 그림의 두 경우 중 한 가지로 들어가요.

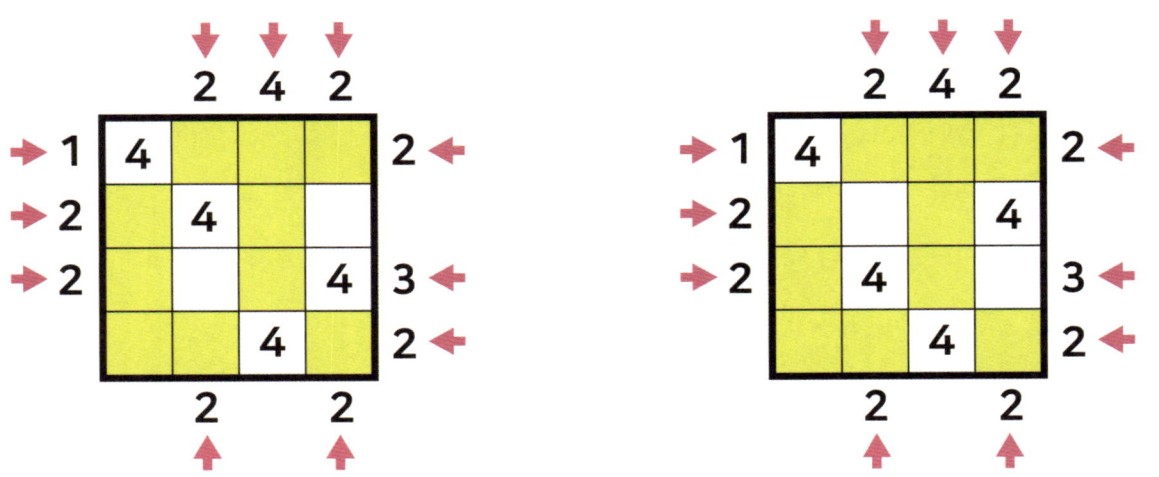

그런데 위 그림의 왼쪽처럼 숫자 4가 들어가는 것은 불가능해요. 그 이유는 그림의 오른쪽에 있는 단서 숫자 3 때문이에요. 단서 숫자가 3이라는 것은 세 개의 건물이 보인다는 뜻인데 그 방향의 첫 번째 건물이 4층 건물이면 세 개의 건물이 보일 수 없어요. 따라서 숫자 4는 위 그림의 오른쪽처럼 들어가야 해요.

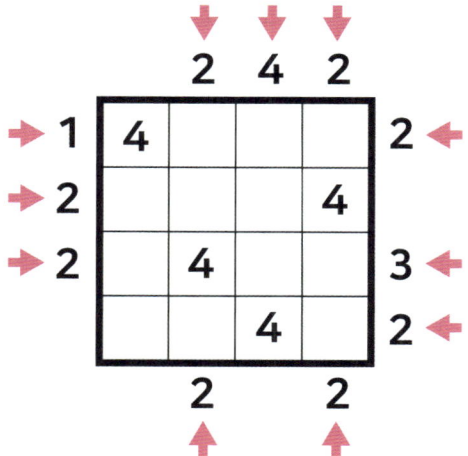

이렇게 각 숫자가 각 가로 열과 세로 열에 한 번씩 들어간다는 사실을 이용해 문제를 해결할 수 있어요.

스카이스크래퍼의 전략3

단서가 되는 숫자가 2이고 그 방향에서 보이는 첫 번째 건물이 1층 건물이면 두 번째 건물은 가장 높은 건물이다. 비슷하게 단서가 되는 숫자가 2이고 그 방향의 마지막 건물이 가장 높은 건물이면 그 방향에서 보이는 첫 번째 건물은 두 번째로 높은 건물이다.

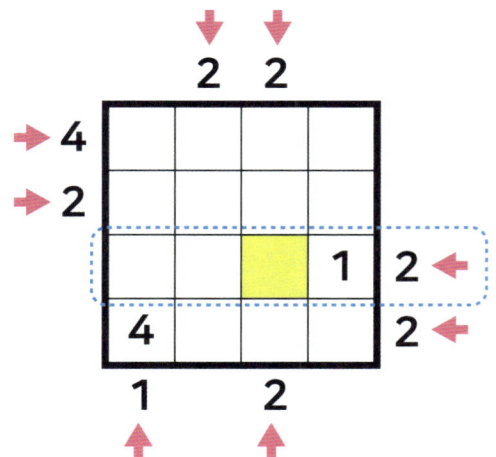

위 문제에서 파란색 점선을 보면 단서가 되는 숫자가 2이고 그 방향에서 보이는 첫 번째 건물이 1층이라는 것을 알 수 있어요. 따라서 그 방향의 두 번째 건물인 노란색 칸에는 가장 높은 건물이 들어와야 해요. 그렇지 않으면 그 방향에서 2개보다 많은 건물이 보이기 때문이에요.

따라서 위 그림처럼 노란색 칸에는 숫자 4가 들어가요.

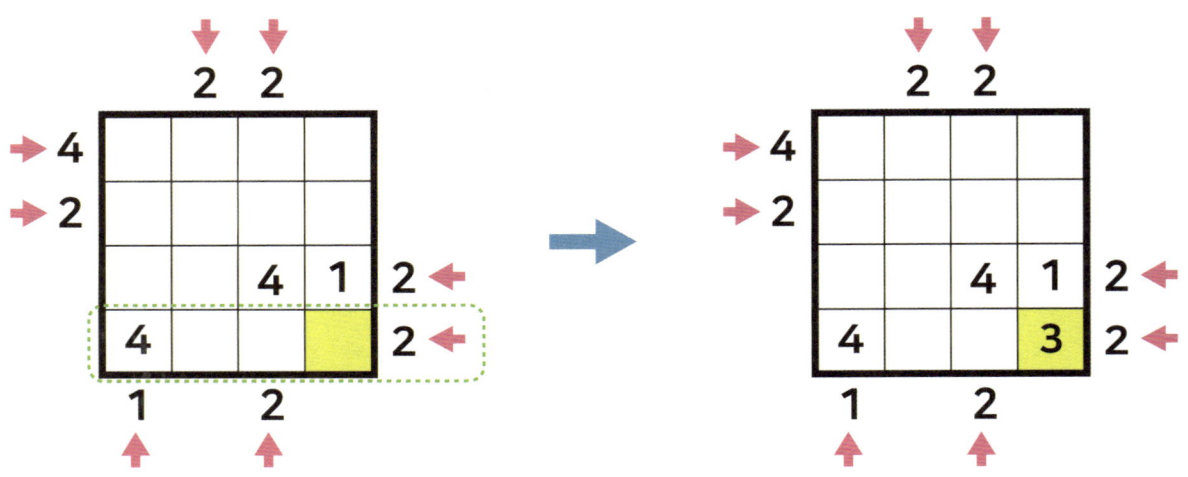

비슷하게 위 왼쪽 그림의 초록색 점선을 보면 단서가 되는 숫자가 2이고 그 방향에서 보이는 마지막 건물이 4층이라는 것을 알 수 있어요. 따라서 그 방향의 첫 번째 건물이 들어가는 노란색 칸에는 두 번째로 높은 건물이 들어와야 해요. 그렇지 않으면 그 방향으로 2개보다 많은 건물이 보이기 때문이에요.

따라서 위 오른쪽 그림처럼 노란색 칸에는 숫자 3이 들어가요. 이렇게 단서가 되는 숫자가 2일 때, 그 주변 건물 배치에 따라 빈칸에 들어가는 숫자를 찾을 수 있어요. 스카이스크래퍼에는 이 외에도 다양한 전략이 알려져 있어요. 자신만의 전략을 찾아 스카이스크래퍼를 즐겨 봐요!!

도전! 게임왕!

정답 199쪽

아래는 5 X 5 게임판에서 하는 스카이스크래퍼예요. 각 가로줄과 세로줄에는 1부터 5까지의 숫자가 한 번씩 들어가요. 스카이스크래퍼를 해 보며 자신만의 전략을 찾아보세요.

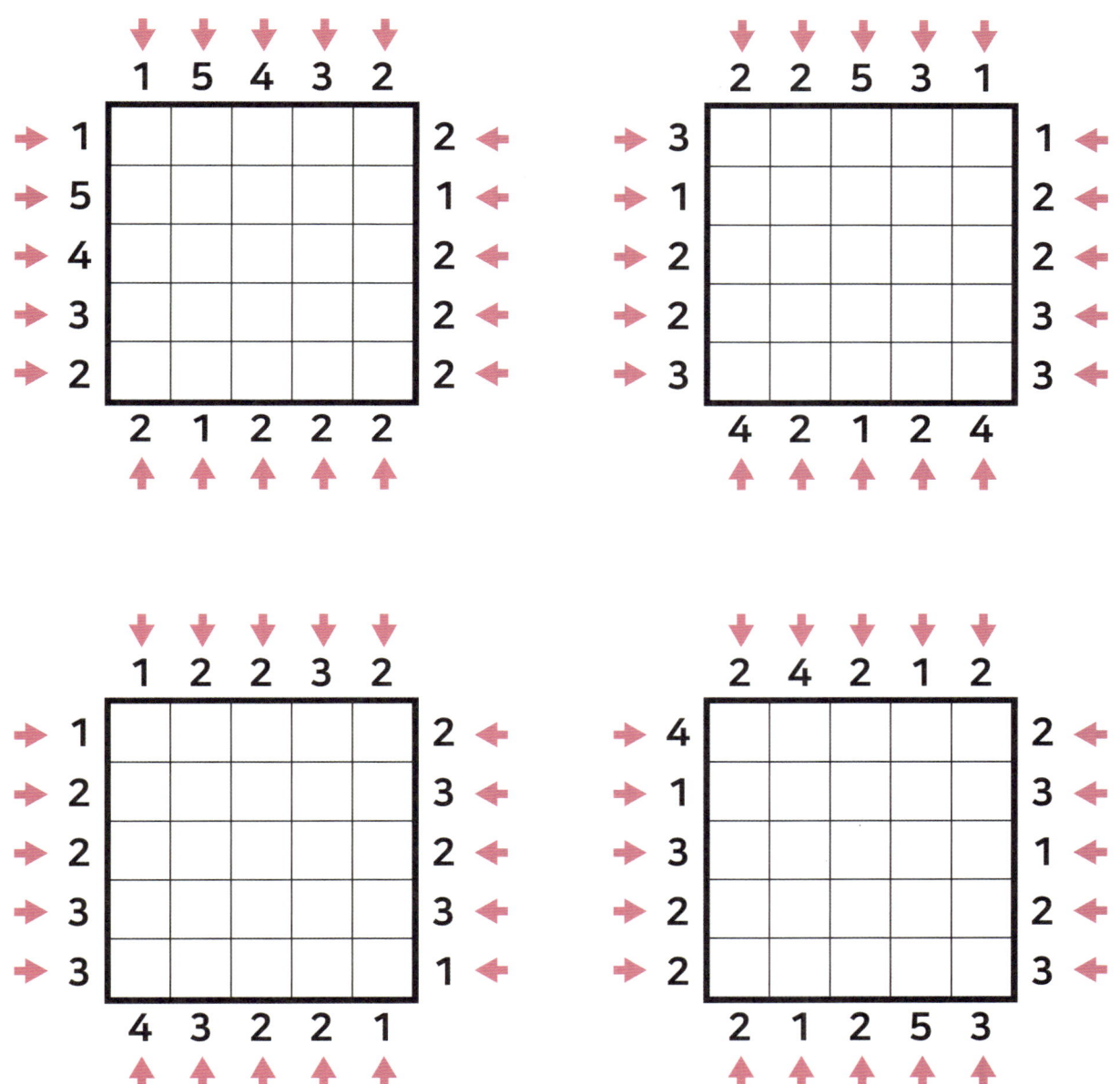

8 릿츠

릿츠는 스도쿠로 유명한 일본의 퍼즐 회사 니코리에서 2004년에 처음으로 소개한 퍼즐이에요. 일본인 이나바 나오키가 발명한 퍼즐로 처음에는 '누루오미노'라 불렸고, 2005년에 지금의 이름인 '릿츠(LITS)'로 변경됐어요.

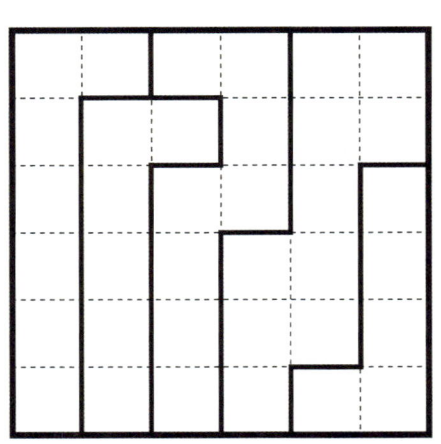

게임은 위 그림처럼 주어진 게임 문제에서 시작해요. **혼자 하는 게임**으로 규칙에 따라 **굵은 선으로 나눠진 각 영역에 테트로미노를 하나씩 넣으면 성공**이랍니다. 게임 규칙을 좀 더 구체적으로 알아볼까요?

게임 규칙

1 굵은 선으로 나눠진 각 영역에는 아래 4가지 테트로미노 중 하나가 들어가요. 아래 그림의 테트로미노가 회전 또는 반사된 형태도 가능해요. 테트로미노는 정사각형 4개가 연결된 형태의 도형이에요.

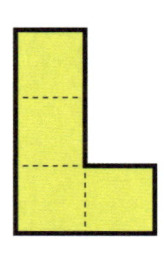 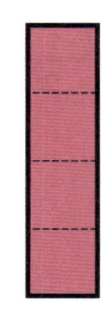 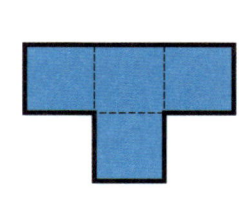 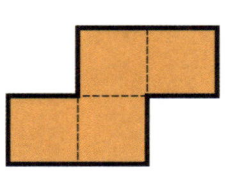

❷ 서로 같은 형태의 테트로미노가 만나도록 배치하면 안 돼요. 서로 같은 형태의 테트로미노란 회전하거나 반사해 같은 모양이 되는 테트로미노를 말해요.

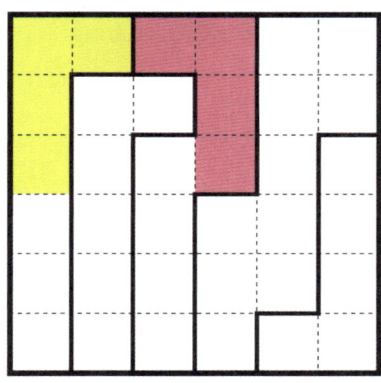

서로 같은 형태인 L 모양의 테트로미노가 만나 배치가 불가능한 경우

❸ 게임판에서 2 X 2 형태의 칸이 모두 채워져서는 안 돼요.

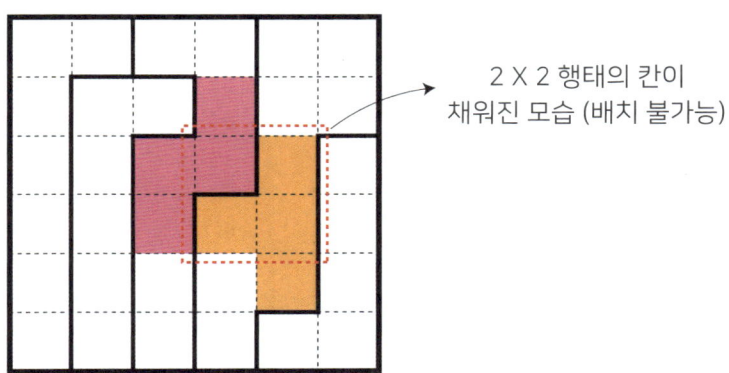

2 X 2 형태의 칸이 채워져 배치가 불가능한 경우(빨간색 점선)

❹ 모든 영역에 테트로미노가 하나씩 들어가도록 배치하면 성공이에요. 이때 모든 테트로미노는 서로 연결되어 하나의 도형을 만들어야 해요.

테트로미노를 배치해 문제를 해결한 모습(모든 테트로미노가 연결)

게임 맛보기

정답 199쪽

릿츠를 해 보며 자신만의 전략을 찾아보세요.

릿츠의 전략

릿츠에서 사용할 수 있는 전략을 알아볼까요?

릿츠의 전략1

각 영역에서 테트로미노가 반드시 들어가는 칸을 확인한다.

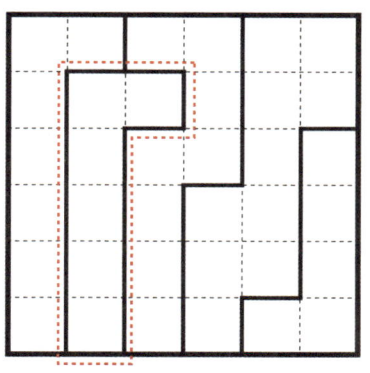

위 문제에서 빨간색 점선에 있는 영역에 테트로미노가 들어갈 수 있는 경우는 아래 3가지예요.

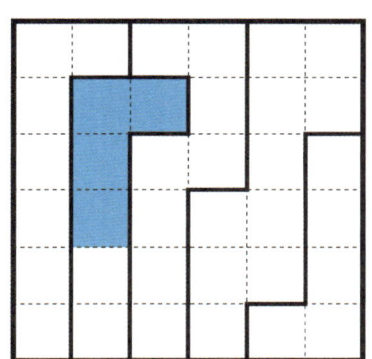
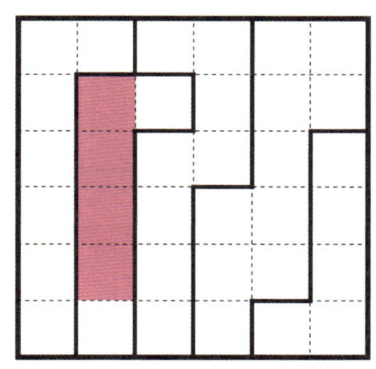
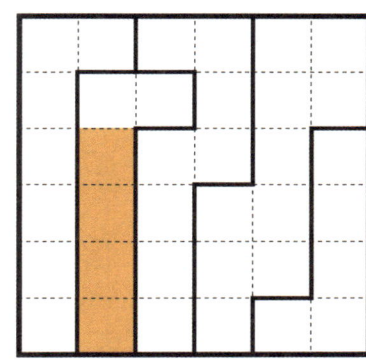

따라서 아래 그림의 노란색으로 표시된 칸에는 반드시 테트로미노가 들어간다는 것을 알 수 있어요.

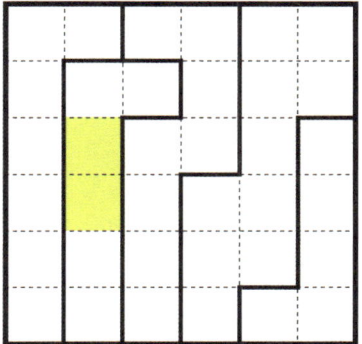

혼자 놀기 **릿츠** 77

다음으로 아래 빨간색 점선의 두 칸을 볼까요? 2 X 2 형태의 칸은 모두 채워질 수 없으므로 두 칸 모두 테트로미노가 들어가는 것은 불가능하고 적어도 둘 중 한 칸에는 테트로미노가 들어가지 않아야 해요.

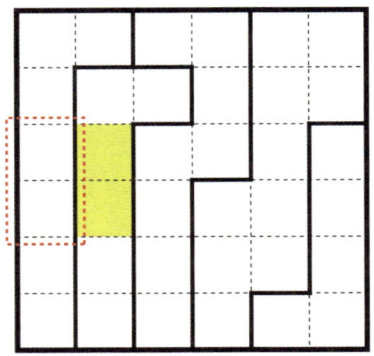

그런데 위 그림의 빨간색 점선의 두 칸 중 위의 칸에 테트로미노가 들어가지 않으면 아래 그림에 보이듯 그 위에도 4칸이 안 되고, 아래에도 4칸이 안 되기 때문에 이쪽 영역에 테트로미노가 들어갈 수 없어요.

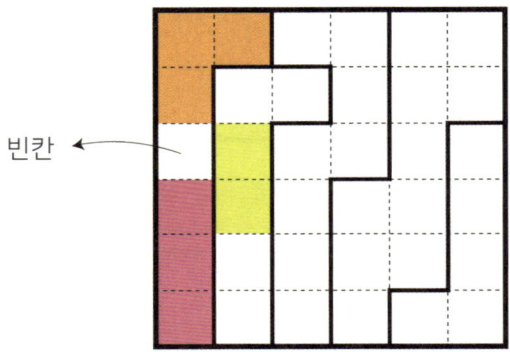

따라서 빨간색 점선의 두 칸 중 위 칸을 포함해 테트로미노가 들어가야 하고, 아래 그림처럼 테트로미노가 들어간다는 것을 알 수 있어요. 이렇게 각 영역에 테트로미노가 반드시 들어가는 칸을 확인함으로써 테트로미노가 어떻게 배치될지 알 수 있어요.

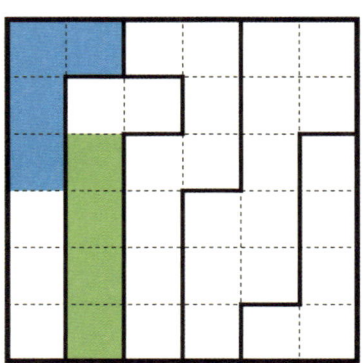

릿츠의 전략2

크기가 큰 영역의 경우 테트로미노가 들어갈 수 없는 칸을 확인해 테트로미노가 들어갈 수 있는 칸을 줄여 간다.

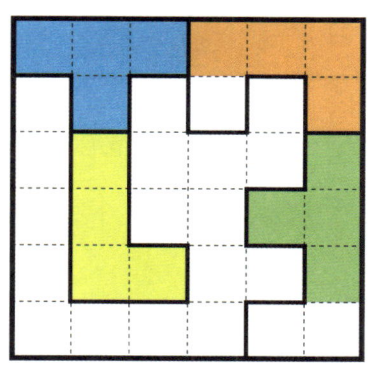

위 문제는 게임판이 5개의 영역으로 나누어져 있는데 가장 넓이가 큰 영역에 테트로미노가 들어가지 않았어요. 이렇게 넓이가 큰 영역은 테트로미노가 들어갈 수 있는 경우의 수가 많기 때문에 테트로미노가 들어갈 수 없는 칸을 확인함으로써 경우의 수를 줄일 수 있어요.

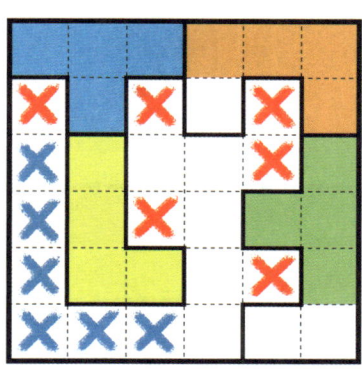

그렇다면 이 영역에서 테트로미노가 들어갈 수 없는 칸은 어디일까요? 먼저 쉽게 알 수 있는 칸은 위 그림에서 빨간색 X 표시가 되어 있는 칸이에요. 빨간색 X 표시가 되어 있는 칸에 테트로미노가 들어가면 2 X 2 형태의 칸이 모두 채워져서는 안 된다는 규칙을 어기게 돼요.

그리고 비슷한 이유로 위 그림에서 파란색 X 표시가 되어 있는 칸에도 테트로미노가 들어가서는 안 돼요. 파란색 X 표시가 된 칸에 테트로미노가 들어가면 어쩔 수 없이 바로 옆 칸에도 테트로미노가 들어가게 되고, 역시 2 X 2 형태의 칸이 채워지기 때문이에요.

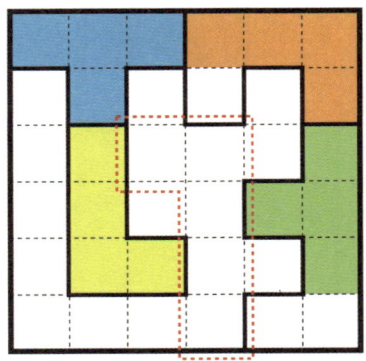

따라서 위 그림에서 빨간색 점선으로 표시된 부분에만 테트로미노가 들어갈 수 있어요. 그리고 여기에 테트로미노가 들어갈 수 있는 경우는 아래 두 가지 중 하나예요.

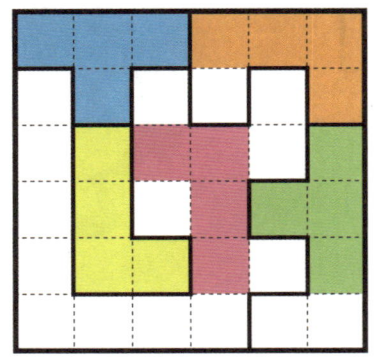

그런데 서로 같은 모양의 테트로미노는 만나면 안 되므로 아래 그림처럼 테트로미노가 들어간다는 것을 알 수 있어요.

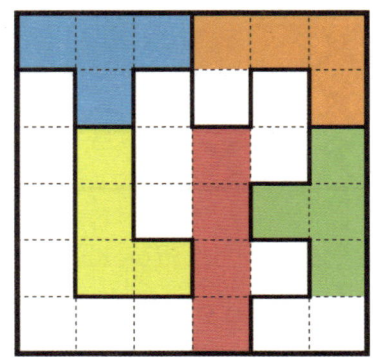

이렇게 넓이가 큰 영역의 경우 테트로미노가 들어가면 안 되는 칸을 확인함으로써 테트로미노를 배치할 수 있어요.

도전! 게임왕!

정답 199쪽

릿츠를 해 보며 자신만의 전략을 찾아보세요.

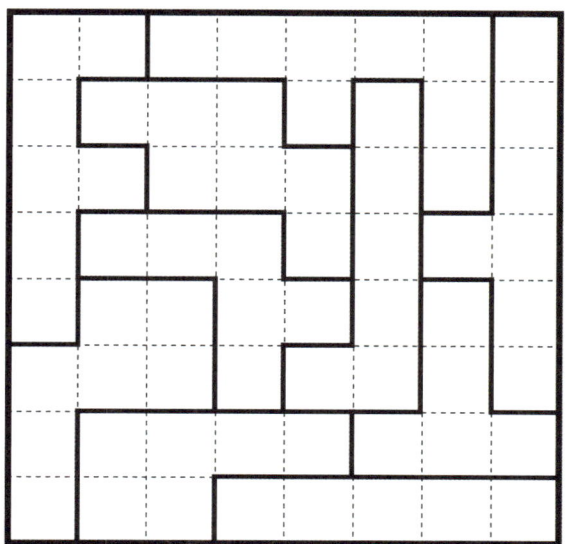
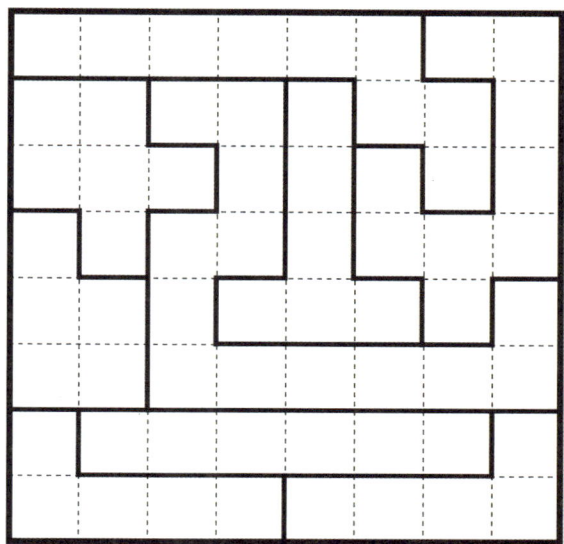
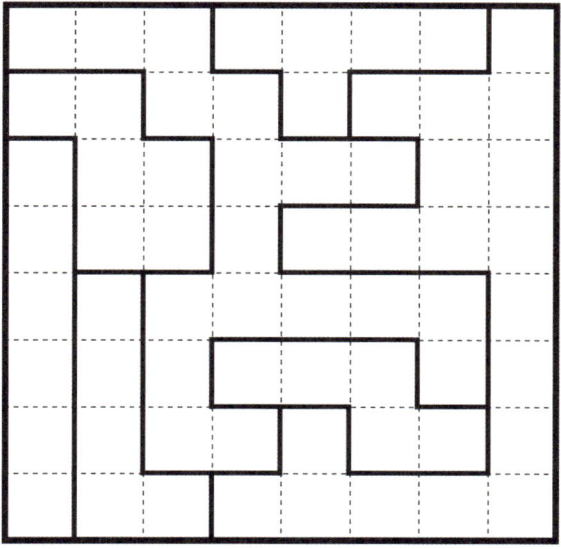
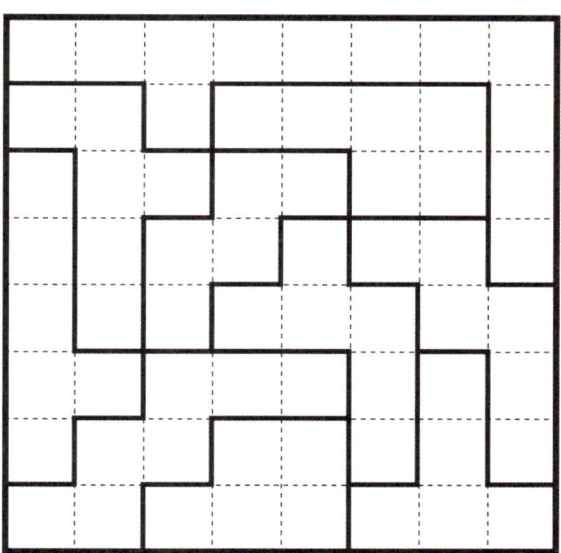

둘이 놀기

1 님 게임

님 게임의 기원은 명확하지 않지만, 중국에서 시작된 것으로 알려져 있어요. 규칙은 간단하지만 이기기는 생각보다 쉽지 않답니다. 그래서 흥미롭게 게임을 할 수 있어요.

게임은 위 그림처럼 3개, 5개, 7개가 각각 한 줄로 되어 있는 구슬에서 시작해요.(각 줄의 구슬 수를 바꿔서 해도 돼요.) **두 사람이 하는 게임**으로 두 사람은 규칙에 따라 구슬을 지우고 **마지막으로 구슬을 지우는 사람이 승리**해요. 게임 규칙을 좀 더 구체적으로 알아볼까요?

게임 규칙

1 먼저 시작한 사람은 세 줄 중 한 줄을 선택해 원하는 만큼 구슬을 지워요.

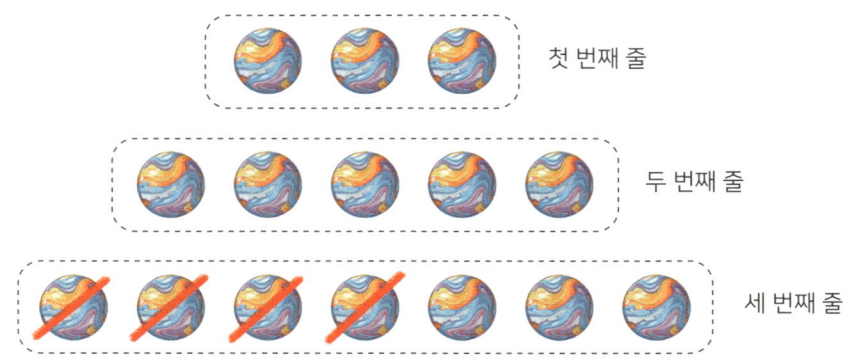

먼저 시작한 사람이 세 번째 줄에서 4개의 구슬을 지운 상황

2 두 번째로 시작한 사람도 남아 있는 줄 중 한 줄을 선택해 원하는 만큼 구슬을 지워요.

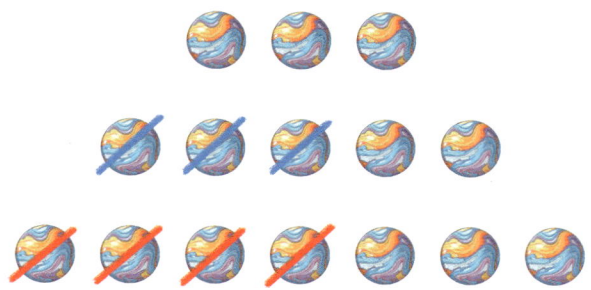

두 번째로 시작한 사람이 두 번째 줄에서 3개의 구슬을 지운 상황

3 이렇게 번갈아 가며 구슬을 지우다가 마지막에 남아 있는 구슬을 지우는 사람이 승리해요.

아래 그림은 앞 상황에 이어서 번갈아가며 구슬을 지우는 모습이에요. 번갈아가며 구슬을 지우다가 먼저 시작했던 사람(빨간색 선으로 지운 사람)이 승리했어요.

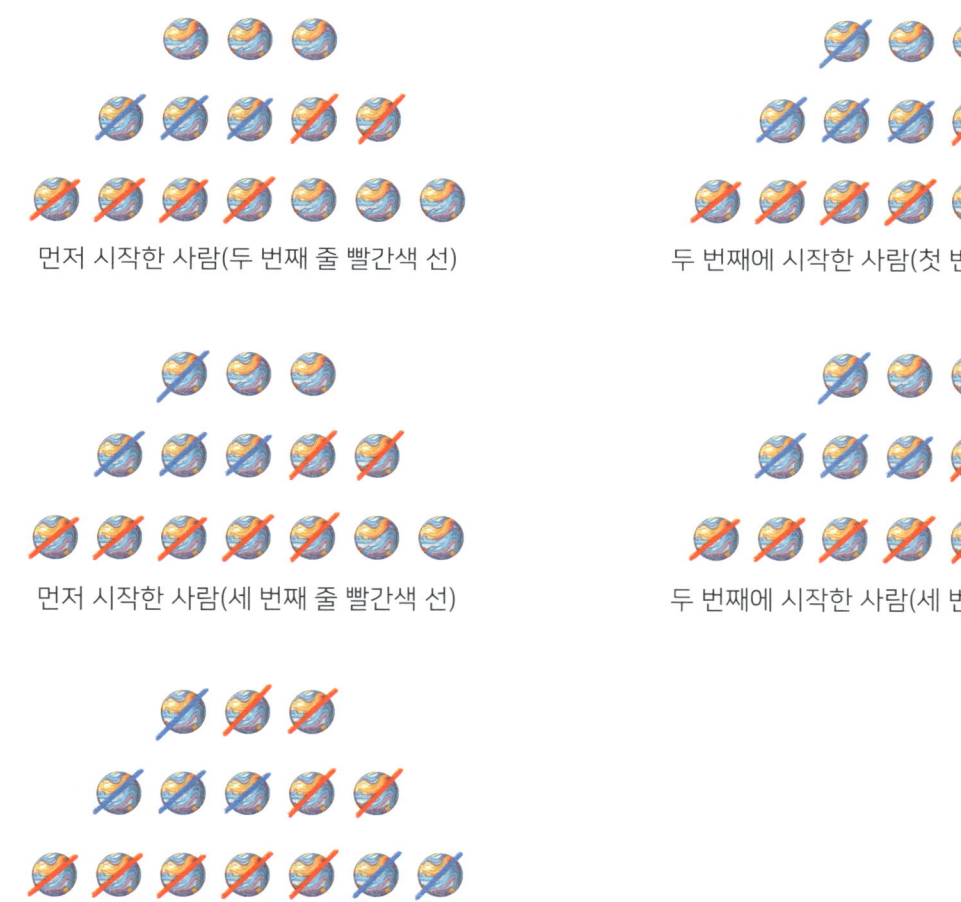

둘이 놀기 **님 게임** 85

게임 맛보기

님 게임을 해 보며 자신만의 전략을 찾아보세요.

한번 해볼까?

님 게임의 역사

수학자 찰스 L. 부턴

님 게임은 아주 오랜 옛날부터 다양한 곳에서 유행했는데 처음 시작된 곳은 중국으로 알려져 있어요. 게임 이름인 '님(Nim)'은 하버드대학교 수학과 교수인 찰스 L. 부턴에 의해 처음 알려졌어요. 부턴은 1901년 그의 논문을 통해 님 게임의 필승 전략을 분석했는데 게임의 수학적 성질을 연구하는 조합 게임 이론의 시초라 할 수 있어요.

님 게임은 최초의 비디오 게임 중 하나라 할 수 있는 '님로드'로 만들어지기도 했어요. 님로드는 님 게임을 할 수 있는 기계로 1951년 영국 페스티벌에 전시되며 많은 인기를 끌었어요.

님 게임의 전략 : 거꾸로 생각하기

님 게임의 필승 전략은 후진귀납법, 스프라그-그런디 정리 등 다양한 수학 이론으로 분석할 수 있어요. 하지만 여기서 알아보기에는 그 수준이 높기 때문에 좀 더 쉬운 방법으로 필승 전략을 생각해 보도록 해요. 바로 게임이 끝난 상황부터 거꾸로 생각하는 거예요. 거꾸로 생각하기는 간단한 아이디어지만 이를 통해서 완벽하게 님 게임의 전략을 파악할 수 있어요.

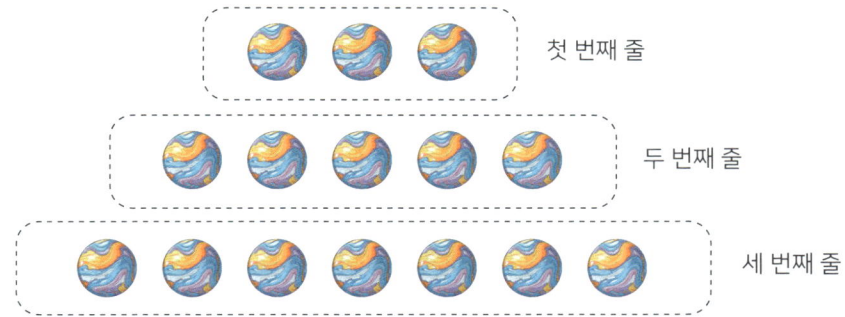

일단 전략을 생각하기 전에 먼저 게임 상태에 대한 표현을 약속할 거예요. 위 그림처럼 첫 번째 줄에 3개, 두 번째 줄에 5개, 세 번째 줄에 7개의 구슬이 남은 경우 (3, 5, 7)로 표현할 거예요. 이를 따르면 첫 번째 줄에 1개, 두 번째 줄에 2개, 세 번째 줄에 3개의 구슬이 남은 경우 (1, 2, 3)으로 표현하는 거지요. 그런데 이런 식으로 표현할 경우 (3, 2, 1)이나 (1, 2, 3)은 사실상 같은 경우예요. 그래서 이 두 경우는 서로 같은 경우로 볼 거예요.

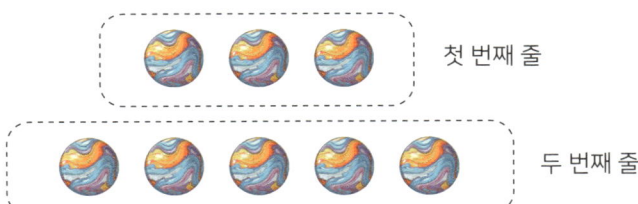

만약 위 그림처럼 두 줄만 남았다면 게임 상태를 (3, 5)로 표현할 거예요. 그리고 아래 그림처럼 한 줄만 남으면 (3)으로 표현할 거예요.

이제 거꾸로 생각하기를 통해 님 게임의 필승 전략을 생각해 볼까요?

먼저 위 그림처럼 두 줄에 구슬이 하나씩 남았고 내가 할 차례라고 해 볼게요. 내가 먼저 두 줄 중 한 곳에 구슬을 가져가야 하고 상대가 남은 구슬 하나를 가져가기 때문에 상대의 승리로 게임이 끝나요. 따라서 이 상태에선 어떻게 해도 상대를 이길 수 없어요. 하지만 반대로 이 상태에서 상대방이 할 차례라면 내가 이길 거예요. 이게 중요해요. **상대방이 어떤 게임 상태에서 게임을 해야 내가 승리할 수 있을지를 파악**해야 해요. 그리고 위의 경우를 통해 게임 상태가 (1, 1)인 경우에 상대방이 할 차례라면 내가 이긴다는 것을 알 수 있어요. 따라서 게임에 이기기 위해선 (1, 1)인 상태에서 상대방이 게임을 하도록 해야 해요. 이렇게 상대방이 게임할 차례면 내가 이길 수 있는 게임 상태를 더 찾아볼까요?

위의 가운데 그림처럼 게임 상태가 (2, 2)인 경우에 상대방이 할 차례면 상대방이 할 수 있는 행동은 위 그림처럼 두 가지예요. 하나는 한 줄을 선택해 구슬을 하나 가져가는 거고, 다른 하나는 한 줄을 선택해 구슬 두 개를 가져가는 거예요. 상대가 그림의 행동1처럼 한 줄을 선택해 구슬 하나를 가져가면 내 차례 때 (1, 2)가 돼요. 이때 나는 2개의 구슬이 있는 줄에서 1개의 구슬을 가져가 (1, 1)로 만들 수 있어요. 그러면 (1, 1)에서 상대방이 하게 되는데 앞서 알아봤듯 내가 승리하게 되는 상황이에요. 상대가 그림의 행동2처럼 한 줄을 선택해 구슬 두 개를 가져가면 내 차례 때 (2)인 상태가 되고 남은 구슬 2개를 모두 가져가면 내가 승리해요. 결과적으로 (2, 2)인 게임 상태 역시 (1, 1)인 게임 상태처럼 상대가 할 차례면 내가 승리하는 게임 상태예요.

첫 번째 줄

두 번째 줄

사실 위 그림처럼 두 줄에 같은 수의 구슬이 있는 경우에 상대방이 게임을 할 차례면 내가 승리해요. 이때의 전략은 상대와 대칭적으로 행동하는 거예요. 상대가 한 줄에서 한 개의 구슬을 가져가면 나는 다른 줄에서 한 개의 구슬을 가져가요. 만약 상대가 한 줄에서 두 개의 구슬을 가져가면 나는 다른 줄에서 두 개의 구슬을 가져가요. 마찬가지로 상대가 한 줄에서 세 개의 구슬을 가져가면 나는 다른 줄에서 세 개의 구슬을 가져가요. 이런 전략을 따르면 상대가 할 차례에서 두 줄에 계속 같은 수의 구슬이 남아 있도록 할 수 있고 나는 게임에서 이길 수 있어요. 정리하면 다음과 같은 전략을 생각할 수 있어요.

님 게임의 전략1

두 줄에 각각 같은 수의 구슬이 남아 있는 게임 상태에서 상대가 게임을 하게 하면 님 게임에서 승리할 수 있다. 이때 상대가 어떤 줄을 선택해 몇 개의 구슬을 가져가는지 잘 보고, 내 차례 때 그와 다른 줄에서 상대와 같은 수의 구슬을 가져가도록 한다.

마지막으로 아래 그림과 같은 게임 상태를 생각해 볼 거예요.

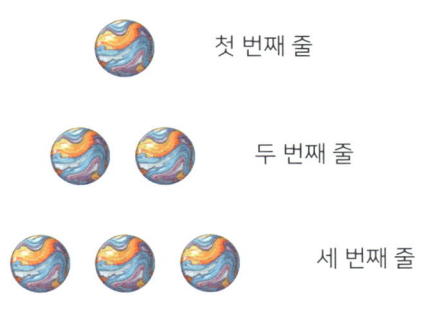

첫 번째 줄

두 번째 줄

세 번째 줄

게임 상태 (1, 2, 3)에서 상대가 할 차례인 경우를 생각할 거예요. 이때 상대가 할 수 있는 행동을 잘 생각하면 아래 게임 상태 중 하나로 가게 된다는 것을 알 수 있어요.

(2, 3), (1, 1, 3), (1, 3), (1, 2, 2), (1, 2, 1), (1, 2)

이때 각각에 대해 나는 아래와 같이 구슬을 가져갈 수 있어요.

(2, 3)	→3개인 줄에서 1개 가져가기→	(2, 2)		(1, 2, 2)	→1개인 줄에서 1개 가져가기→	(2, 2)
(1, 1, 3)	→3개인 줄에서 3개 가져가기→	(1, 1)		(1, 2, 1)	→2개인 줄에서 2개 가져가기→	(1, 1)
(1, 3)	→3개인 줄에서 2개 가져가기→	(1, 1)		(1, 2)	→2개인 줄에서 1개 가져가기→	(1, 1)

위에서 알 수 있듯 상대가 어떤 행동을 하든 나는 (1, 1) 또는 (2, 2)인 게임 상태에서 상대가 게임을 하도록 할 수 있는데 앞에서 알아봤듯 이는 내가 이기는 경우예요. 따라서 (1, 2, 3)인 게임 상태에서 상대가 게임하게 하면 나는 승리할 수 있어요. 이와 비슷한 방식으로 다른 게임 상태에서도 경우를 따져 보면 상대가 게임할 차례라 할 때 내가 이기는 게임 상태인지 아닌지를 분석해 볼 수 있어요. 수학자들 역시 이런 게임 상태를 분석했고 아래와 같은 전략을 알아냈어요.

님 게임의 전략2

아래와 같은 게임 상태에서 상대방이 게임할 차례면 내가 최선의 전략으로 게임을 했을 때 상대에게 승리할 수 있다. 따라서 님 게임을 할 때 상대방이 아래와 같은 게임 상태에서 게임을 하도록 해야 한다.

(1, 1), (2, 2), (3, 3), (4, 4), (5, 5)
(1, 2, 3), (1, 4, 5), (2, 4, 6), (2, 5, 7), (3, 4, 7), (3, 5, 6)

이렇게 구슬이 적게 남은 상황부터 거꾸로 생각하며 님 게임의 전략을 파악해 볼 수 있어요. 여러분도 님 게임에서 나올 수 있는 여러 가지 게임 상태에 대해 이와 같은 방법으로 직접 분석해 보세요! 거꾸로 생각하기는 님 게임 분석 외에도 다양한 수학 문제 상황에서 효과적으로 활용할 수 있는 훌륭한 문제 해결 전략이에요.

도전! 게임왕!

정답 200쪽

당신이 게임할 차례예요. 게임에 승리하기 위해 처음에 어떻게 구슬을 가져가면 되는지 생각해 보세요.

아래와 같이 네 줄로 된 게임 상태에서 게임을 하려고 해요. 먼저 시작하는 것이 좋을지, 나중에 시작하는 것이 좋을지 판단해 보세요.

어려워 보이지만 도전하고 싶어!!

② 틱택토

틱택토는 가장 유명한 수학게임이에요. 규칙이 단순하고 게임의 전략도 쉽게 파악할 수 있지만 전 세계 많은 사람은 여전히 틱택토를 즐기고 있어요.

틱택토는 위 그림처럼 3 X 3 크기의 게임판에서 **두 사람이 하는 게임**이에요. 두 사람은 규칙에 따라 빈칸에 자신의 표시(X와 O)를 하고 **자신의 표시 3개를 한 줄로 만든 사람이 승리**해요. 게임 규칙을 좀 더 구체적으로 알아볼까요?

게임 규칙

1 게임을 할 때 두 사람 중 먼저 시작하는 사람은 X를 표시하고 나중에 시작하는 사람은 O를 표시해요.

먼저 시작한 사람

나중에 시작하는 사람

2 먼저 시작한 사람은 9개의 칸 중 하나를 선택해 X를 표시해요.

먼저 시작한 사람이 중앙에 X를 표시한 상황

3 두 번째로 시작한 사람은 표시가 없는 빈칸 중 하나를 선택해 O를 표시해요.

두 번째로 시작한 사람이 오른쪽 위에 O를 표시한 상황

4 이렇게 번갈아가며 남아 있는 빈칸 중 하나에 X와 O를 표시하다가 가로나 세로 또는 대각선에 자신의 표시 3개가 한 줄이 되도록 만드는 사람이 승리해요. 만약 두 사람 모두 자신의 표시 3개를 한 줄로 만들지 못하면 게임은 무승부로 끝나요.

X 표시 3개를 한 줄로 만든 경우

게임 맛보기

틱택토를 해 보며 자신만의 전략을 찾아보세요.

어느 칸에서 시작하는 것이 가장 유리할까?

틱택토의 역사

컴퓨터 과학자 오렌 파타슈닉

틱택토는 고대 이집트 지붕 타일에서 게임을 한 흔적이 발견됐을 정도로 아주 오래된 수학게임이에요. 기원전 1세기경 로마 제국에 세 개의 조약돌로 하는 '테르니 라필리'라는 게임이 있었는데 틱택토와 아주 유사한 형태를 하고 있어요.

틱택토는 경우의 수가 단순하여 누구나 쉽게 필승 전략을 분석할 수 있지만 여러 틱택토의 변형 게임은 쉽게 필승 전략을 분석할 수 있을 만큼 간단하지 않아 수학자에게 연구된 경우가 많아요. 대표적으로 3D 틱택토를 들 수 있어요. 3D 틱택토는 4 X 4 게임판 4개로 된 입체 보드에서 하는 게임으로 컴퓨터 과학자 오렌 파타슈닉에 의해 필승 전략이 연구됐어요.

틱택토의 전략 : 포크

틱택토는 두 사람이 모두 최선의 전략으로 게임을 하면 무승부로 끝난다고 알려져 있어요. 규칙이 단순하고 게임판도 작기 때문에 이를 파악하는 것도 크게 어렵지 않아요. 하지만 생각보다 게임 진행은 다양하답니다. 실제 틱택토에서 가능한 게임의 경우의 수는 255,168가지예요. 따라서 아무 생각 없이 게임을 했다간 상대방에게 순식간에 질 수도 있어요.

틱택토를 할 때 아래의 왼쪽 그림처럼 내가 X를 연달아 두 개 표시했다고 생각해 볼까요? 이 경우 당연히 상대방은 아래의 오른쪽 그림처럼 X 표시 세 개가 한 줄이 되지 않도록 막을 거예요. 따라서 단순히 X를 연달아 두 개 표시하는 것으로는 상대에게 이기기 어려워요. 상대에게 이기기 위해서는 좀 더 전략적인 접근이 필요해요.

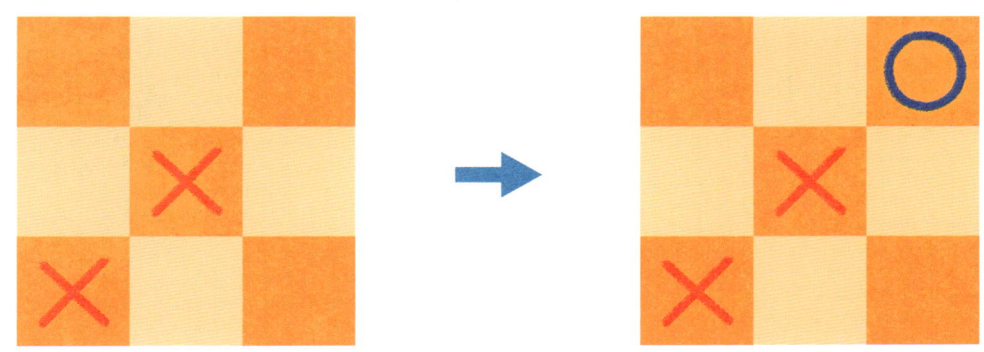

이때 사용할 수 있는 전략이 바로 '포크 전략'으로 아래와 같아요.

포크 전략

승리하는 방법이 동시에 두 가지가 존재하도록 게임판에 나의 표시를 하는 전략이다. 상대방이 둘 중 한 곳을 막으면 다른 곳에 나의 표시 세 개가 한 줄이 되도록 만들 수 있기 때문에 포크 전략을 사용하면 게임에서 승리할 수 있다. 아래 그림이 X가 포크 전략을 사용한 예이다.

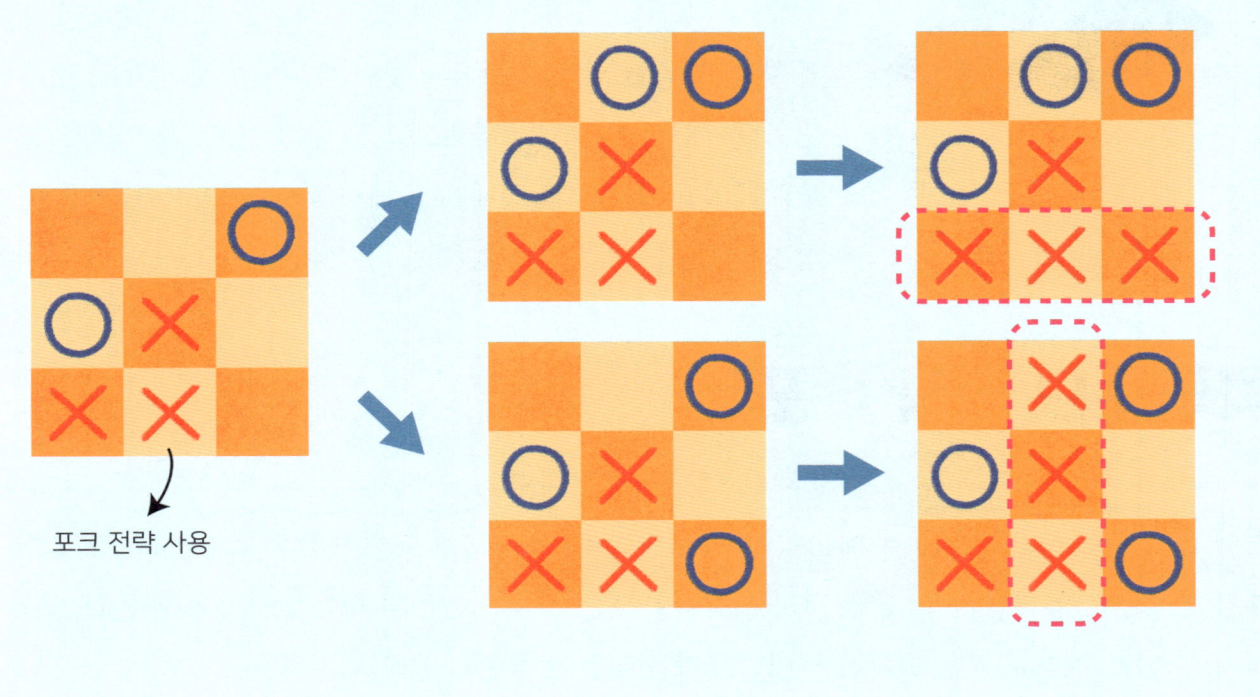

포크 전략 사용

포크 전략을 사용할 수 있는 상황은 사실상 게임에서 승리하는 상황이에요. 따라서 포크 전략을 사용할 수 있도록 게임을 이끌 수 있다면 게임에서 승리할 수 있어요. 즉, 게임에서 승리하기 위해 중요한 것은 내가 포크 전략을 사용할 수 있도록 상대를 유도하는 거예요.

포크 전략 꼭! 기억해야지!

도전! 게임왕!

정답 200쪽

당신은 X를 표시하고 당신이 게임할 차례예요. 어디에 표시해야 승리할 수 있을지 생각해 보세요.

당신은 O를 표시하고 당신이 게임할 차례예요. 1 ~ 3 중 어디에 표시하는 것이 가장 좋은 전략인지 생각해 보세요.

셋 중 하나를 고르라는 거지?

③ 점과 상자

점과 상자는 프랑스 수학자 에두아르 뤼카가 그의 책에서 처음 소개했어요. 점과 상자의 처음 이름은 '라 피포피펫'이에요. 아이들끼리 많이 하는 게임이지만 아직도 수학자들이 필승전략을 연구할 정도로 복잡한 전략이 필요한 게임이에요.

게임은 위 그림처럼 사각형 형태로 배열된 점에서 시작해요. **두 사람이 하는 게임**으로 두 사람은 규칙에 따라 두 점을 연결하는 선을 그려서 **더 많은 칸을 차지하는 사람이 승리**해요. 게임 규칙을 좀 더 구체적으로 알아볼까요?

게임 규칙

① 먼저 시작한 사람은 인접한 두 점을 연결하는 가로선 또는 세로선을 그려요.

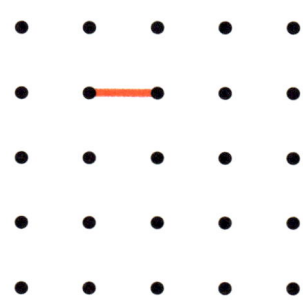

먼저 시작한 사람이 가로선을 그린 상황

❷ 두 번째로 시작한 사람도 인접한 두 점을 연결하는 가로선 또는 세로선을 그려요.

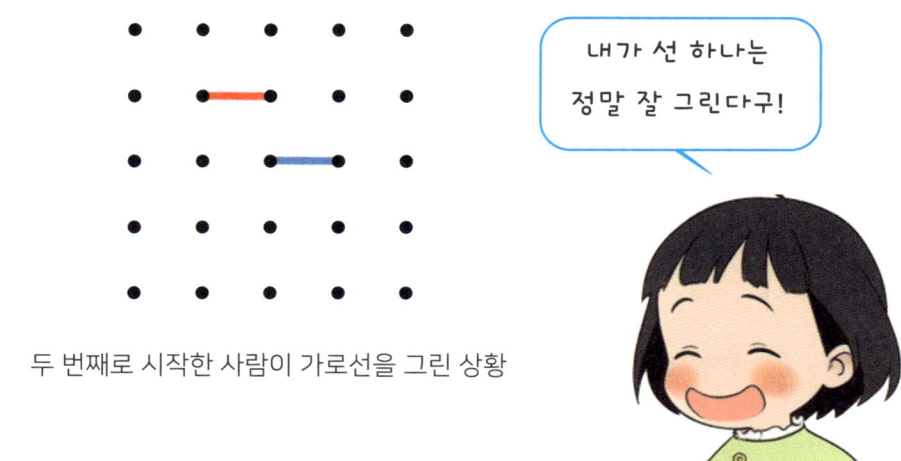

두 번째로 시작한 사람이 가로선을 그린 상황

❸ 이렇게 번갈아가며 두 점을 연결하는 가로선 또는 세로선을 그리다가 작은 정사각형을 완성하면 1점을 획득하고 한 번 더 선을 그려요. 이때 칸 안에는 자신만의 표시를 해요.

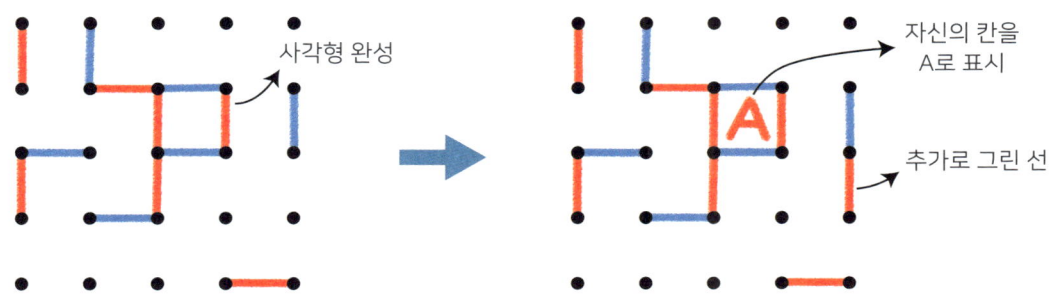

작은 정사각형을 완성해서 추가 선을 그린 상황

❹ 한 번에 두 개의 작은 정사각형을 완성해도 추가 선은 한 번만 그려요.

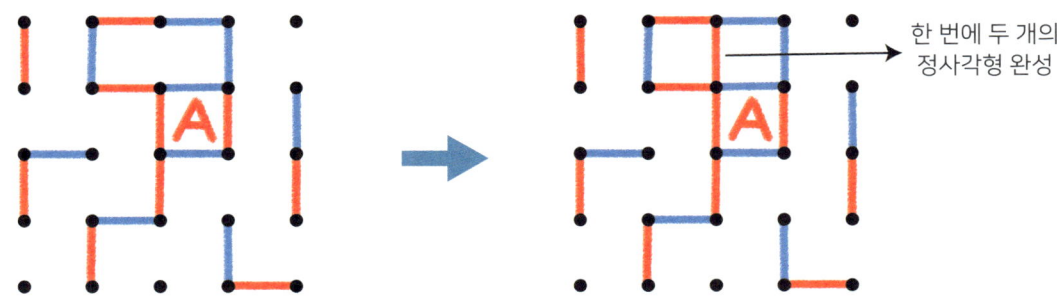

한 번에 두 개의 작은 정사각형을 완성한 상황

5 작은 정사각형을 완성해서 추가 선을 그렸는데 그 추가 선으로 또 작은 정사각형을 완성한다면 다시 추가 선을 그려요. 따라서 경우에 따라 자신의 차례에 많은 선을 그릴 수 있어요.

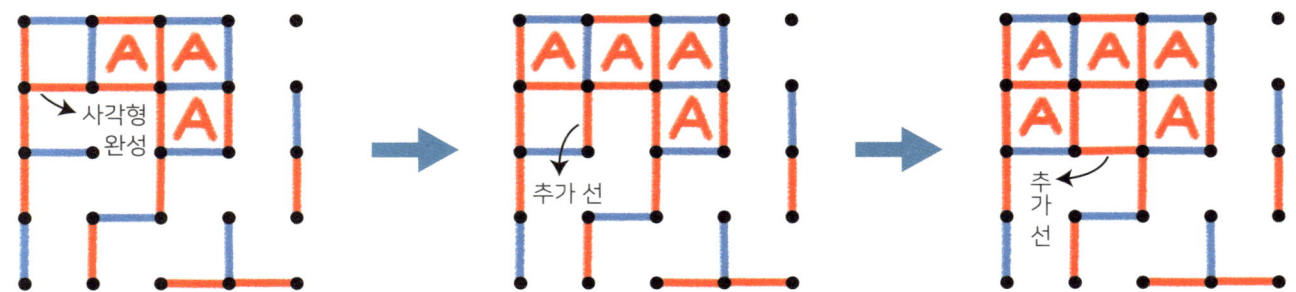

반복해서 작은 정사각형을 완성하여 계속 추가 선을 그리는 상황

6 더는 선을 그릴 수 없을 때 게임이 끝나며, 점수가 높은 사람이 승리해요.

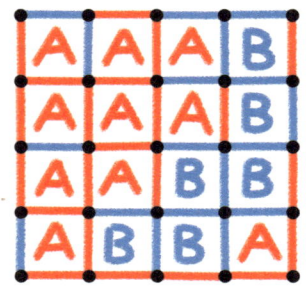

게임이 종료된 상황(A의 승리)

규칙 소개에서는 이해를 돕기 위해 두 사람이 다른 색의 펜을 사용했지만, 서로 같은 색의 펜을 사용해도 괜찮아요. 점과 상자는 아래 그림처럼 가장자리에 선을 그린 상태에서 시작하거나 가장자리 일부에 선을 그린 상태에서 시작할 수도 있어요.

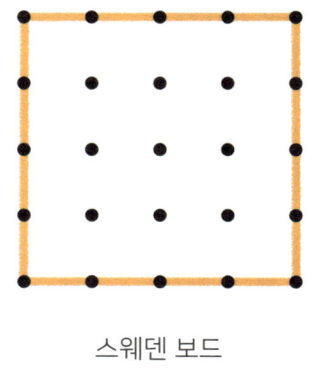 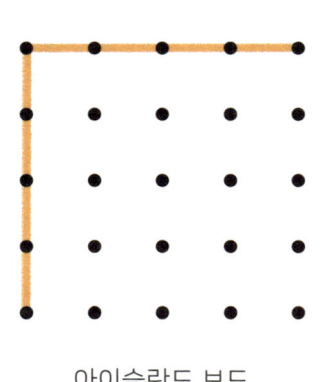

스웨덴 보드   아이슬란드 보드

이 책에서는 5X5 크기의 게임판에서 점과 상자를 하지만, 다른 크기의 게임판에서 점과 상자를 진행해도 돼요. 아래는 좀 더 작은 게임판에서 점과 상자를 진행한 예시예요. 7번째 진행부터는 작은 정사각형을 완성해 추가 선을 그린 것을 알 수 있어요. 게임은 빨간색의 승리로 끝났어요.

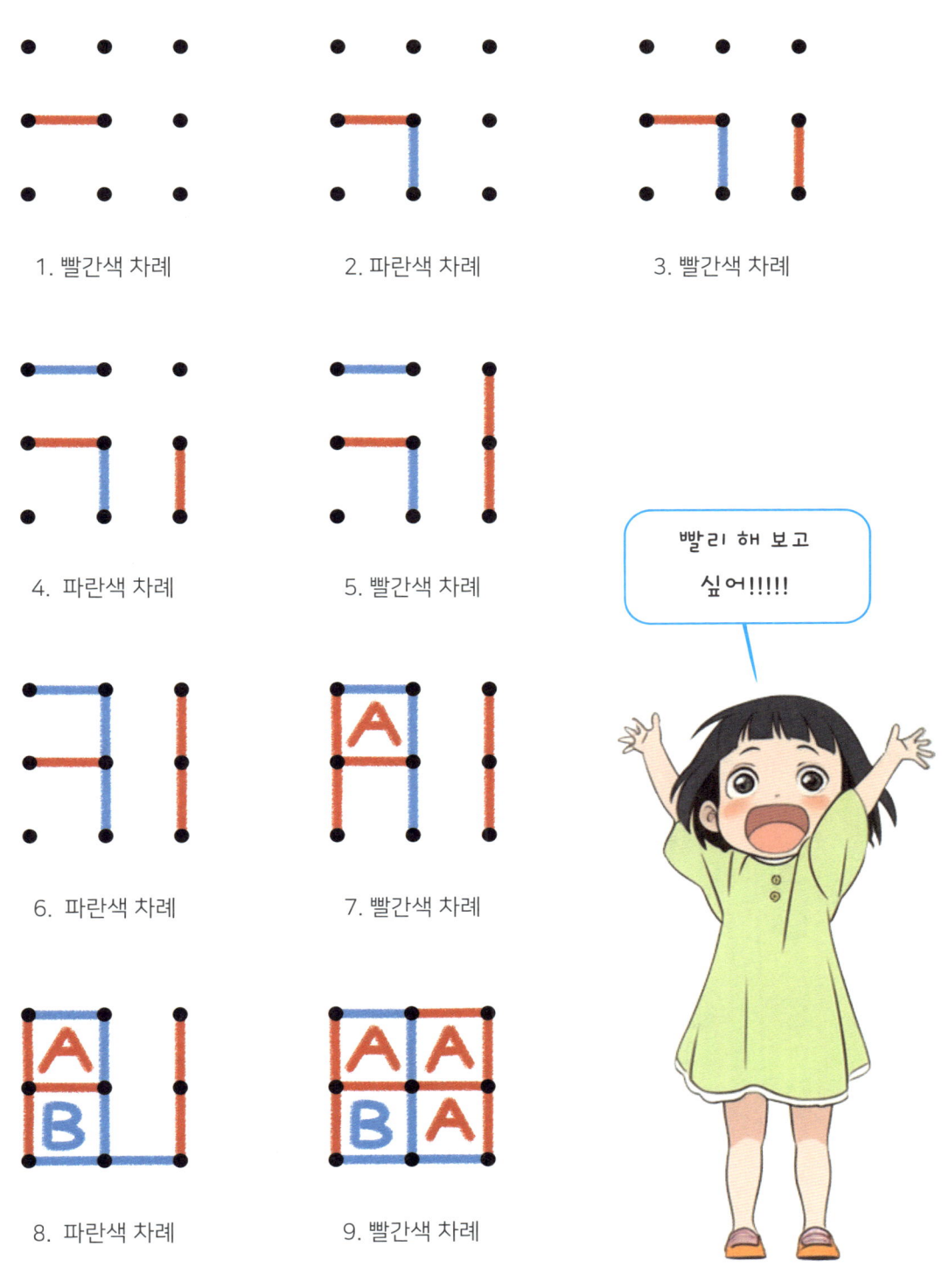

점과 상자 진행 예시

게임 맛보기

점과 상자를 해 보며 자신만의 전략을 찾아보세요.

점과 상자의 역사

수학자 에두아르 뤼카

점과 상자는 1895년 프랑스 수학자 에두아르 뤼카가 다양한 수학 놀이를 소개하는 그의 책에서 처음 소개했어요. 당시 그는 이 게임을 '라 피포피펫'이라 불렀어요. 에두아르 뤼카는 레크리에이션 수학에 관심이 많았는데 유명한 수학 퍼즐인 하노이의 탑을 처음 만든 것으로도 유명해요.

점과 상자는 대표적인 어린이 놀이예요. 규칙이 단순해 쉽게 익힐 수 있지만 수학자가 만든 게임인 만큼 다양한 수학적 성질을 갖고 있어 어린이의 사고력을 키우는 데 효과적이에요.

점과 상자의 전략 : 이중 거래 전략

점과 상자의 전략 중 가장 대표적인 전략은 이중 거래 전략이에요. 게임 진행 과정을 통해 이중 거래 전략에 대해 알아보도록 해요. 점과 상자를 할 때 아래 그림처럼 작은 사각형에 두 개의 선이 그려져 있다고 생각해 볼까요?

만약 내가 여기에 아래 그림처럼 세 번째 선을 그리면 상대방은 네 번째 선을 그려 작은 정사각형을 완성하고 1점을 얻을 거예요.

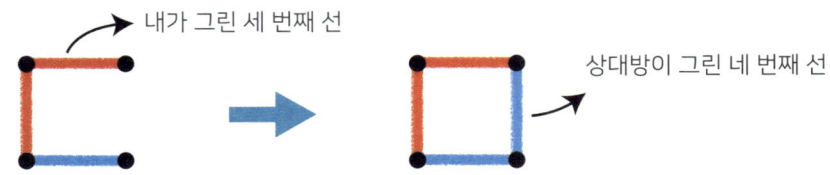

따라서 보통 게임을 하면 게임을 하는 두 사람은 세 번째 선을 그리지 않으려고 노력해요. 그래서 일반적으로 점과 상자를 하면 게임판에 있는 모든 작은 정사각형에 두 개의 선만 그려진 상황이 많이 만들어져요.

아래의 왼쪽 그림이 모든 작은 정사각형에 두 개의 선만 그려진 상황이에요. 실제로 각 작은 정사각형을 보면 두 개의 선이 그려졌다는 것을 알 수 있어요. 이때 파란색이 할 차례라고 하면 파란색은 어쩔 수 없이 어떤 정사각형에든 **세 번째 선**을 그려야 해요. 파란색은 어느 정사각형에 세 번째 선을 그려야 할까요? 당연하게도 **상대방에게 점수를 적게 주는 곳**에 선을 그려야 해요.

위의 오른쪽 그림을 보면 이미 그린 선에 의해 게임판이 두 개의 영역으로 나뉘었다는 것을 알 수 있어요. 이 영역 중 **선을 그려야 하는 영역은 크기가 작은 아래쪽 영역**이에요. 실제로 아래쪽 영역에 선을 그린 경우와 위쪽 영역에 선을 그린 경우를 비교해 볼까요?

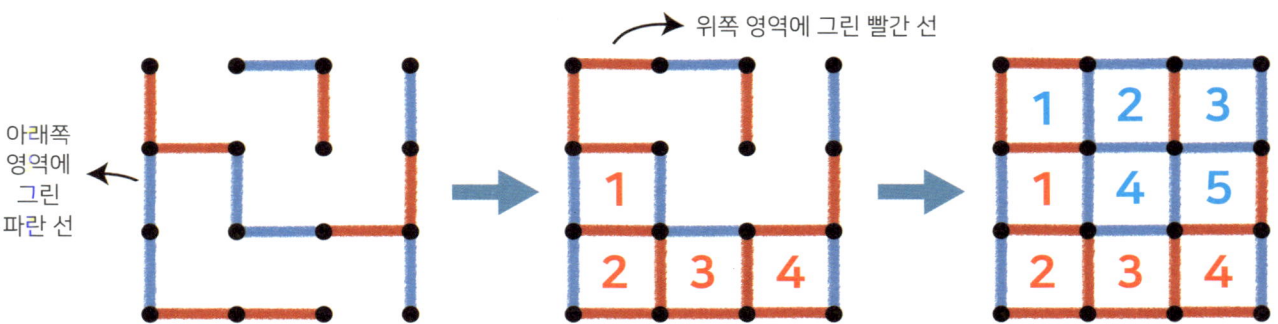

파란색이 위 그림처럼 아래쪽 영역에 선을 그리면 빨간색은 그 영역에 있는 정사각형을 모두 완성하며 4점을 얻고 어쩔 수 없이 위쪽 영역에 선을 그려요. 그림에서 정사각형 안의 숫자는 정사각형을 차지한 순서를 나타낸 거예요. 그리고 다음에 파란색은 위쪽 영역을 모두 완성하며 5점을 얻고 파란색의 승리로 끝나요. 그렇다면 파란색이 위쪽 영역에 선을 그린 경우는 어떨까요?

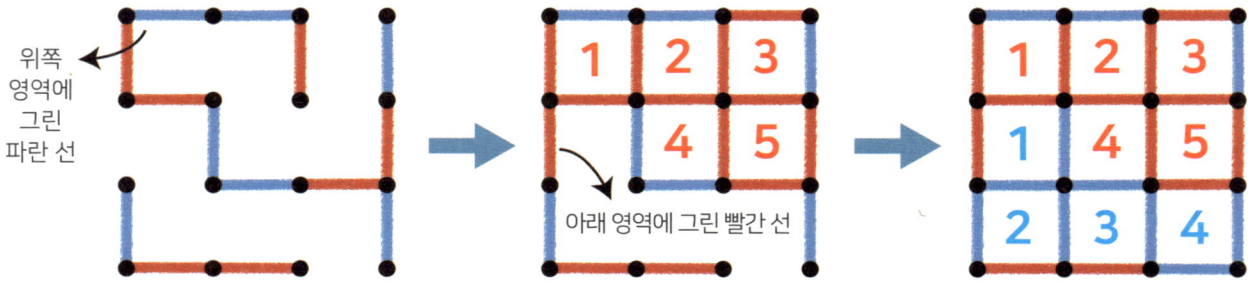

파란색이 앞의 그림처럼 위쪽 영역에 선을 그리면 빨간색은 그 영역에 있는 정사각형을 모두 완성하며 5점을 얻고 어쩔 수 없이 아래쪽 영역에 선을 그려요. 그리고 다음에 파란색은 아래쪽 영역을 모두 완성하며 4점을 얻고 빨간색의 승리로 끝나요.

따라서 위와 아래쪽 영역 중 크기가 작은 아래쪽 영역에 선을 그리는 것이 파란색에게 더 좋은 전략이에요. 앞의 예시는 전체 영역이 두 개로 나눠진 경우였지만 더 많은 영역으로 나눠질 수도 있어요. 이런 경우 역시 크기가 가장 작은 영역에 선을 그리는 것이 가장 좋은 전략이라고 할 수 있어요. 정리하면 다음과 같은 전략을 생각할 수 있어요.

작은 영역에 선을 그려야 하는구나!

점과 상자의 기본 전략

점과 상자에서 모든 작은 정사각형에 두 개의 선이 그려져 작은 정사각형 하나를 선택해 세 번째 선을 그려야 한다면 이미 그려진 선에 의해 나눠진 영역 중 작은 쪽 영역에 선을 그린다.

앞의 게임 상황을 다시 한번 볼까요? 파란색 차례일 때 기본 전략에 따르면 파란색이 1점 차로 승리해요. 그렇다면 빨간색이 이길 방법은 없을까요? 놀랍게도 빨간색이 이길 수 있는 방법이 있어요. 바로 **이중 거래 전략**을 사용하는 거예요. 아래의 왼쪽 그림처럼 파란색이 아래쪽 영역에 선을 그린 상황부터 다시 생각해 봐요. 빨간색이 승리하는 방법은 아래 영역에 있는 4개의 정사각형을 다 완성하지 않고 아래 오른쪽 그림처럼 두 개의 정사각형을 남겨 두는 거예요.

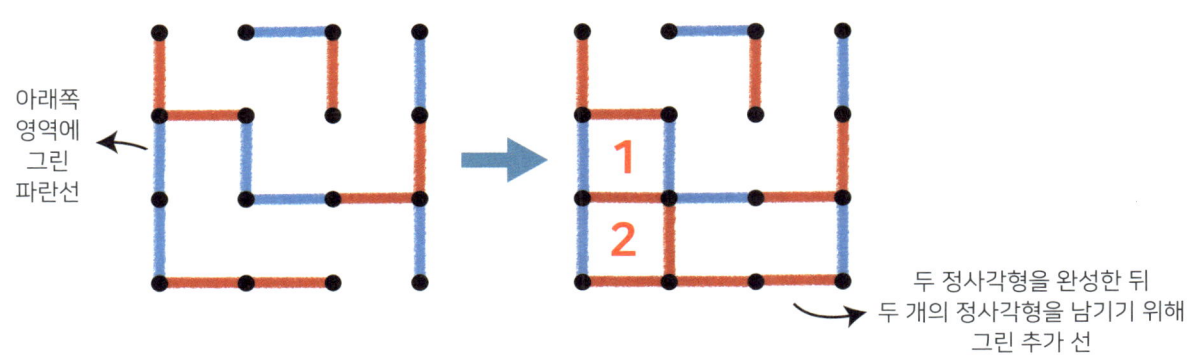

아래쪽 영역에 그린 파란선

두 정사각형을 완성한 뒤 두 개의 정사각형을 남기기 위해 그린 추가 선

이때 파란색이 할 수 있는 행동은 두 가지예요. 한 가지는 위쪽 영역에 선을 그리는 거예요. 그런데 이것은 파란색에게는 최악의 선택이에요.

파란색이 위쪽 영역에 선을 그리면 아래 그림에서 알 수 있듯 빨간색이 남은 모든 정사각형을 차지하게 되고 빨간색의 완벽한 승리로 게임이 끝나요.

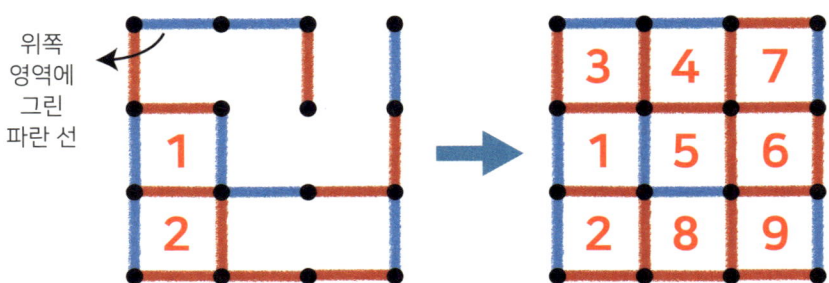

따라서 파란색이 할 수 있는 사실상 유일한 행동은 아래 그림처럼 아래 영역에서 남긴 두 개의 정사각형을 완성한 뒤 위쪽 영역에 선을 그리는 거예요. 그래야 2점이라도 얻을 수 있어요.

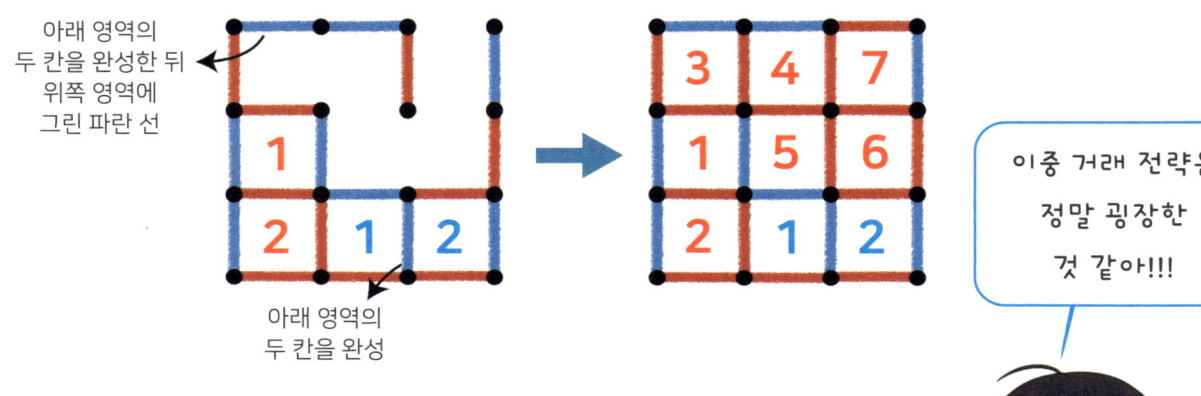

이렇게 한 영역에서 정사각형을 완성할 때 두 개의 정사각형을 남겨 두는 것이 이중 거래 전략이에요. 이 전략은 상대방에게 두 정사각형을 넘겨 주지만 이후 더 많은 정사각형을 가져오는 전략이에요.

이중 거래 전략

같은 영역에 있는 정사각형을 완성할 때 두 개의 정사각형을 완성하지 않고 남겨 두는 전략으로 적합한 상황에 사용하면 큰 점수를 얻게 된다.

이중 거래 전략이 이해하기 어려울 수 있지만 이해해서 사용하면 게임에서는 강력한 힘을 발휘하는 아주 좋은 무기가 될 수 있어요. 전략을 잘 익혀서 재미있게 게임을 해 봐요!

도전! 게임왕!

정답 201쪽

당신이 게임할 차례예요. 어디에 선을 그리는 것이 가장 좋을지 찾아보세요.

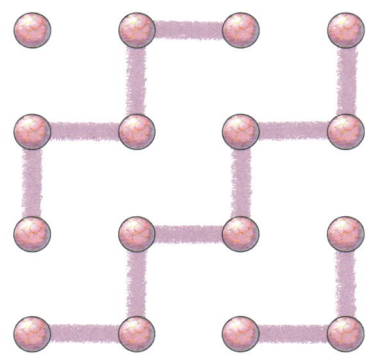

당신이 게임할 차례예요. 어디에 선을 그리는 것이 가장 좋을지 찾고, 상대도 최선의 방법으로 선을 그린다면 상대에게 몇 점 차이로 승리하게 되는지 맞춰 보세요.

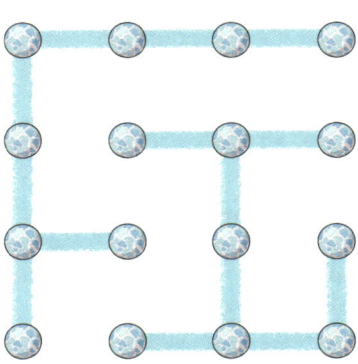

같이 문제를 풀어보자!!

4 헥스

헥스는 덴마크의 과학자인 피에트 헤인과 노벨 경제학상을 받은 수학자 존 내시가 각각 독립적으로 만든 게임으로 많은 수학적 성질을 갖고 있는 흥미로운 게임이에요.

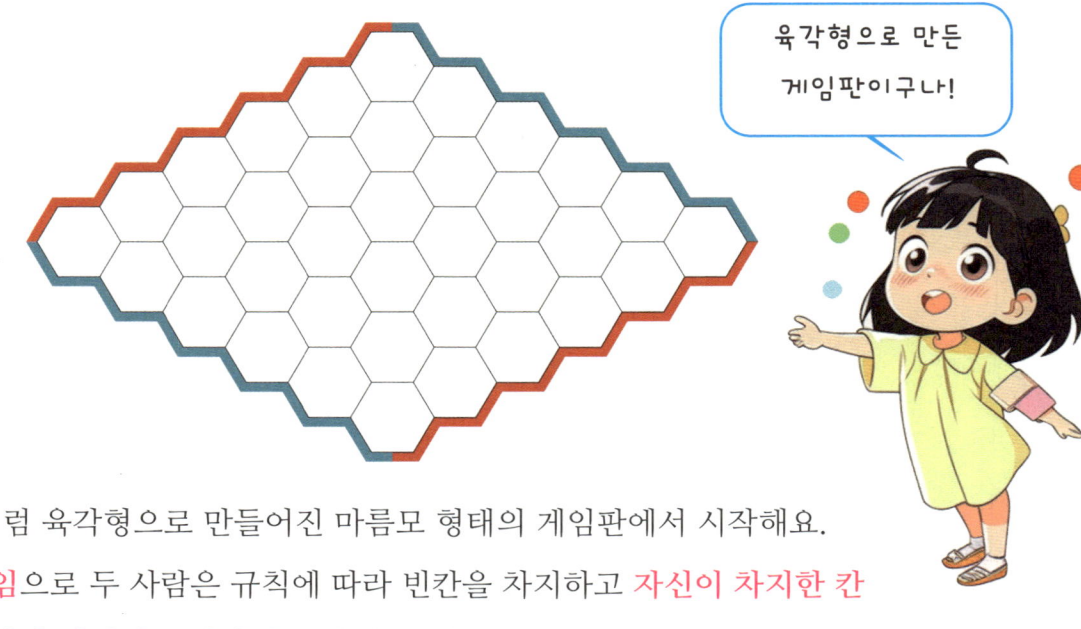

게임은 위 그림처럼 육각형으로 만들어진 마름모 형태의 게임판에서 시작해요. **두 사람이 하는 게임**으로 두 사람은 규칙에 따라 빈칸을 차지하고 **자신이 차지한 칸으로 자신의 변을 먼저 연결하는 사람이 승리**해요. 게임 규칙을 좀 더 구체적으로 알아볼까요?

게임 규칙

❶ 두 사람은 빨간색 변과 파란색 변 중 어느 변을 연결할지 결정해요. 여기서는 먼저 시작한 사람이 빨간색 변, 두 번째로 시작한 사람은 파란색 변을 연결하는 것으로 규칙을 생각해 볼 거예요.

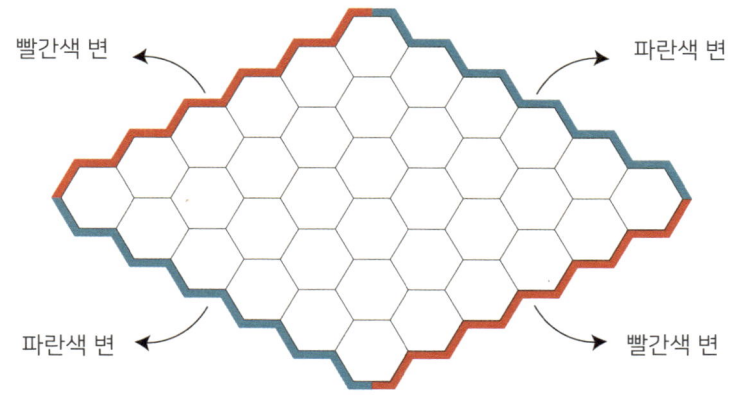

헥스 게임판에서 서로 연결해야 하는 두 쌍의 변

❷ 먼저 시작하는 사람은 빈칸 중 하나를 선택해 차지해요. 이때 칸을 차지했다는 의미로 선택한 칸에 자신만의 표시를 해요.

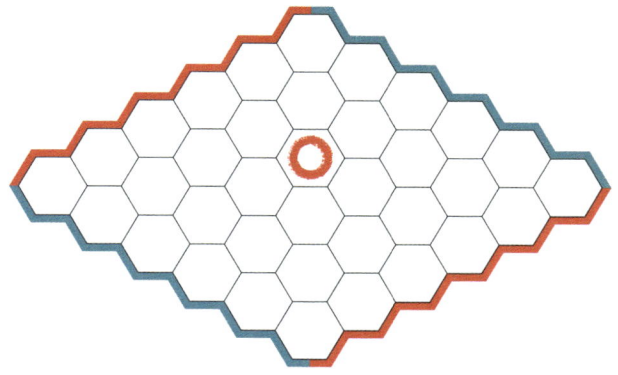

먼저 시작한 사람이 자신이 차지한 칸에 빨간색 O 표시를 한 모습

❸ 두 번째로 시작하는 사람도 나머지 빈칸 중 하나를 선택해 차지해요. 먼저 시작한 사람과 마찬가지로 자신이 차지한 칸에 자신만의 표시를 해요.

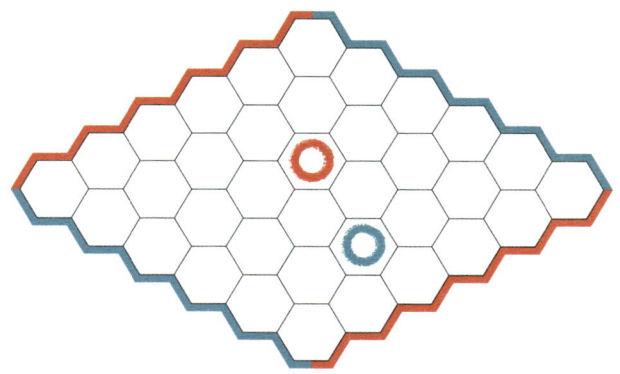

두 번째로 시작한 사람이 자신이 차지한 칸에 파란색 O 표시를 한 모습

❹ 이렇게 번갈아가며 빈칸을 차지하다가 자신의 변을 먼저 연결하는 사람이 승리해요. 이때 꼭짓점에 있는 4개의 칸은 빨간색 변과 파란색 변 모두와 연결이 가능한 칸이에요.

빨간색이 승리한 모습   빨간색 변과 파란색 변이 모두 연결 가능한 칸(노란색 칸)

게임 맛보기

6 X 6 게임판에서 헥스를 해 보며 자신만의 전략을 찾아보세요.

내가 먼저 변을 연결하겠어!!

게임 맛보기

8 X 8 게임판에서 헥스를 해 보며 자신만의 전략을 찾아보세요.

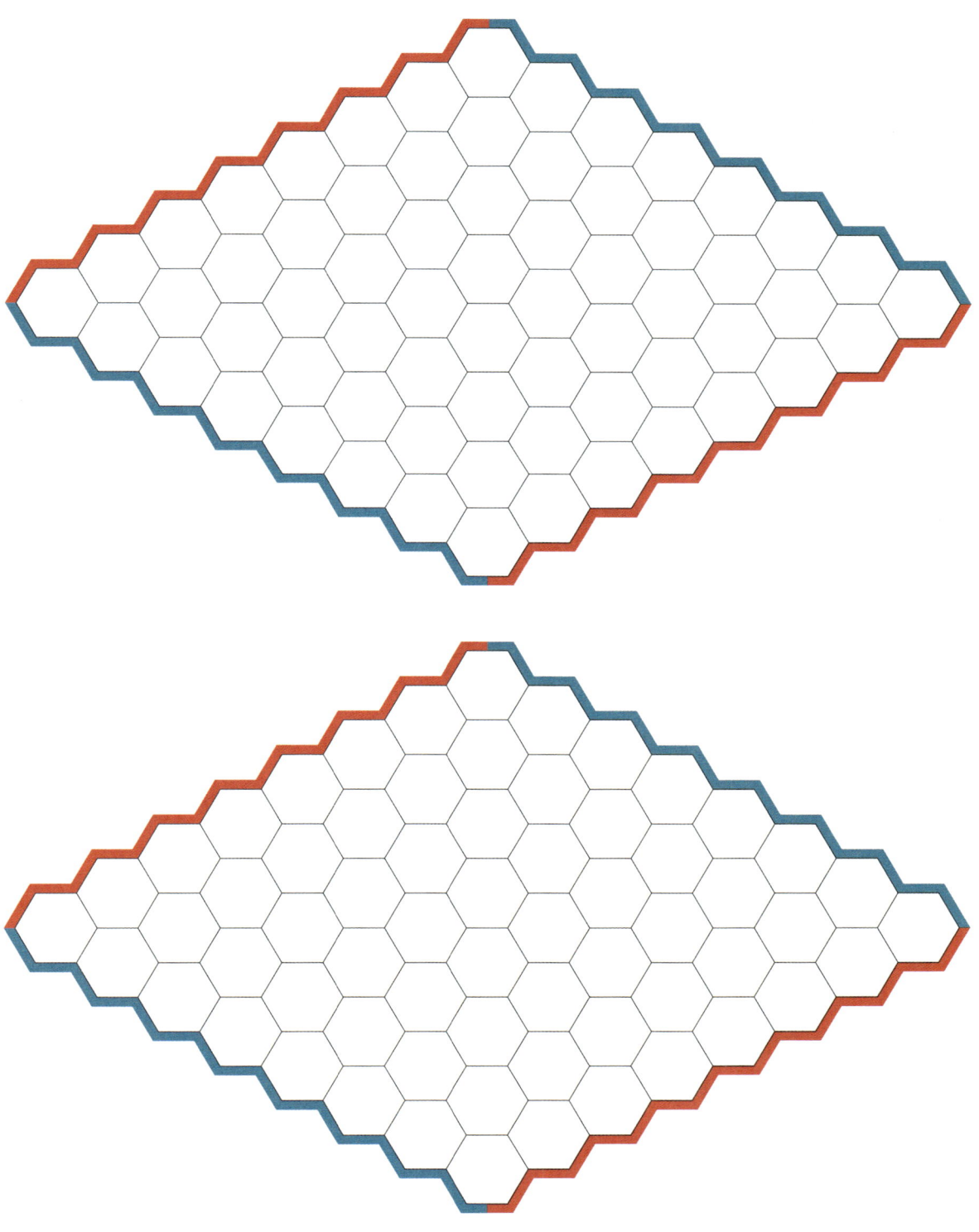

둘이 놀기 **헥스**

헥스의 역사

과학자 피에트 헤인

헥스는 덴마크의 과학자이자 예술가이자 시인인 피에트 헤인이 1942년 만든 게임이에요. 그는 처음에 이 게임을 '폴리곤'이라고 불렀어요. 그는 이 게임을 덴마크 신문인 폴리티켄에 연재하며 소개했는데 많은 인기를 끌었다고 해요.

1949년 덴마크와 멀리 떨어진 미국에서 프린스턴의 대학원생이던 존 내시는 헤인과는 독립적으로 이 게임을 만들었어요. 내시와 주변 사람들은 이 게임을 '내시' 또는 '존'이라 불렀어요. 내시는 이 게임에 무승부가 존재하지 않는다는 사실을 증명하기도 했어요. 1953년 미국의 게임 회사인 파커 브라더스는 이 게임을 '헥스(Hex)'라는 이름으로 발매했고 많은 사람에게 알려지게 됐어요. 헥스에는 다양한 수학적 성질이 있어 많은 수학자의 관심을 받았고 활발한 연구가 이루어졌어요.

헥스의 오프닝 전략

헥스를 할 때 중요한 전략 중 하나는 **먼저 시작하는 사람이 가장 처음에 어느 칸을 차지할지에 관한 전략**이에요. 이러한 전략을 **오프닝 전략**이라고 해요. 가장 처음에 불리한 칸을 차지하게 되면 이후에 어떻게 해도 이길 수 없기 때문에 가장 처음에 어떤 칸을 차지할지는 정말 중요해요. 예를 들어 아래 헥스 게임판을 볼까요? 빨간색 변을 연결하는 사람이 먼저 한다고 할 때 이 사람은 1번부터 9번까지의 칸 중 가장 처음에 어떤 칸을 차지하는 것이 좋을까요?

결론부터 이야기하면 가장 처음에 차지했을 때 유리한 칸은 3, 4, 5, 6, 7번 칸이에요. 1, 2, 8, 9번 칸은 처음에 차지했을 때 불리한 칸이라고 할 수 있어요. 모든 경우를 다 생각해 보긴 힘들기 때문에 가장 처음에 5번 칸을 차지한 경우와 가장 처음에 8번 칸을 차지한 경우를 생각해 보도록 해요.

빨간색 변을 연결하는 사람이 아래 그림처럼 가장 처음에 5번 칸을 차지하면 파란색 변을 연결하는 사람은 빨간색 변을 연결하는 사람의 승리를 막을 수 없어요.

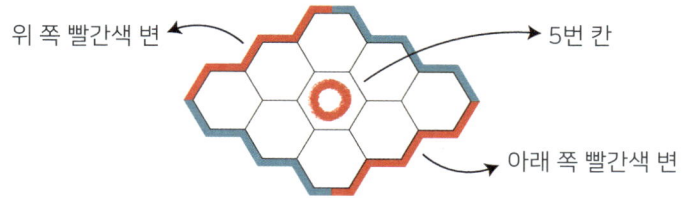

파란색이 빨간색의 승리를 막으려면 빨간색이 5번 칸에서 위쪽 빨간색 변으로 연결하는 것을 막거나 아래쪽 빨간색 변으로 연결하는 것을 막아야 해요. 그런데 아래 그림에 보이듯 파란색은 빨간색이 위쪽 빨간색 변으로 연결하는 것을 막을 수 없어요. 만약 파란색이 2번 칸을 차지하면 빨간색은 3번 칸을 차지해 위쪽 빨간색 변과 연결할 수 있고, 반대로 파란색이 3번 칸을 차지하면 빨간색은 2번 칸을 차지해 위쪽 빨간색 변과 연결할 수 있기 때문이에요.

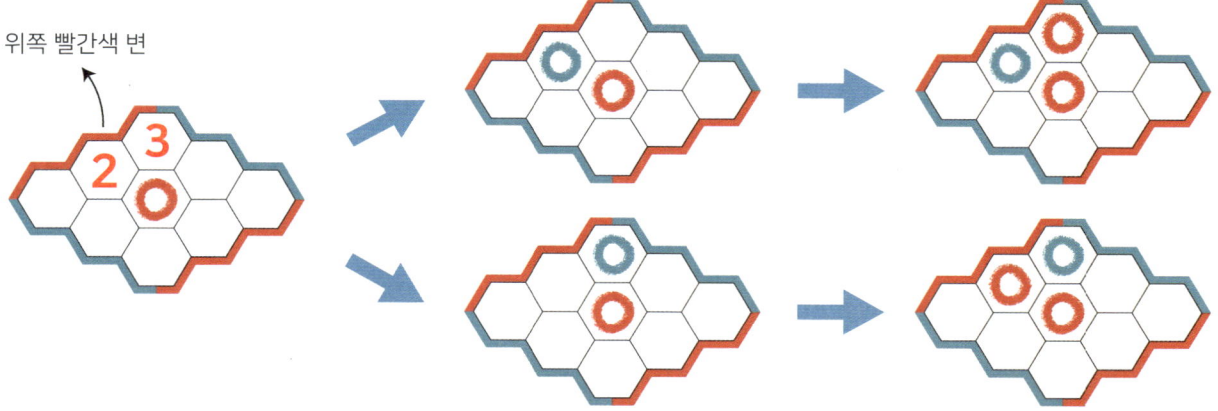

마찬가지로 아래 그림에 보이듯 파란색은 빨간색이 아래쪽 빨간색 변으로 연결하는 것도 막을 수 없어요. 결과적으로 빨간색이 5번 칸을 처음에 차지하면 빨간색의 승리로 게임이 끝나요.

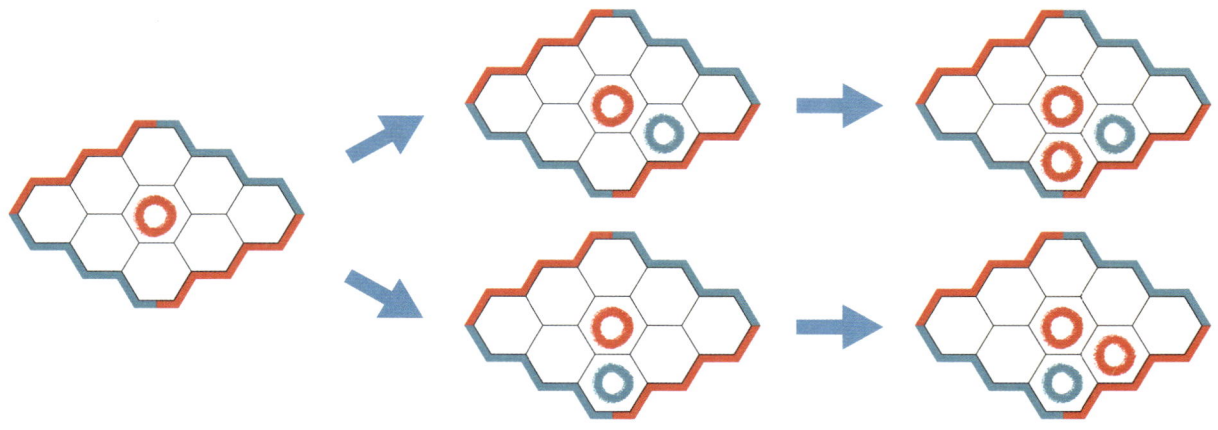

빨간색이 아래 그림처럼 가장 처음에 8번 칸을 차지하면 어떻게 될까요?

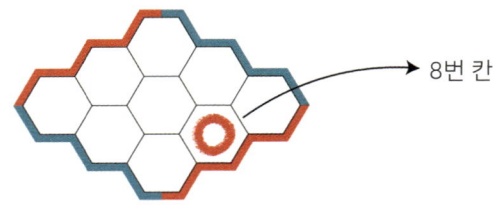

이 경우 다음 차례에 파란색은 아래 그림처럼 가운데 칸을 차지할 수 있어요. 그리고 이후 빨간색은 파란색의 승리를 막을 수 없어요. 파란색은 빨간색이 어느 칸을 차지하든 3번이나 6번 칸을 통해 위쪽 파란색 변과 연결할 수 있고, 마찬가지로 빨간색이 어느 칸을 차지하든 4번이나 7번 칸을 통해 아래쪽 변과 연결할 수 있기 때문이에요. 결과적으로 빨간색이 8번 칸을 처음에 차지하면 파란색의 승리로 게임이 끝나요.

이런 식으로 헥스 게임판의 각 칸에 대해 어느 칸을 처음으로 차지했을 때 게임에 유리한지 아니면 불리한지 판단할 수 있고, 수학자들도 이에 대해 연구했어요. 그리고 연구 결과 빨간색이 먼저 한다고 할 때, 첫수를 아래 그림에 표시된 칸 중 하나에 두면 게임을 유리하게 진행할 수 있다는 것이 알려져 있어요.

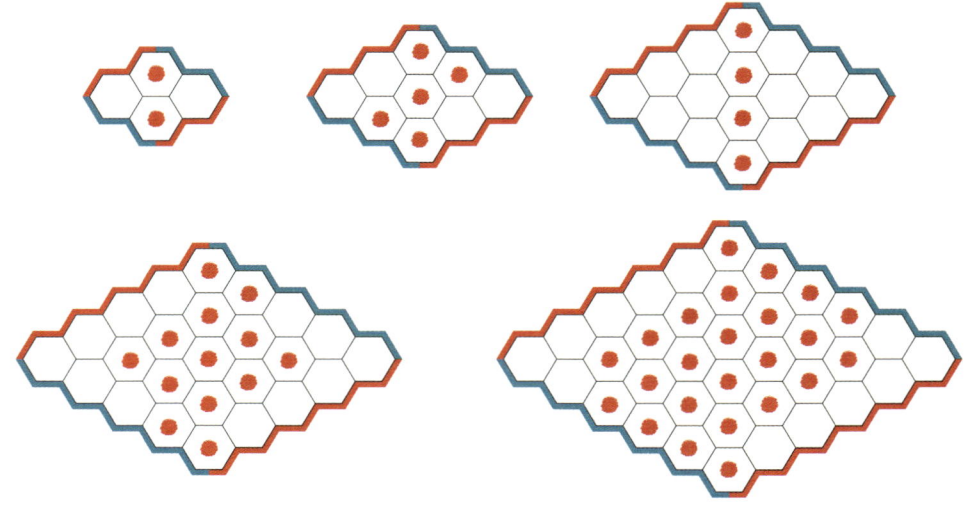

빨간색이 먼저 시작한다고 했을 때, 처음에 차지해야 게임을 유리하게 진행할 수 있는 칸

헥스의 전략 : 다리 두기

헥스는 체스 또는 바둑과 비교될 만큼 복잡하게 전개되는 게임이에요. 그래서 게임이 다양하게 진행될 수 있고 각각의 상황에 따른 다양한 전략이 알려져 있어요. 그중 몇 가지를 알아보도록 해요. 먼저 알아볼 것은 가장 대표적인 전략인 '다리 두기'예요.

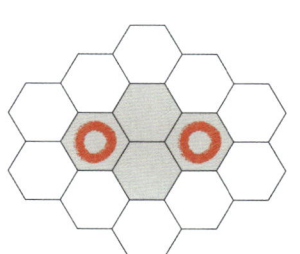

헥스의 대표 전략 : 다리 두기

다리 두기는 위 그림처럼 한 칸을 차지했을 때, 한 줄을 건너뛰어 다른 칸을 차지하는 전략이에요. 이 전략은 내가 차지한 두 칸을 안전하게 연결할 수 있는 전략으로 가장 기초적인 전략이지만 가장 강력한 전략이기도 해요. 아래 그림에 보이듯 다리 두기 전략을 사용하면 파란색이 어떤 칸을 차지해도 파란색은 내가 차지한 두 칸이 연결되는 것을 막을 수 없어요.

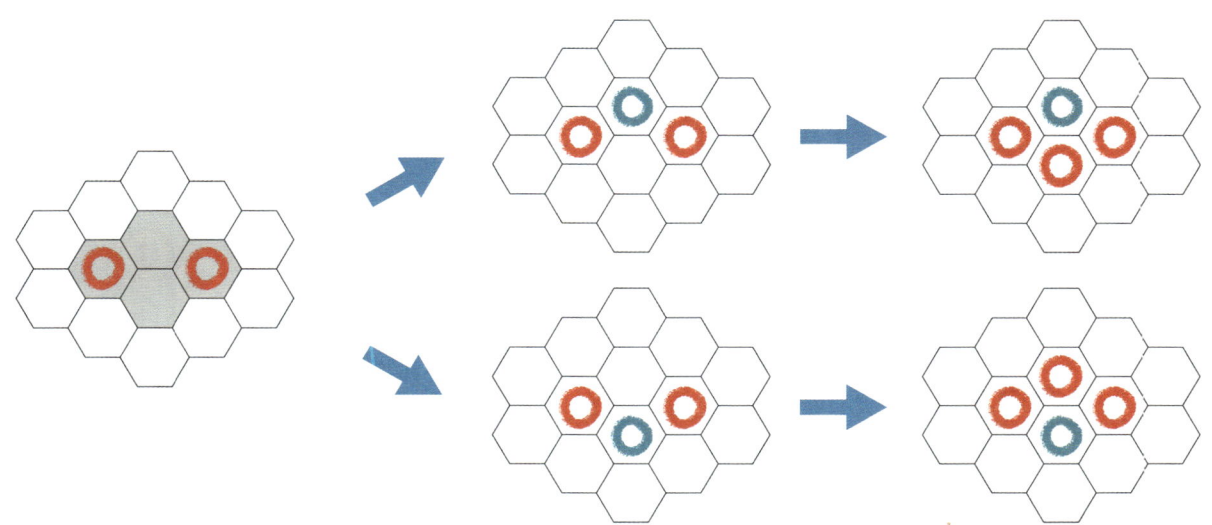

파란색의 공격에 관계없이 내가 차지한 두 칸을 안전하게 연결하는 모습

다리 두기는 가장 많이 사용되는 전략이기도 해요. 따라서 꼭! 기억하고 있다가 적당한 상황에서 사용할 수 있도록 해야 해요. 경우에 따라 다리 두기만 잘 활용해도 손쉽게 승리를 얻을 수 있어요.

헥스의 전략 : 변 템플릿

헥스에서 **템플릿은 연결을 보장해 주는 전략**을 말해요. 이때 **자신이 차지한 칸과 변 사이의 연결을 보장해 주는 전략을 변 템플릿**이라 하고, **자신이 차지한 칸들 사이의 연결을 보장해 주는 전략을 내부 템플릿**이라고 해요. 사실 앞에서 알아본 다리 두기는 내부 템플릿의 한 종류예요. 여기서는 변 템플릿에 대해 알아보도록 해요.

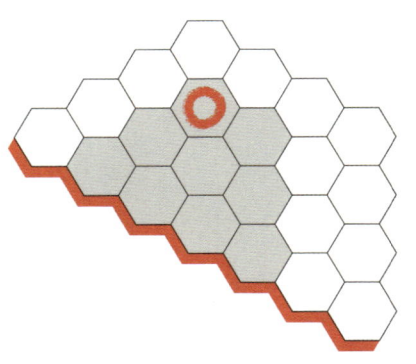

대표적인 변 템플릿 : A-3

변 템플릿 중 가장 대표적인 템플릿은 A-3라고 불리는 템플릿이에요. 템플릿 A-3는 변으로부터 세 번째 줄에 있는 칸을 차지하는 전략으로 이 칸과 변까지의 연결이 보장돼요. 단, 위 그림에서 회색으로 표시된 칸 중 상대방이 차지한 칸이 없어야 해요. 템플릿 A-3를 통해 어떻게 변까지의 연결이 보장될까요? 이는 두 가지 경우로 나눠 생각할 수 있어요.

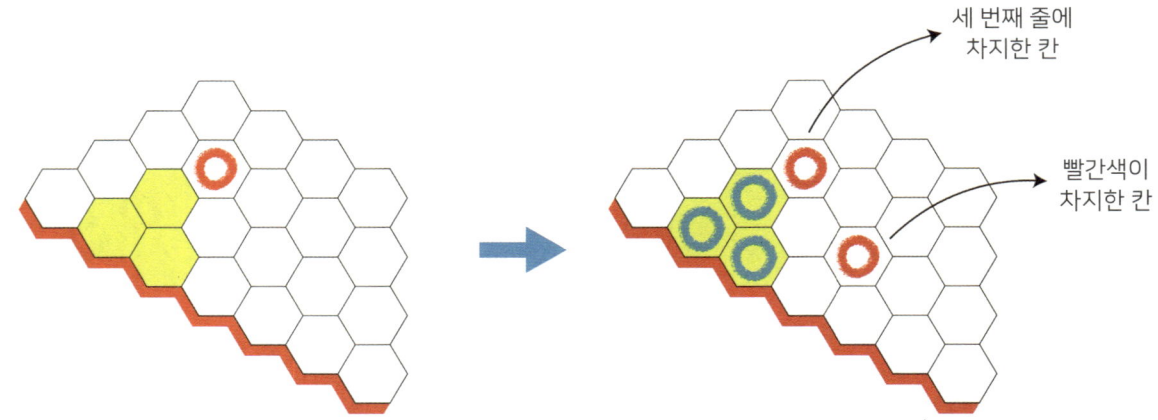

한 가지는 파란색이 위의 왼쪽 그림에 표시된 노란색 칸 중 하나를 차지하는 경우예요. 이 경우 빨간색이 위의 오른쪽 그림과 같이 칸을 차지하면 돼요. 그러면 앞에서 소개한 다리 두기에 따라 세 번째 줄에 차지한 칸과 변을 연결할 수 있어요.

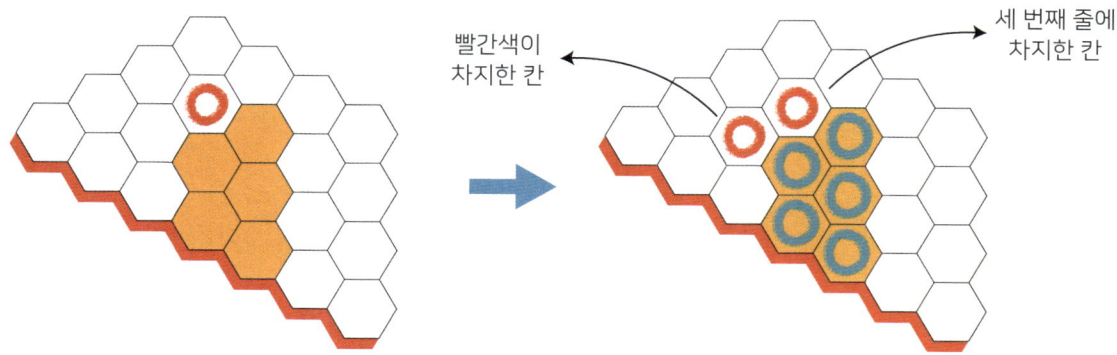

다른 한 가지는 파란색이 위의 왼쪽 그림에 표시된 주황색 칸 중 하나를 차지하는 경우예요. 이 경우 빨간색이 위의 오른쪽 그림과 같이 칸을 차지하면 돼요. 그러면 파란색은 빨간색이 세 번째 줄에 차지한 칸과 변을 연결하는 것을 막을 수 없어요. 결과적으로 템플릿 A-3를 통해 세 번째 줄에 있는 칸과 변이 연결됨을 알 수 있어요.

이 외에도 다양한 변 템플릿이 알려져 있어요. 그중 몇 가지는 아래 그림과 같아요. 그림에서 회색으로 표시된 칸 중 상대방이 차지한 칸이 없다면 빨간색이 차지한 칸과 변을 안전하게 연결할 수 있어요. 왜 그런지는 각자 생각해 보도록 해요!

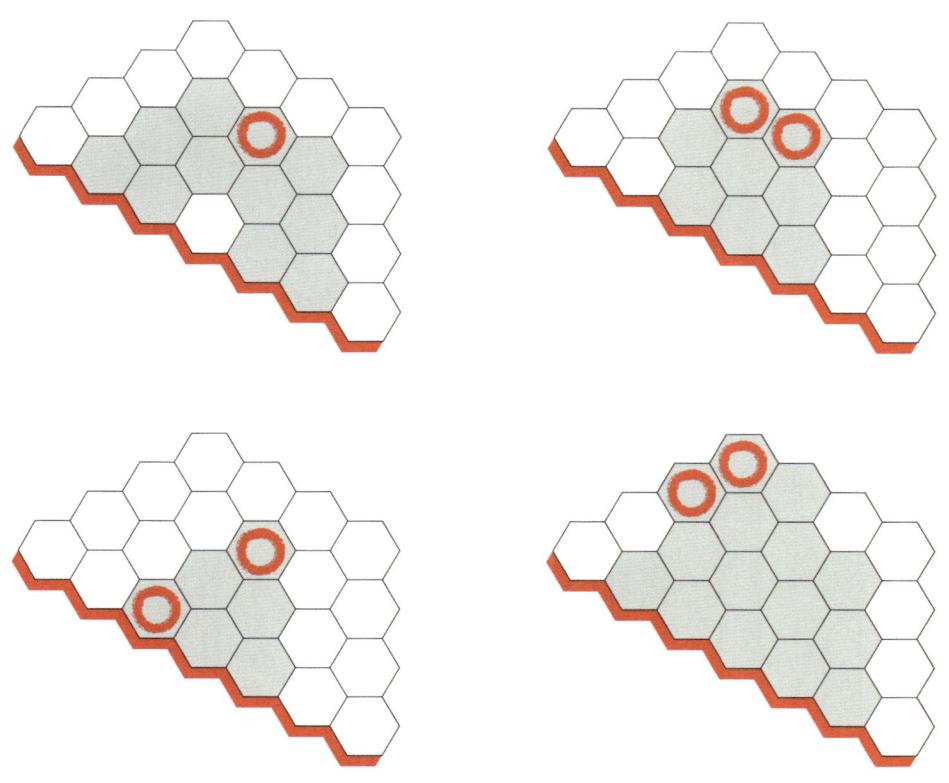

다양한 종류의 변 템플릿

헥스의 전략 : 사다리 구조

사다리 구조는 헥스를 할 때 자주 나타나는 구조예요. 아래와 같은 게임 상태를 볼까요?

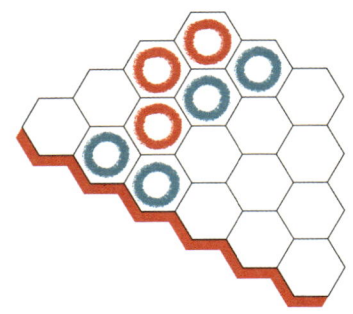

위 그림에서 빨간색이 할 차례일 때 빨간색은 두 칸만 차지하면 아래쪽 변과 연결할 수 있기 때문에 자연스럽게 아래의 가운데 그림처럼 칸을 차지하고, 파란색은 이를 막아야 하므로 아래의 오른쪽 그림처럼 칸을 차지해요.

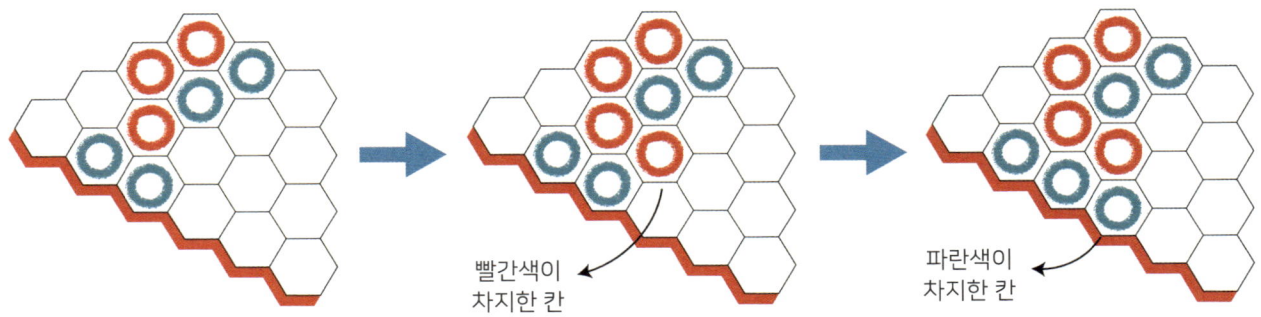

빨간색이 차지한 칸

파란색이 차지한 칸

이 과정이 반복되면 아래 그림과 같은 상황이 나타나는데 이를 사다리 구조라고 해요. 사다리 구조는 두 사람 모두 한쪽 방향으로 계속 칸을 차지할 때 나타나는 구조예요. 이 상황이 계속되면 파란색이 자신의 변에 연결할 수 있기 때문에 빨간색은 이 상황에서 빠져나오도록 노력해야 해요. **사다리 구조는 게임을 할 때 자주 나타나는 구조로 노련한 실력자는 사다리 구조를 적절히 활용해 게임을 승리로 이끌어요.**

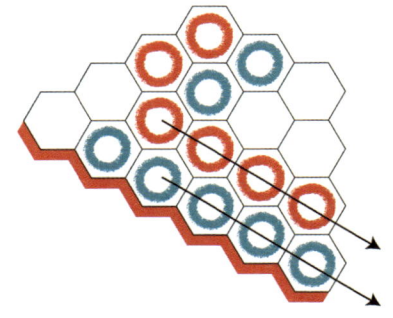

도전! 게임왕!

정답 202쪽

빨간색이 게임할 차례예요. 어느 칸을 차지하는 것이 가장 좋을지 찾아보세요.

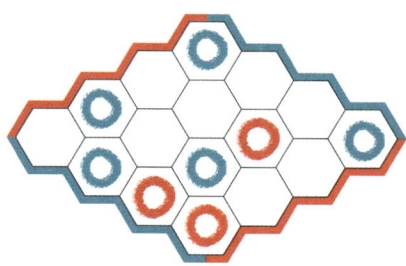

아래 문제는 피에트 헤인이 만든 유명한 헥스 문제예요. 파란색이 게임할 차례라고 할 때, 파란색이 어느 칸을 차지해야 승리할 수 있는지 찾아보세요.

정말 큰 게임판이다!!
문제가 어려워 보이는걸?

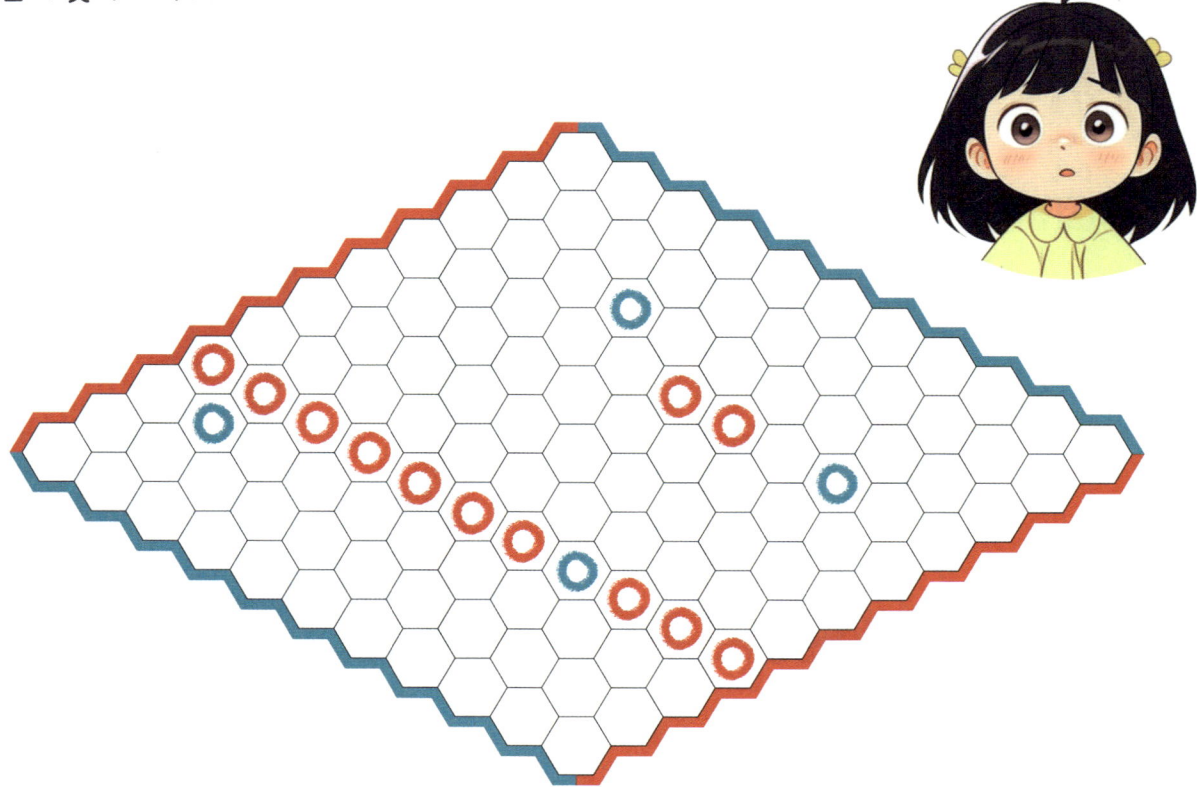

5 자동차경주 게임

자동차경주 게임은 종이와 펜을 이용해 자동차로 경주를 하는 게임이에요. 정확한 기원은 알려져 있지 않지만 1960년대 유럽에서 유행하며 많은 사람에게 알려졌어요. 간단한 규칙을 통해 실제 경주를 하는 것처럼 시합할 수 있는 흥미로운 게임이에요.

게임은 위 그림처럼 그래프용지 바탕의 자동차 트랙에서 시작해요. **두 명에서 많게는 여섯 명 정도의 사람이 하는 게임**으로 참가자는 규칙에 맞게 트랙을 따라 자동차를 이동시키며 경주하고 **먼저 결승선에 도착하는 사람이 승리**해요. 게임 규칙을 좀 더 구체적으로 알아볼까요?

게임 규칙

1 트랙에서 빨간색 선은 출발선이자 결승선이에요. (트랙에 따라 출발선과 결승선이 다를 수 있어요.) 자동차는 아래 그림에서 출발선 위에 점선으로 표시된 6곳 중 한 곳에서 출발해요. 게임에 참가한 사람은 서로 합의 하에 자신이 출발할 위치를 정해요.

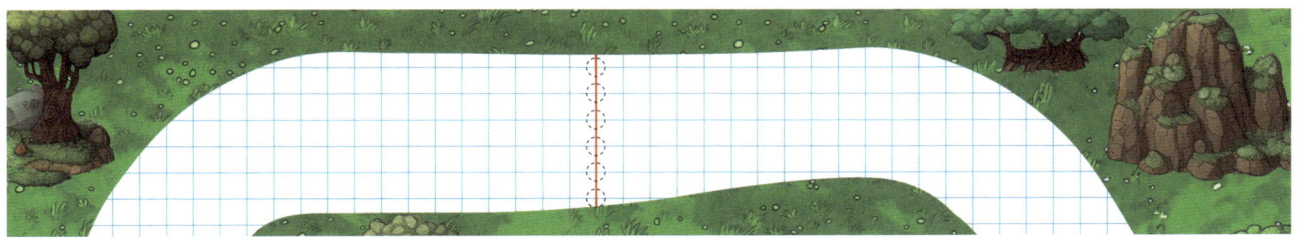

2 자동차가 위치할 수 있는 곳은 정사각형의 내부가 아닌 선이 교차한 점이에요. 교차점에 자동차를 표시할 때는 서로 다른 색으로 구별하거나 O나 X와 같은 자신만의 표시로 나타내요.

잘못된 위치와 옳은 위치

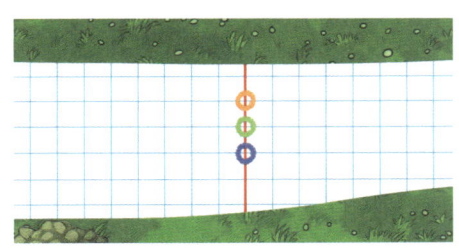

출발선에 표시된 각 자동차의 모습

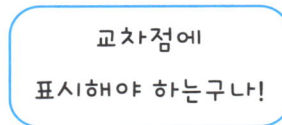

3 가장 어린 사람부터 게임을 시작해 규칙에 따라 순서대로 자동차를 이동해요.

4 자동차를 출발선에서 가장 처음 이동할 때는 아래 그림과 같이 자신이 위치한 곳 근처에 있는 8개의 교차점 중 한 곳으로 이동할 수 있어요.

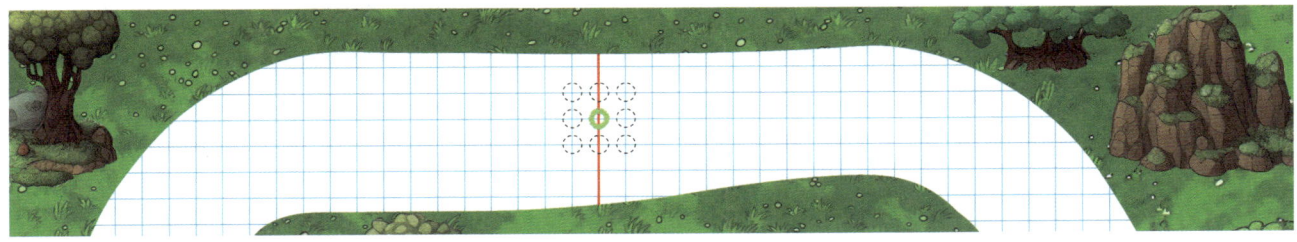

출발선에 있는 자동차(초록색 원)와 자동차가 처음에 이동할 수 있는 위치(점선으로 된 원)

5 첫 출발 이후에는 이전 차례의 이동과 같은 방향으로 같은 칸만큼 이동할 수 있어요. 이 이동으로 도착할 수 있는 곳을 '지점'이라 해요. 그리고 '지점' 주변 8칸으로도 이동할 수 있어요. 결과적으로 이전 차례의 이동에 따라 9가지 이동 방법이 존재하고 이는 아래 그림과 같아요.

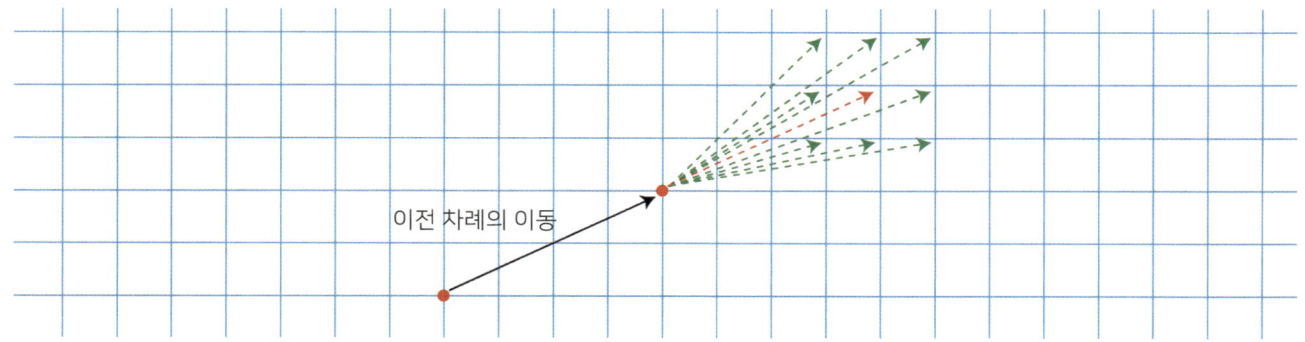

이전 차례의 이동(검은색 선)과 이번 차례에 가능한 이동(9개의 점선)

위 그림을 좀 더 살펴볼까요? 위 그림에서 검은색 선이 이전 차례의 이동으로 오른쪽으로 4칸, 위로 2칸 이동했다는 것을 알 수 있어요. 따라서 이번 차례에도 오른쪽으로 4칸, 위로 2칸 이동할 수 있고 이것을 위 그림에서는 빨간색 점선으로 나타냈어요. 빨간색 점선으로 이동할 수 있는 곳을 '지점'이라 하고, 이 지점 주변의 8칸 중 하나로 이동할 수도 있어요. 이곳을 위 그림에서는 초록색 점선으로 나타냈어요.

6 자동차가 새로운 위치로 이동했으면 그 위치에 자동차를 표시하고 이전 위치와 새로운 위치를 선으로 연결해 자동차의 이동 경로를 알 수 있도록 해요.

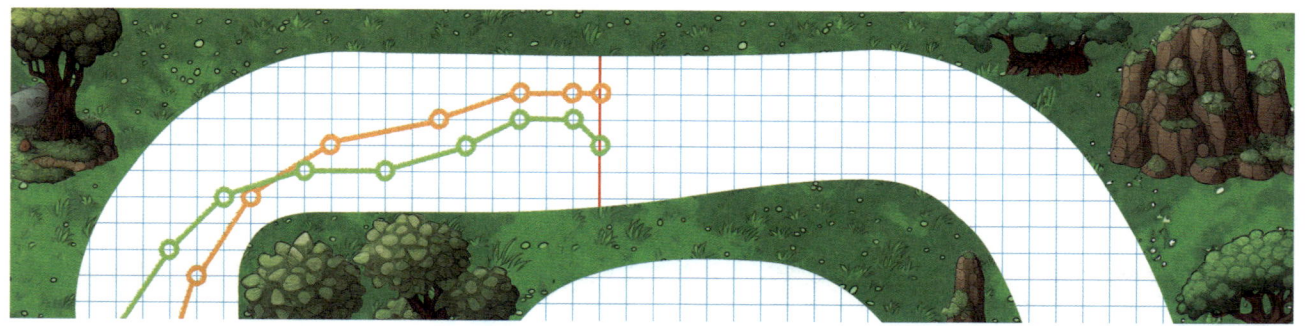

게임 진행 중 그려지는 자동차의 위치와 이동 경로를 나타낸 선

7 자신의 차례에 이동하지 않고 차례를 넘길 수 있어요. 이것은 처음 출발할 때도 마찬가지예요.

8 자동차를 이동할 때, 현재 다른 사람의 자동차가 있는 곳으로 이동할 수 없어요. 또한, 다른 자동차가 있는 곳을 지날 수도 없어요.

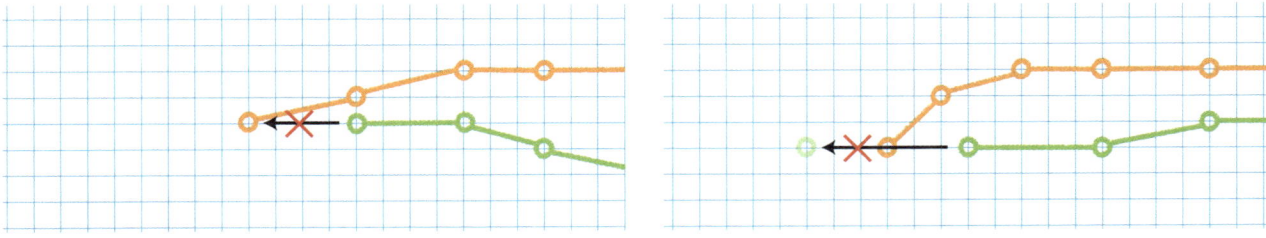

도착 지점에 다른 자동차가 있어 이동이 불가능한 경우 ／ 다른 자동차가 있는 곳을 지나기 때문에 이동이 불가능한 경우

9 자동차는 트랙 안에서만 위치해야 하고, 트랙의 경계에 닿거나 트랙을 벗어날 수 없어요. 이것은 자동차가 이동 중일 때도 마찬가지예요.

도착 지점이 트랙 밖에 있어 이동이 불가능한 경우 ／ 이동 중 트랙을 벗어나 이동이 불가능한 경우

10 트랙 안에서 자동차를 이동할 수 없다면 이것은 '충돌'이 일어난 거예요. 충돌이 일어난 경우 충돌한 곳과 가장 가까운 교차점에 자동차를 표시하고 차례를 넘긴 후 패널티 점수 1점을 받아요. 패널티 점수가 5점이 되면 게임에서 탈락해요. 충돌 이후의 첫 이동은 자동차가 위치한 곳 근처에 있는 8개의 교차점 중 한 곳으로 해야 해요. 충돌을 피할 수 있으면 충돌을 피해야 해요.

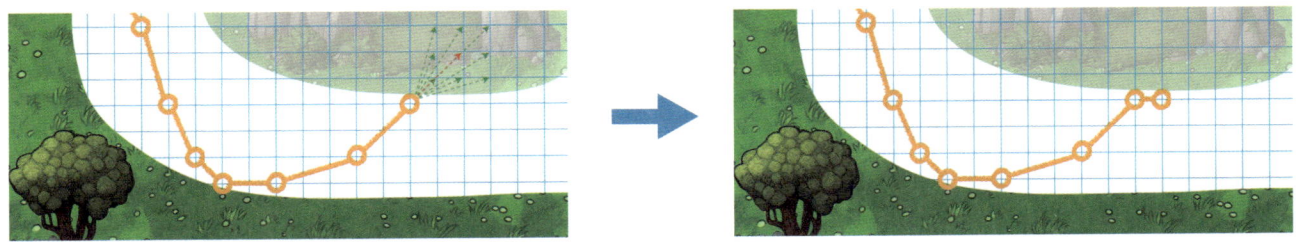

'충돌'이 일어나 충돌한 곳과 가장 가까운 교차점에 자동차를 표시한 모습

11 가장 적은 횟수로 결승선을 통과(또는 도착)한 사람이 우승해요. 같은 횟수로 결승선을 통과했다면 결승선에서 더 먼 사람이 우승해요. 횟수와 결승선과의 거리가 모두 같다면 공동 우승이에요.

게임 맛보기

자동차경주 게임을 하며 자신만의 전략을 찾아보세요.

멋진 경주를 해 보자!

게임 맛보기

자동차경주 게임을 하며 자신만의 전략을 찾아보세요.

자동차경주 게임 속 수학 : 벡터

자동차경주 게임에는 수학과 물리학에서 중요한 개념인 벡터가 숨겨져 있어요. **벡터는 크기와 방향을 모두 갖고 있는 양**이에요. 예를 들어 아래 그림의 화살표를 볼까요? 그림에서 각각의 화살표는 하나의 벡터를 나타내요. 화살표의 방향이 벡터의 방향이고, 화살표의 길이가 벡터의 크기라 할 수 있어요.

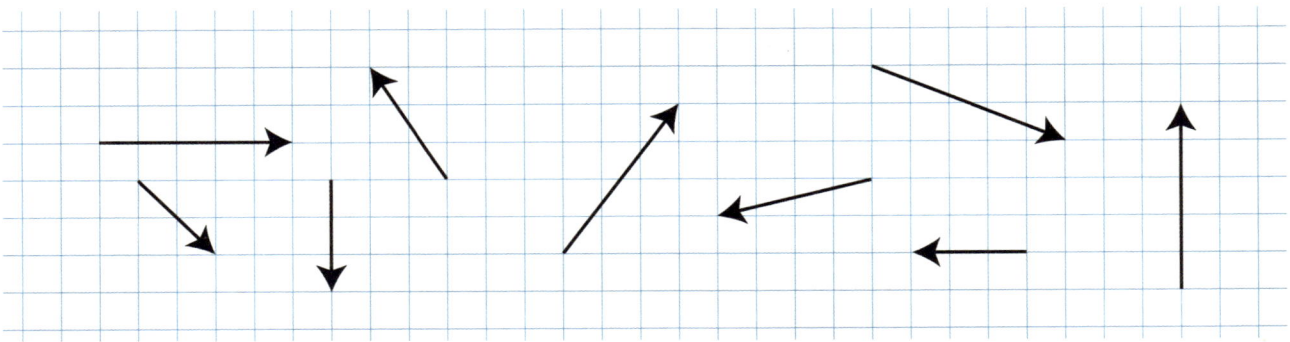

이를 바탕으로 아래 그림의 세 벡터를 비교해 볼까요? 이 세 벡터는 모두 같은 방향을 갖고 있지만, 크기가 다르다는 것을 알 수 있어요. 작은 정사각형의 한 변의 길이를 1이라 할 때, 벡터의 크기는 순서대로 3, 5, 7이에요.

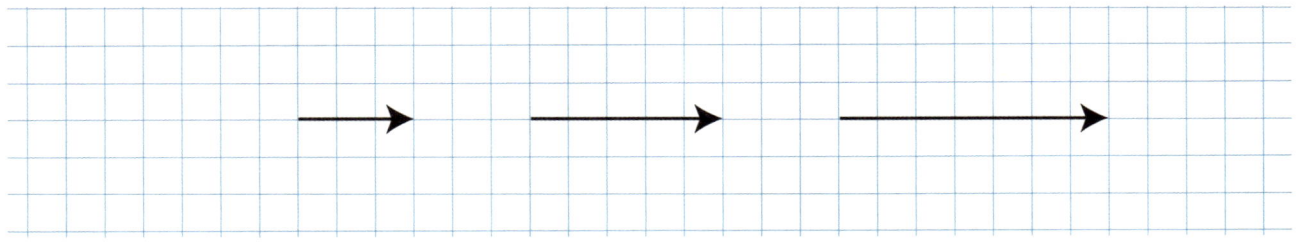

아래 그림에 있는 두 벡터는 어떤가요? 이 두 벡터의 경우 방향은 서로 반대지만 크기는 서로 같다는 것을 알 수 있어요. 그리고 화살표의 길이를 재 보면 크기가 5라는 것을 알 수 있어요. 이렇게 벡터는 크기와 방향을 갖고 있는데 실생활의 많은 곳에서 벡터가 쓰여요. 대표적인 예로 인공지능, 자율주행, 로봇 연구, 가상 현실, 애니메이션 제작 등이 있어요.

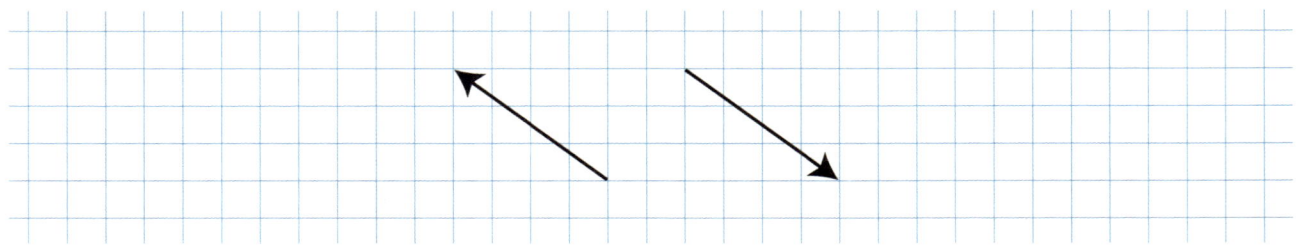

그런데 모든 벡터를 이렇게 화살표로만 표현해야 한다면 벡터를 다루는 것이 불편할 거예요. 그래서 숫자를 이용해 벡터를 표현하는 방법이 있어요.

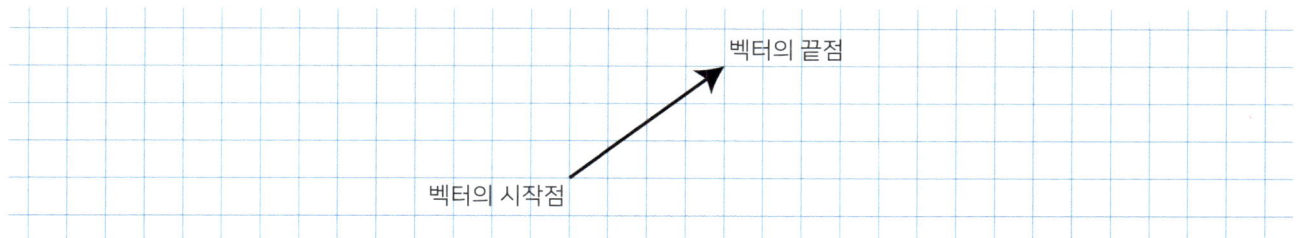

위 그림에 있는 벡터를 보면 벡터의 시작점에서 오른쪽으로 4칸, 위로 3칸 가면 벡터의 끝점이 있다는 것을 알 수 있어요. 따라서 위 벡터는 아래와 같이 표현할 수 있어요.

(4, 3)

이와 비슷하게 다른 벡터도 두 숫자의 쌍으로 나타낼 수 있어요. 이를 이용해서 자동차경주 게임에서 자동차의 움직임을 나타내 볼까요?

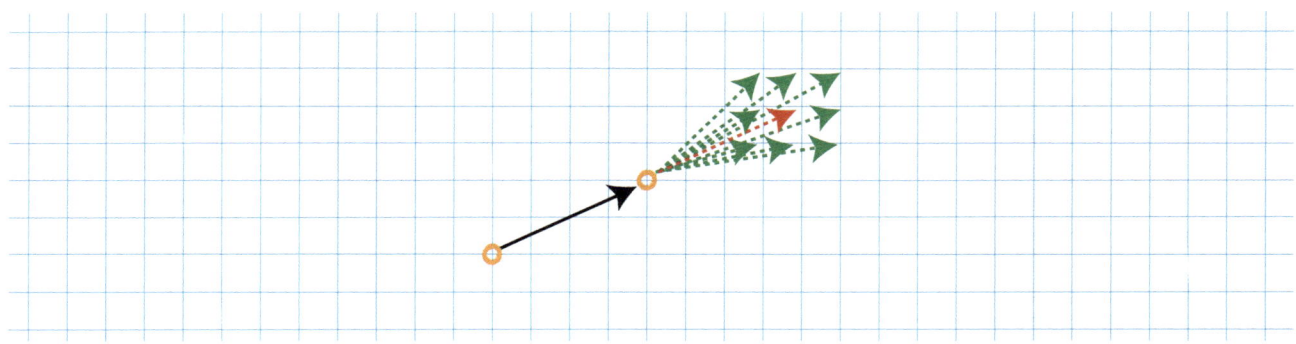

위 그림에서 검은색 화살표는 이전 차례의 자동차 이동을 나타낸 벡터예요. 숫자를 이용해 이를 표현하면 아래와 같아요.

(4, 2)

그리고 비슷하게 이번 차례에 가능한 이동을 숫자를 이용해 표현하면 아래와 같다는 것을 알 수 있어요. 이렇게 **벡터를 이용하면 자동차의 이동을 숫자를 이용해 나타낼 수 있어요.**

(3, 3), (4, 3), (5, 3)
(3, 2), (4, 2), (5, 2)
(3, 1), (4, 1), (5, 1)

자동차경주 게임의 전략

앞에서 소개한 벡터의 성질을 이용해 자동차 게임의 전략을 생각해 볼 수 있어요.

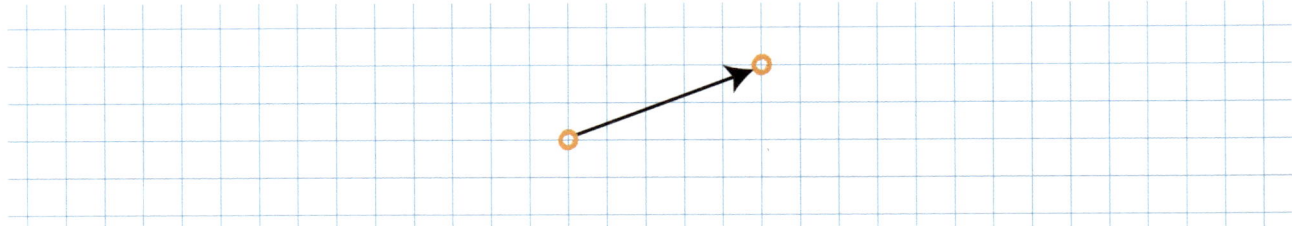

위 그림과 같이 자동차를 이동했다고 할 때, 자동차가 어떻게 이동했는지 벡터를 이용해 표현하면 아래와 같아요.

(5, 2)

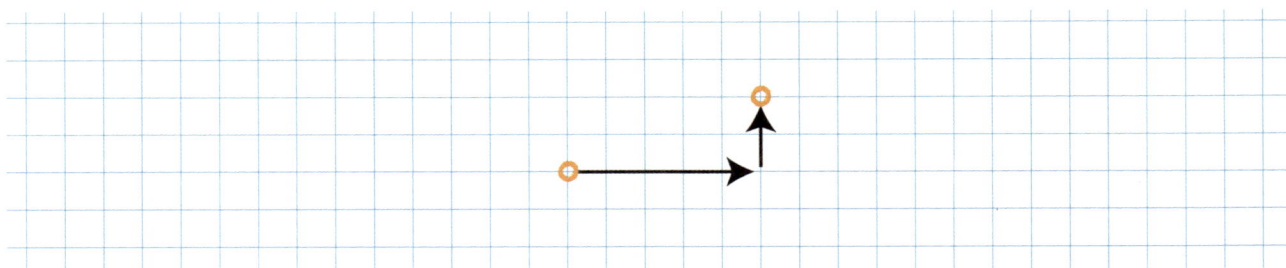

위 그림처럼 두 번 이동하는 것도 벡터로 생각해 볼까요? 이 경우엔 먼저 오른쪽으로 5칸 이동했으므로 이 이동을 벡터로 표현하면 아래와 같아요.

(5, 0)

다음에 위로 2칸 이동했으므로 이 이동을 벡터로 표현하면 아래와 같아요.

(0, 2)

그런데 결과적으로 이렇게 두 번 이동한 것은 가장 위의 그림처럼 한 번 이동한 것과 같아요. 이를 식으로 표현하면 아래와 같이 표현할 수 있어요.

(5, 2) = (5, 0) + (0, 2)

그리고 이것이 우리가 알아볼 전략의 시작이에요. 자동차의 이동을 가로 방향(오른쪽 방향)과 세로 방향(위쪽 방향)으로 분리해서 생각하는 거예요. 이 아이디어를 이용해서 이전 차례 자동차의 이동과 다음 차례 자동차의 이동을 생각해 볼게요.

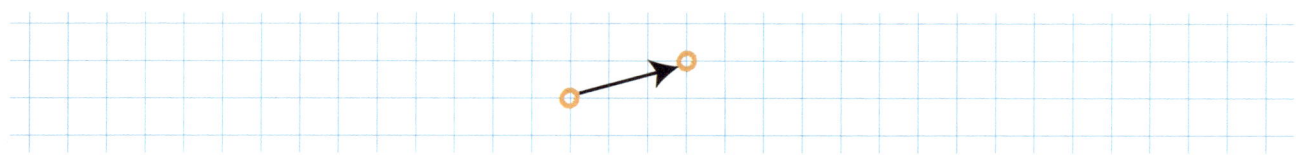

자동차가 이전 차례에 위 그림처럼 이동했다고 했을 때, 가로 방향(오른쪽 방향)의 이동만 생각하면 아래와 같아요.

$$(3, 0)$$

그리고 자동차경주 게임의 규칙을 생각하면 다음 차례에 가능한 가로 방향(오른쪽 방향)의 이동은 아래와 같다는 것을 알 수 있어요.

$$(2, 0), (3, 0), (4, 0)$$

다음으로 세로 방향(위쪽 방향)으로의 이동을 생각하면 아래와 같아요.

$$(0, 1)$$

그리고 마찬가지로 자동차경주 게임의 규칙을 생각하면 다음 차례에 가능한 세로 방향(위쪽 방향)의 이동은 아래와 같다는 것을 알 수 있어요.

$$(0, 0), (0, 1), (0, 2)$$

이렇게 **가로 방향의 이동과 세로 방향의 이동을 분리해서 자동차경주를 생각할 수 있어요.** 이제 이를 이용해 아래 트랙에서의 이동을 생각해 볼까요?

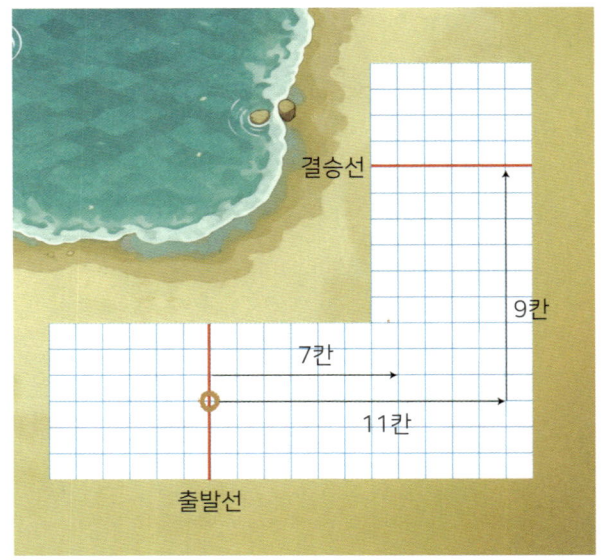

위 트랙에서 가로 방향의 이동을 먼저 생각하면 오른쪽으로 최소 7칸을 가야 하고 최대 11칸을 갈 수 있다는 것을 알 수 있어요. 한 번 이동할 때마다 가로 방향으로 1칸씩 더 이동할 수 있으므로 가로 방향의 이동을 다음과 같이 할 수 있어요.

$$(1, 0), (2, 0), (3, 0), \ldots$$

이때 가로 방향의 이동을 (4, 0)까지 하면 어떻게 될까요? 그다음 차례부터 이동거리를 줄인다고 해도 한 번에 1칸씩 줄일 수 있기 때문에 가로 방향의 이동은 아래와 같이 될 거예요.

$$(1, 0), (2, 0), (3, 0), (4, 0), (3, 0), (2, 0), (1, 0), (0, 0)$$

위 이동에서 왼쪽 숫자들을 더하면 가로 방향으로 16칸 이동한다는 것을 알 수 있는데 가로 방향으로 최대 이동할 수 있는 칸은 11칸이므로 충돌이 발생해요. 따라서 가로 방향의 이동을 (4, 0)까지 하면 안 돼요. 가로 방향으로 이동을 (3, 0)까지 하면 어떨까요? 이동을 (3, 0)까지 한 다음에 그다음 차례부터 이동거리를 줄이면 가로 방향의 이동은 아래와 같이 돼요.

$$(1, 0), (2, 0), (3, 0), (2, 0), (1, 0), (0, 0)$$

그러면 가로 방향으로 9칸을 이동하게 되는데, 이 경우엔 충돌이 일어나지 않고 가로 방향으로 이동해야 하는 최소 칸(7칸)도 만족해요. 따라서 가로 방향의 이동을 이렇게 설정하는 것은 아주 적절해요. 이제 이 설정을 기준으로 세로 방향의 이동을 생각해 볼게요.

오른쪽 그림에 보이듯 초반엔 위로 3칸만 올라가도 충돌하므로 세로 방향으로 이동거리가 길면 안 돼요. 가로 방향으로 7칸 이상 이동해야 세로 방향으로 3칸이상 이동할 수 있어요. 가로 방향의 초반 4번의 이동을 보면 아래와 같아요.

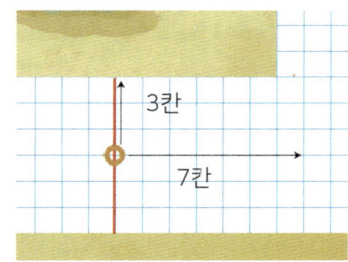

(1, 0), (2, 0), (3, 0), (2, 0)

이를 통해 초반 3번까지 가로 방향으로 6칸 이동한다는 것을 알 수 있고, 4번째까지는 8칸 이동한다는 것을 알 수 있어요. 따라서 세로 방향의 이동은 초반 3번까지는 2칸까지만 올라가야 하고 그 이후부터는 마음껏 이동해도 돼요. 따라서 세로 방향의 이동을 아래와 같이 설정할 수 있어요.

(0, 0), (0, 1), (0, 1), (0, 2), (0, 3), (0, 4)

마지막으로 앞에서 설정한 가로 방향의 이동과 위의 세로 방향의 이동을 합쳐서 생각해 보면 자동차가 아래와 같이 이동한다는 것을 알 수 있어요.

(1, 0), (2, 1), (3, 1), (2, 2), (1, 3), (0, 4)

이를 트랙에 표시하면 아래와 같아요.

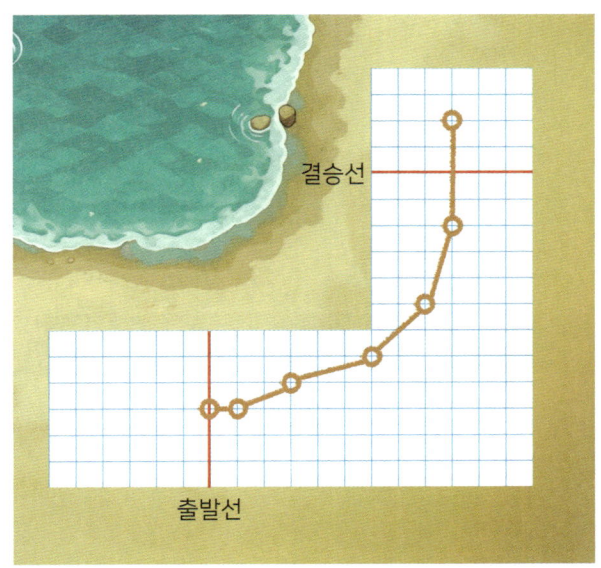

이렇게 벡터의 성질을 이용해 가로 방향의 이동과 세로 방향의 이동을 분리해서 생각하면 많은 경우 좀 더 쉽게 자동차경주 게임의 전략을 생각할 수 있어요.

도전! 게임왕!

정답 202쪽

아래 그림에 표시된 것처럼 정가운데에서 자동차를 출발하려고 해요. 4번의 이동만 허락될 때, 출발 지점에서 가장 멀리 가려면 어떻게 이동해야 하는지 찾아보세요.

도전! 게임왕!

정답 203쪽

아래 트랙에서 자동차경주를 하려고 해요. 파란색 자동차가 '충돌' 없이 11번 만에 결승선에 도착하려면 어떻게 이동해야 하는지 찾아보세요.

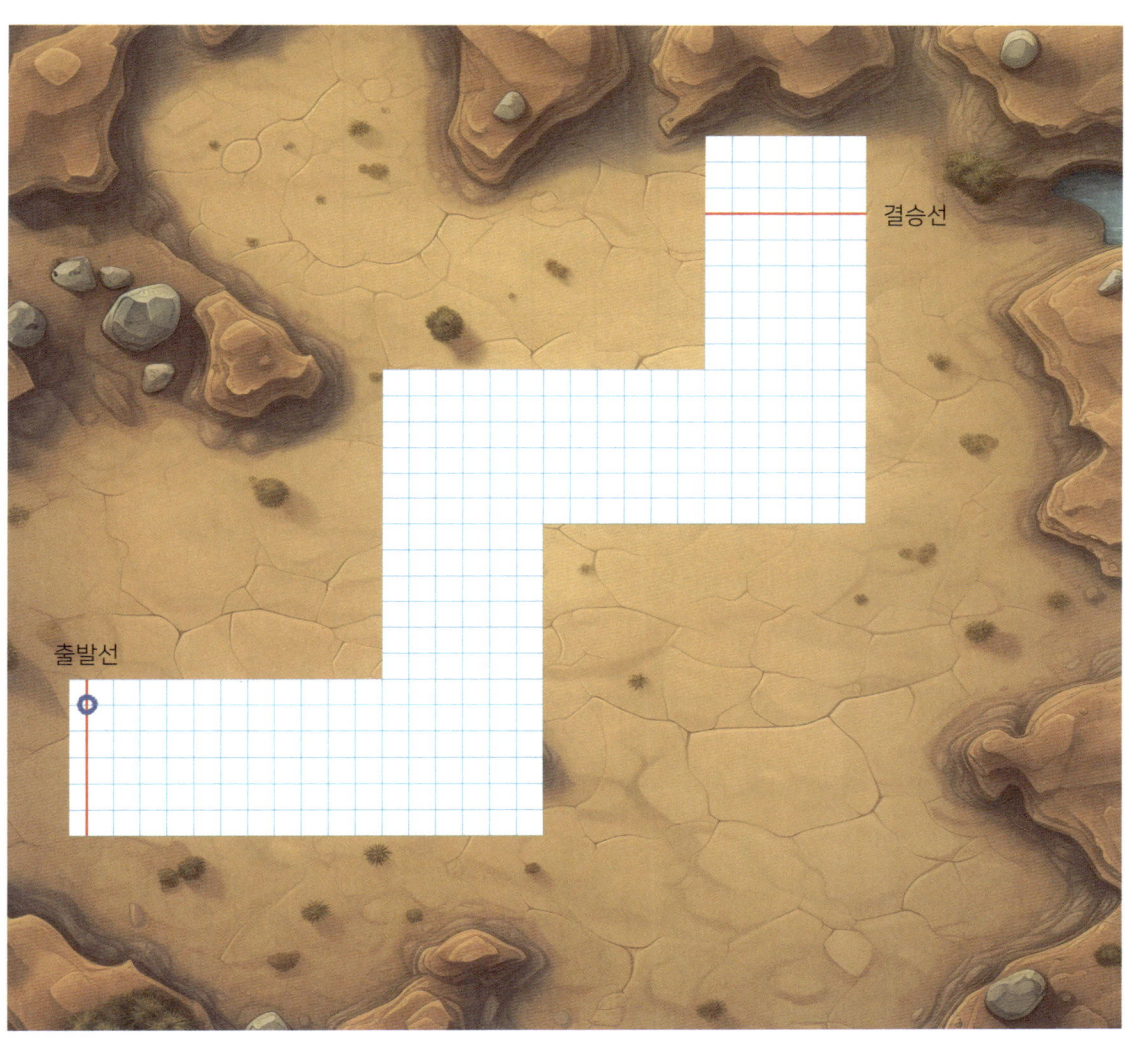

6 크램

크램은 그래프 종이(모눈종이)만 있으면 할 수 있는 간단한 규칙의 게임이에요. 1974년 유명한 퍼즐리스트인 마틴 가드너가 소개하며 많은 사람에게 알려졌어요.

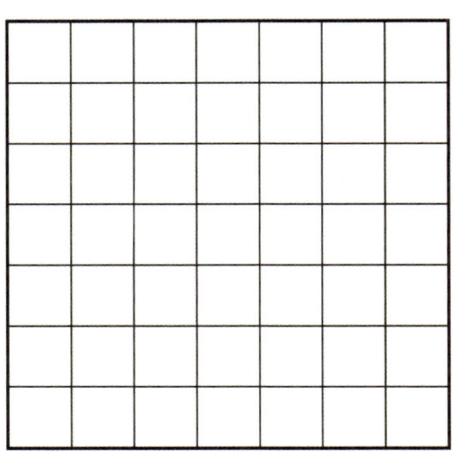

직사각형을 그리면서 하는 게임이구나!

크램은 위 그림처럼 정사각형으로 이루어진 게임판에서 **두 사람이 하는 게임**이에요. 두 사람은 규칙에 따라 빈칸에 1 X 2 크기의 직사각형을 그려요. 이렇게 게임을 진행하다 **마지막으로 직사각형을 그린 사람이 승리**해요. 게임 규칙을 좀 더 구체적으로 알아볼까요?

게임 규칙

1 크램 게임판에는 아래 그림과 같이 1 X 2 직사각형(가로로 긴 직사각형; 가로 직사각형) 또는 2 X 1 직사각형(세로로 긴 직사각형; 세로 직사각형) 중 하나를 그릴 수 있어요.

1 X 2 직사각형(가로 직사각형)

2 X 1 직사각형(세로 직사각형)

2 먼저 시작한 사람은 가로 직사각형이나 세로 직사각형 중 하나를 빈칸 중 원하는 곳에 그려요.

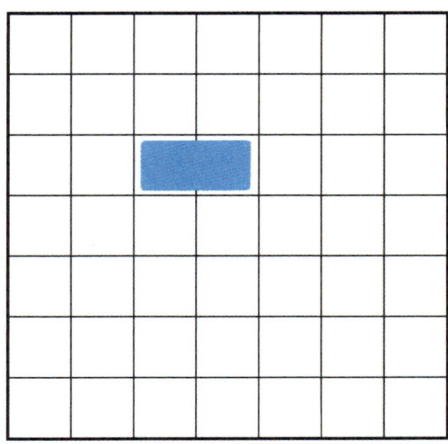

먼저 시작한 사람이 가로 직사각형을 그린 모습

3 두 번째로 시작한 사람도 가로 직사각형이나 세로 직사각형 중 하나를 빈칸 중 원하는 곳에 그려요.

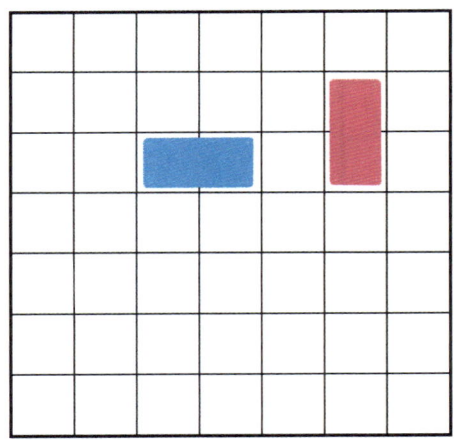

두 번째로 시작한 사람이 세로 직사각형을 그린 모습

4 번갈아가며 직사각형을 그리다 마지막으로 직사각형을 그린 사람이 승리해요.

위 설명의 그림에서는 가로 직사각형과 세로 직사각형을 다른 색으로 했지만, 꼭 달라야 하는 것은 아니에요. 같은 색으로 칠해도 상관없어요.

게임 맛보기

크램을 해 보며 자신만의 전략을 찾아보세요.

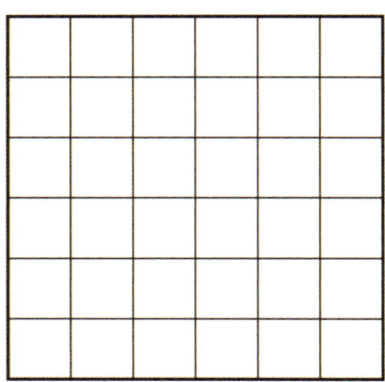
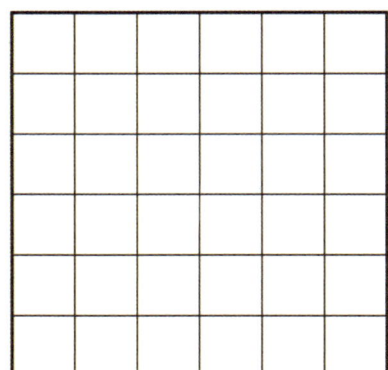
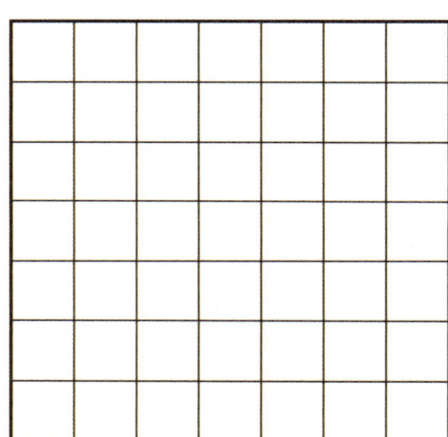
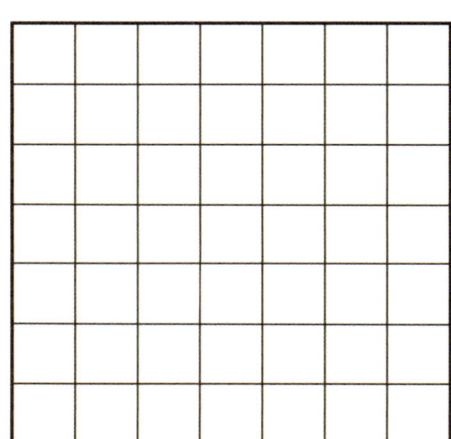
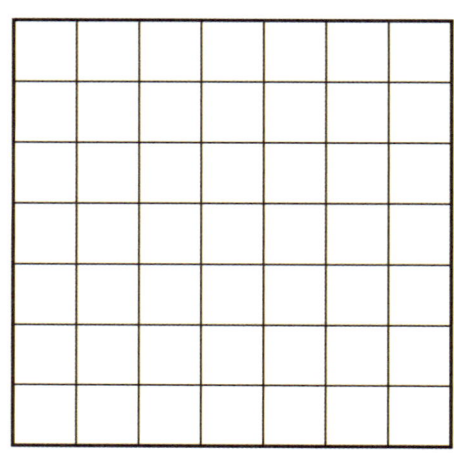
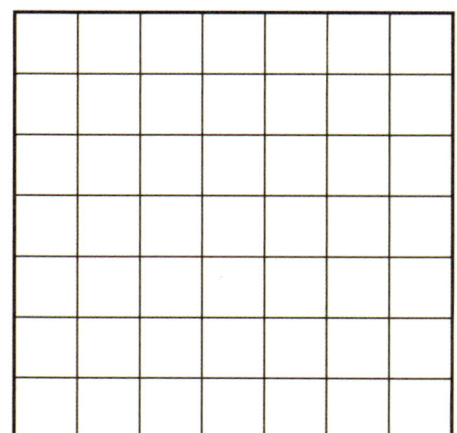

크램의 역사

퍼즐리스트 마틴 가드너

크램은 도미니어링이란 게임의 변형 게임이에요. 도미니어링은 한 가지 점만 빼면 크램과 규칙이 같아요. 크램의 경우 두 사람 모두 가로 직사각형과 세로 직사각형을 그릴 수 있는 반면 도미니어링은 한 사람은 가로 직사각형만 그릴 수 있고, 다른 한 사람은 세로 직사각형만 그릴 수 있어요.

유명한 퍼즐리스트인 마틴 가드너가 1974년 그의 칼럼을 통해 크램을 소개했는데 이를 계기로 많은 사람이 크램을 알게 됐어요.

크램의 전략 : 대칭 전략

크램의 대표적인 전략은 바로 대칭 전략이에요. 이에 대해 알아볼까요?

위 그림의 게임판의 경우 세로 방향으로 4개의 정사각형이 있고, 가로 방향으로는 5개의 정사각형이 있어요. 이 게임판처럼 세로 방향의 정사각형 개수는 짝수이고 가로 방향의 정사각형 개수가 홀수인 게임판에서는 먼저 게임을 시작한 사람이 대칭 전략을 사용해 승리할 수 있어요. 만약 내가 먼저 시작했다면 대칭 전략을 사용하기 위해 아래 그림처럼 게임판의 정가운데 직사각형을 그려야 해요.

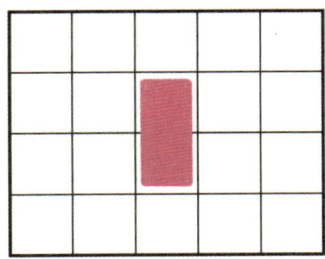

그리고 그다음부터는 상대방이 직사각형을 그린 곳과 대칭적인 위치에 직사각형을 그리면 돼요. 예를 들어 상대방이 아래와 같이 직사각형을 그렸다고 생각해 볼까요?

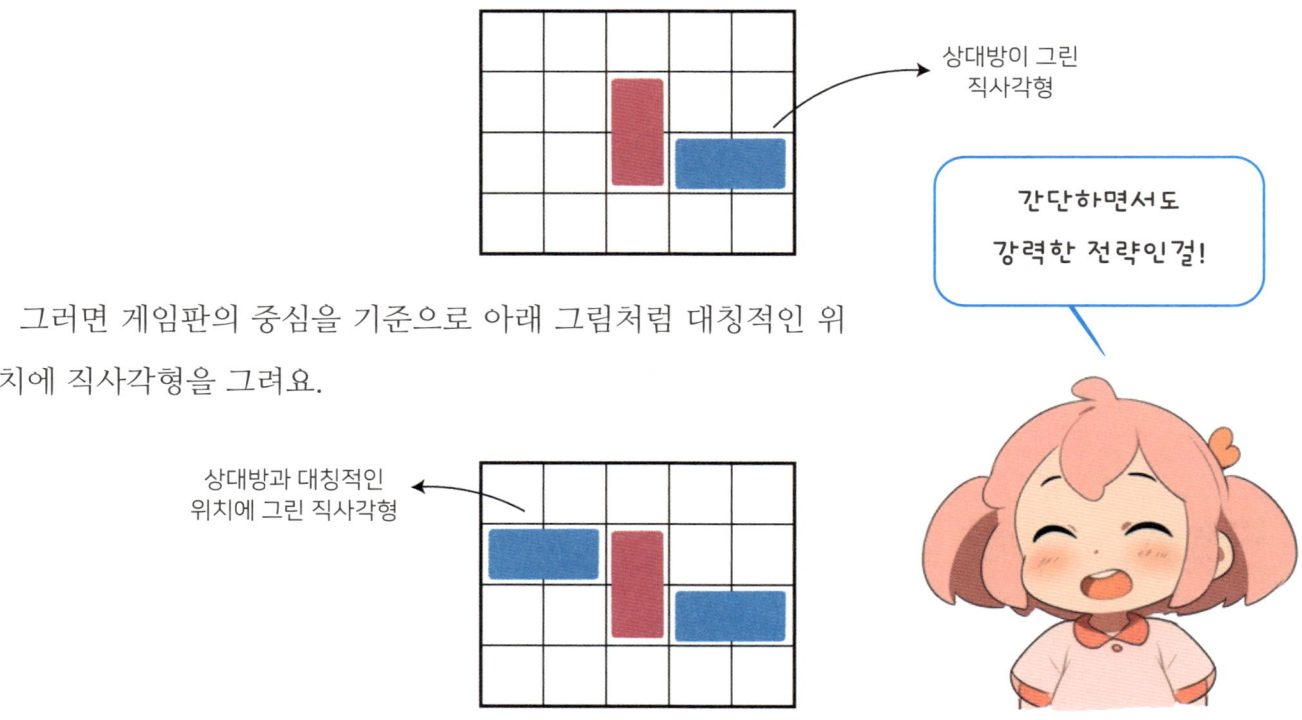

그러면 게임판의 중심을 기준으로 아래 그림처럼 대칭적인 위치에 직사각형을 그려요.

이후에도 상대방이 그린 직사각형의 위치와 대칭적인 위치에 직사각형 그리기를 반복하면 게임에서 승리해요. 아래는 이후 진행 과정의 예시예요.

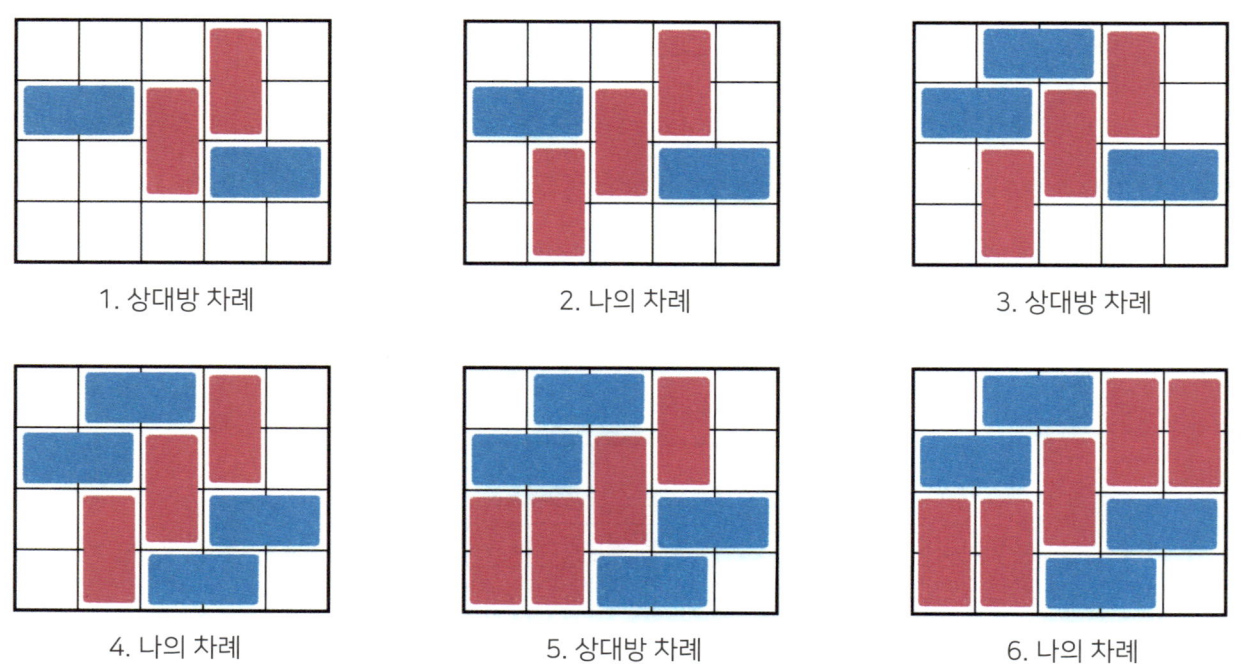

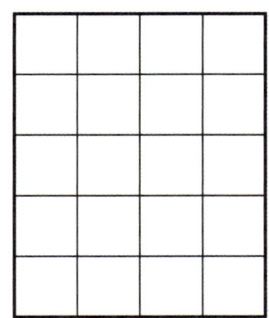

위 그림의 게임판은 세로 방향의 정사각형 개수는 홀수이고 가로 방향의 정사각형 개수가 짝수인데 이 경우도 앞의 경우와 비슷하게 먼저 시작하는 사람이 대칭 전략을 사용해 승리할 수 있어요. 정리하면 다음과 같아요.

대칭 전략1

게임판의 가로 방향의 정사각형 개수와 세로 방향의 정사각형 개수 중 하나는 짝수이고, 다른 하나는 홀수일 때 먼저 시작하는 사람에게 필승 전략이 존재한다. 먼저 시작하는 사람은 대칭 전략을 사용해 게임에서 승리할 수 있다. 즉, 먼저 시작하는 사람은 가장 처음 직사각형을 게임판의 정가운데에 그린 후, 그다음부터는 상대가 그린 직사각형을 보고 대칭적으로 그린다.

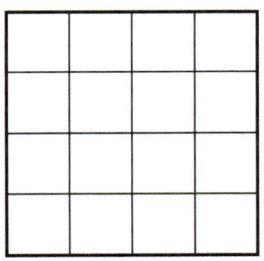

위 그림의 게임판과 같이 가로 방향과 세로 방향의 정사각형 개수가 모두 짝수라면 두 번째로 시작한 사람에게 필승 전략이 존재해요. 두 번째로 시작한 사람은 대칭 전략을 사용해 게임에서 승리할 수 있어요. 내가 두 번째로 시작했다고 생각해 볼까요?

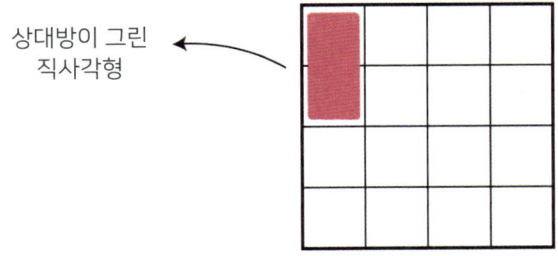

둘이 놀기 크램

먼저 시작한 상대방이 앞의 그림처럼 직사각형을 그리면 나는 게임판의 중심을 기준으로 아래 그림처럼 상대와 대칭적인 위치에 직사각형을 그려요.

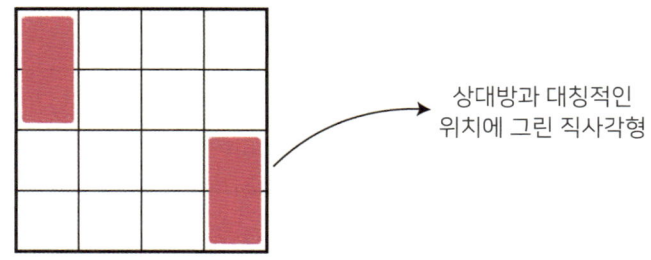

상대방과 대칭적인 위치에 그린 직사각형

그리고 이를 반복하면 게임에서 승리해요. 아래는 이후 진행 과정의 예시예요.

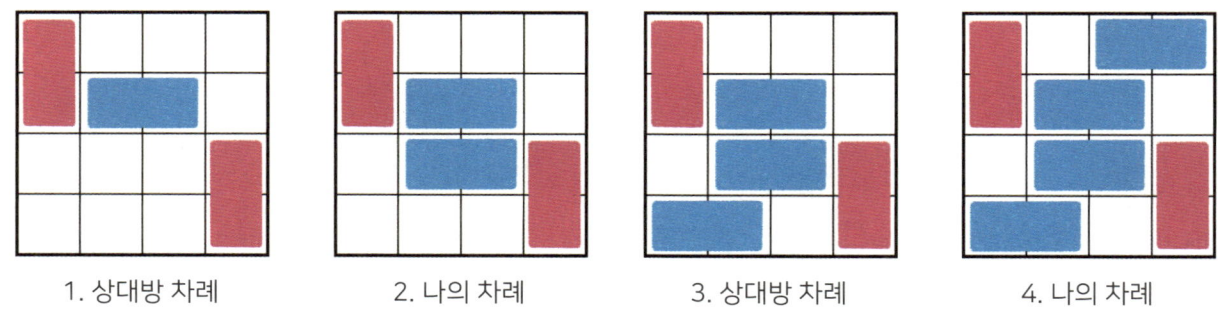

1. 상대방 차례　　2. 나의 차례　　3. 상대방 차례　　4. 나의 차례

정리하면 다음과 같아요.

대칭 전략2

게임판의 가로 방향의 정사각형 개수와 세로 방향의 정사각형 개수가 모두 짝수이면 두 번째로 시작한 사람에게 필승 전략이 존재한다. 두 번째로 시작한 사람은 대칭 전략을 사용해 게임에서 승리할 수 있다. 즉, 두 번째로 시작한 사람은 상대가 그린 직사각형을 본 후, 게임판의 중심을 기준으로 상대와 대칭적인 위치에 직사각형을 그린다.

다음으로 자연스럽게 생각해 볼 것은 게임판의 가로 방향의 정사각형 개수와 세로 방향의 정사각형 개수가 모두 홀수인 경우예요. 그런데 이 경우는 아직 일반적인 필승 전략이 알려져 있지 않아서, 수학자들의 연구가 계속되고 있어요. 따라서 전략을 파악하기 어렵지만 그래서 오히려 더 재미있어요. 직접 자신만의 전략을 찾아 게임을 해 봐요!

도전! 게임왕!

정답 203쪽

당신이 게임할 차례예요. 1 ~ 3 중 어디에 표시하는 것이 가장 좋은 전략일지 생각해 보세요.
(단, 초록색 직사각형이 있는 칸은 아직 직사각형이 안 그려진 빈칸이에요.)

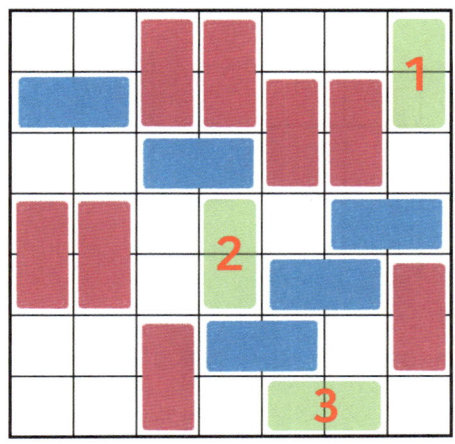

당신이 게임할 차례예요. 대칭 전략을 사용한다고 했을 때 어디에 직사각형을 그리는 것이 가장 좋을지 찾아보세요.

대칭 전략을 사용하란 말이지?

7 노탁토

노탁토는 대학교수이자 백개먼(서양의 주사위 게임의 하나) 선수인 밥 코카가 그의 조카와 만든 게임이에요. 틱택토의 변형 게임으로 X와 O를 표시하는 틱택토와 달리 게임에 참여하는 두 사람 모두 X 표시를 한다는 것이 특징이에요.

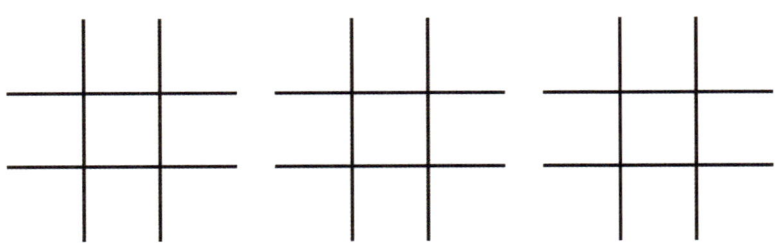

게임판이 3개나 되네?

노탁토는 위 그림처럼 3 X 3 크기의 게임판 3개에서 **두 사람이 하는 게임**이에요. 두 사람은 규칙에 따라 빈칸에 X 표시를 하고 **마지막 남은 게임판에 X 표시 3개를 한 줄로 만든 사람이 패배**해요. 게임 규칙을 좀 더 구체적으로 알아볼까요?

게임 규칙

1 먼저 시작한 사람은 세 개의 게임판 중 하나의 게임판을 선택해 그 게임판에 있는 빈칸 중 하나에 X 표시를 해요.

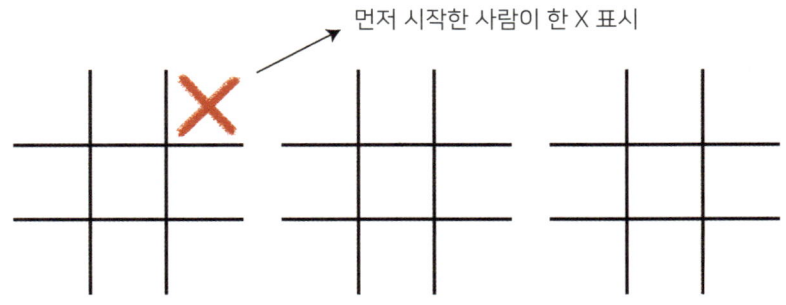

먼저 시작한 사람이 X 표시를 한 모습

❷ 두 번째로 시작한 사람도 세 개의 게임판 중 하나의 게임판을 선택해 그 게임판에 있는 빈 칸 중 하나에 X 표시를 해요.

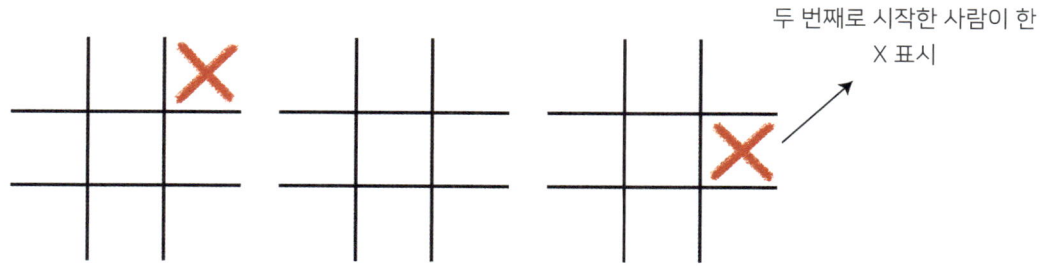

두 번째로 시작한 사람이 X 표시를 한 모습

❸ 이렇게 번갈아가며 X 표시를 하다가 X 표시 3개가 한 줄이 되는 게임판이 나오면 이 게임판은 사용할 수 없고 남은 게임판에서 계속 게임을 진행해요.

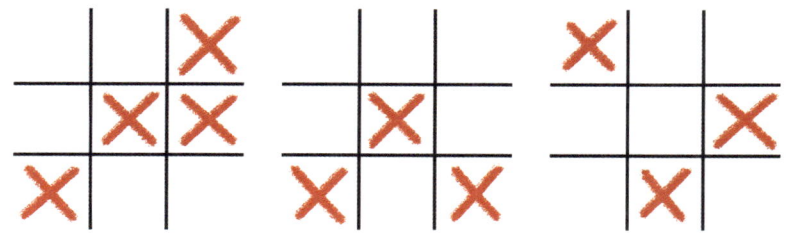

첫 번째 게임판에 X 표시 3개가 한 줄이 된 모습 : 나머지 두 게임판에서만 게임 진행

세 게임판 모두 X 표시 3개가 한 줄이 된 모습 : 게임이 종료된 상태

❹ 남아 있는 마지막 게임판에서 X 표시 3개를 한 줄로 만들면 패배해요.

게임 맛보기

노탁토를 해 보며 자신만의 전략을 찾아보세요.

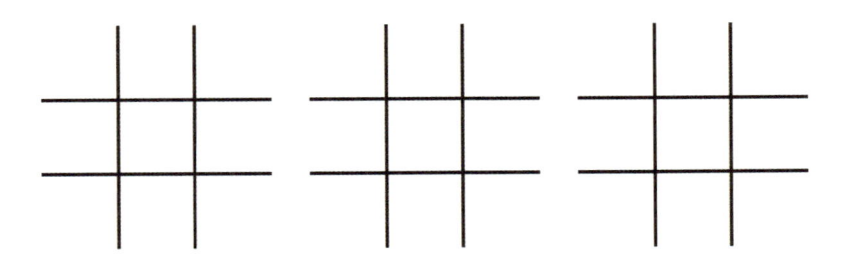

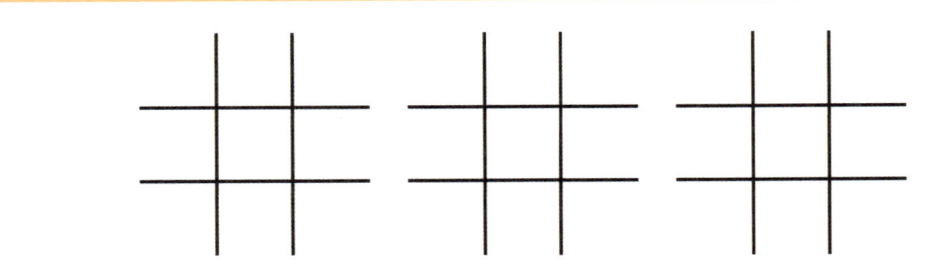

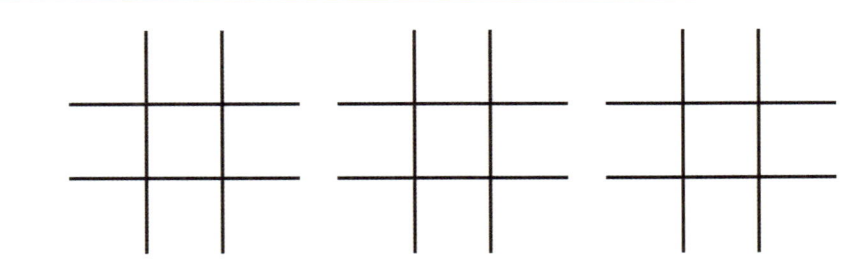

노탁토의 역사

수학자 밥 코카

노탁토는 2010년 수학자 밥 코카가 5살인 그의 조카와 틱택토를 하다가 만든 게임이에요. 둘이 같이 틱택토를 하던 중 밥 코카의 조카는 밥 코카에게 둘 다 X를 표시하는 게임을 하자고 했다고 해요. 그래서 만들어진 게임이 노탁토예요. 한 명은 O, 다른 한 명은 X를 표시하는 틱택토와 달리 둘 다 X를 표시하는 같은 행동을 하기 때문에 '공정한 틱택토'라고 불리기도 해요.

밥 코카는 수학자이면서 유명한 백개먼 선수예요. 백개먼은 서양의 대표적인 주사위 게임으로 바둑과 체스처럼 프로 선수가 있고, 세계적인 대회도 있어요.

노탁토의 전략 : 부트 트랩

노탁토에서 사용할 수 있는 대표적인 전략은 바로 부트 트랩이에요. 부트 트랩은 하나의 게임판에 X가 아래 그림처럼 배치된 형태를 말해요.

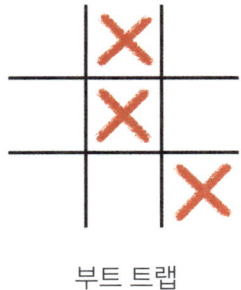

부트 트랩

위의 배치에서 회전된 형태나 반사된 형태도 모두 부트 트랩이기 때문에 부트 트랩의 형태는 아래 그림처럼 다양해요.

부트 트랩에서 상대가 할 차례면 상대가 게임판을 희생(게임판을 사용할 수 없게 함)시키게 만들 수 있어요. 어떻게 상대가 게임판을 희생시키게 만들 수 있는지 생각해 볼까요?

위 부트 트랩에서 상대가 노란색 칸에 X 표시를 하면 X 표시 3개가 한 줄이 되어 게임판은 바로 희생돼요. 상대가 초록색 부분에 X 표시를 한 경우는 어떨까요? 상대가 아래 그림처럼 초록색 부분에 X 표시를 했다고 생각해 볼게요.

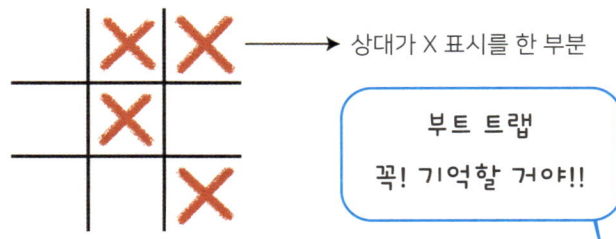

그러면 나는 아래 그림과 같이 X 표시를 할 수 있어요.

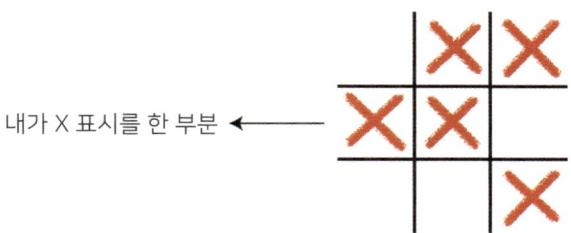

이후 상대가 어디에 X 표시를 하든 X 표시 3개가 한 줄이 되어 게임판이 희생돼요. 상대가 다른 초록색 부분에 X 표시를 해도 이와 비슷한 전개를 통해 상대가 게임판을 희생시키게 할 수 있어요. 즉, 부트 트랩에서 상대가 할 차례면 상대가 어디에 X 표시를 하든 상대가 게임판을 희생시키게 만들 수 있어요. 그리고 이 사실을 잘 활용하면 노탁토에서 승리를 얻는 데 도움이 될 수 있어요.

부트 트랩 전략을 사용하고 싶다면 부트 트랩을 만들 줄 알아야겠죠? **부트 트랩을 만드는 가장 좋은 방법은 바로 빈 게임판에서 부트 트랩을 만드는 거예요.** 빈 게임판에 부트 트랩을 만들기 위해서 가장 먼저 해야 할 것은 다음 쪽의 그림처럼 게임판 가운데 X 표시를 하는 거예요.

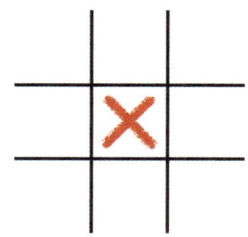

위 그림과 같은 상태에서 나머지 8칸 중 상대방이 어디에 X 표시를 하든 아래 그림과 같은 방법으로 부트 트랩을 만들 수 있어요.

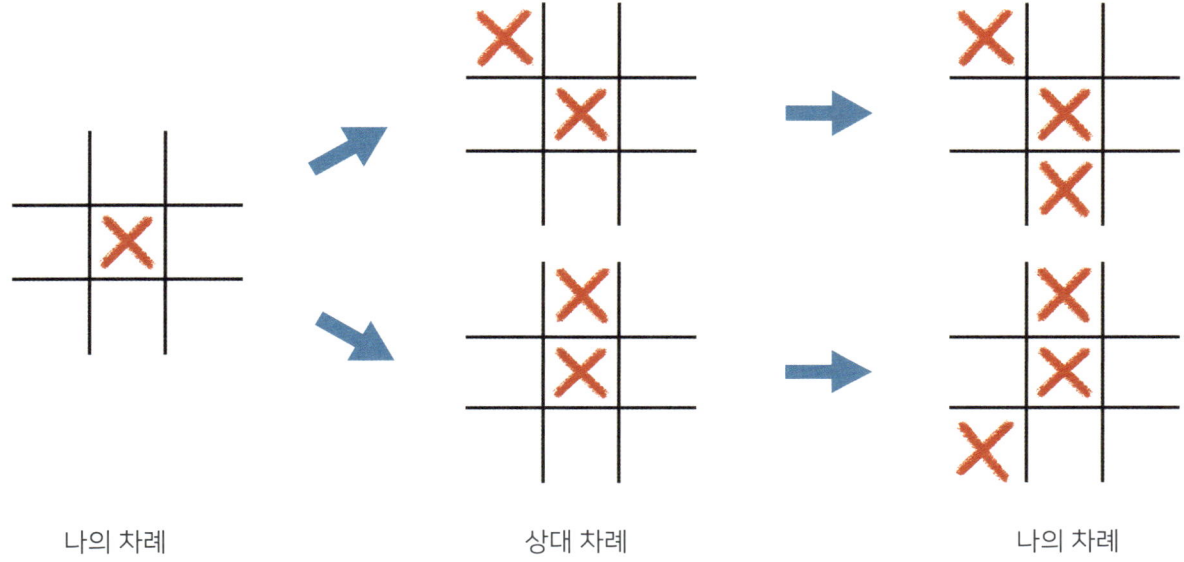

나의 차례 　　　　　 상대 차례 　　　　　 나의 차례

위 그림은 상대방이 선택할 수 있는 방법 중 두 가지만 나타낸 거지만 사실상 나머지 경우도 위 그림과 비슷한 방법으로 부트 트랩을 만들 수 있어요. 물론 빈 게임판 가운데 X 표시를 했을 때 상대가 선택할 수 있는 행동이 8가지나 되기 때문에 상대가 어떤 선택을 하든 내가 원하는 대로 부트 트랩을 만든다는 것이 쉽지 않을 수 있어요. 이럴 때는 체스의 기물 중 하나인 나이트의 움직임을 기억해 봐요! 나이트는 아래 그림과 같은 방법으로 이동하는 체스의 기물이에요.

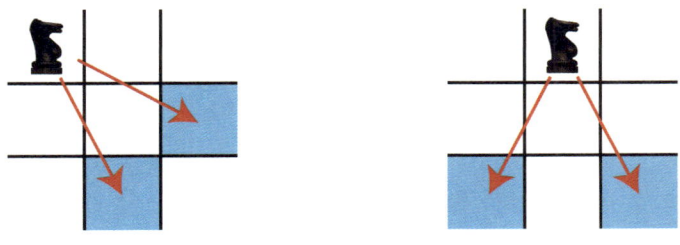

체스의 기물 중 하나인 나이트가 이동하는 방법

나이트가 움직이는 방법을 표현할 때 'L'자 형태로 이동한다고 말할 수도 있고, 직선으로 두 칸 이동한 후 옆으로 한 칸 이동한다고 말할 수도 있어요. 이 나이트의 움직임을 기억하면 부트 트랩도 쉽게 만들 수 있어요. 아래 상황을 다시 볼까요?

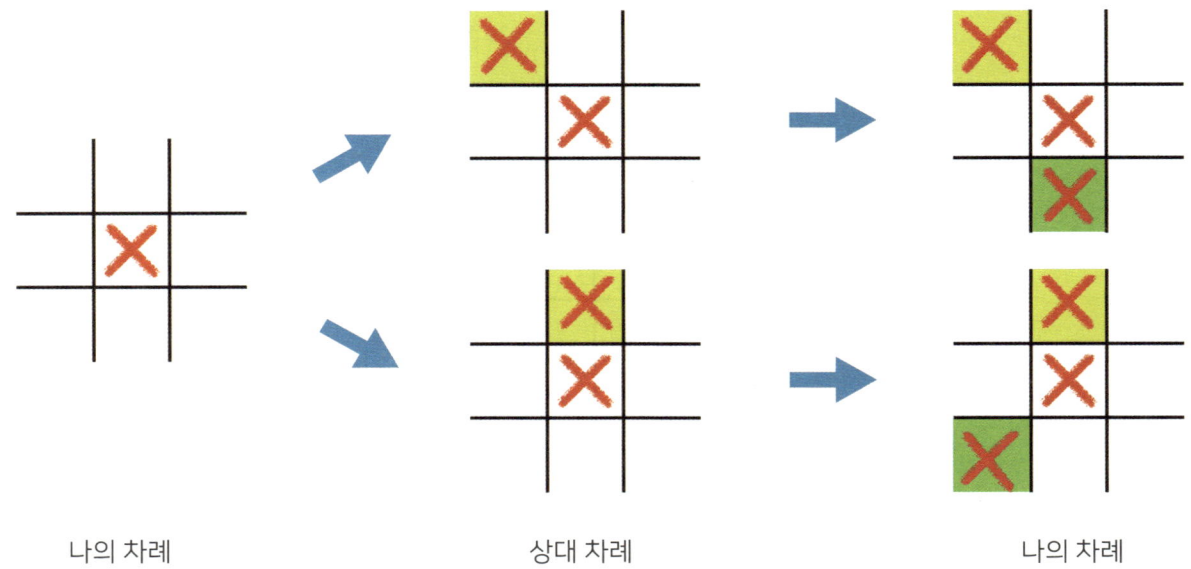

위 그림 가운데에서 상대방이 X 표시한 곳(노란색 칸)과 위 그림 오른쪽에서 내가 X 표시한 곳(초록색 칸)을 비교해 봐요. **상대방이 X 표시를 한 곳에 나이트가 있다고 할 때, 이 나이트가 이동할 수 있는 곳이 바로 내가 X 표시를 한 곳**이에요. 즉, 상대방의 X 표시를 보고 나이트의 이동을 이용해 내가 X 표시해야 하는 곳을 찾을 수 있고, 이를 통해 부트 트랩을 만들 수 있어요.

부트 트랩 이후 상대방이 게임판을 희생시키도록 하기 위해 만들어야 하는 형태

부트 트랩을 만든 후 상대 차례가 됐을 때 상대는 보통 게임판을 바로 희생시키지 않아요. 따라서 부트 트랩 이후 앞에서 소개했던 위 형태를 만들어야 한다는 것을 기억해야 부트 트랩 전략을 자유롭게 사용할 수 있어요. 부트 트랩 전략 외에도 노탁토에는 여러 전략이 있어요. 직접 자신만의 전략을 찾아 재미있게 노탁토를 즐겨 봐요!

도전! 게임왕!

정답 203쪽

당신이 게임할 차례예요. 어디에 표시하는 것이 가장 좋은 전략인지 생각해 보세요.

당신이 게임할 차례예요. 1 ~ 7 중 어디에 표시하는 것이 가장 좋은 전략인지 생각해 보세요.

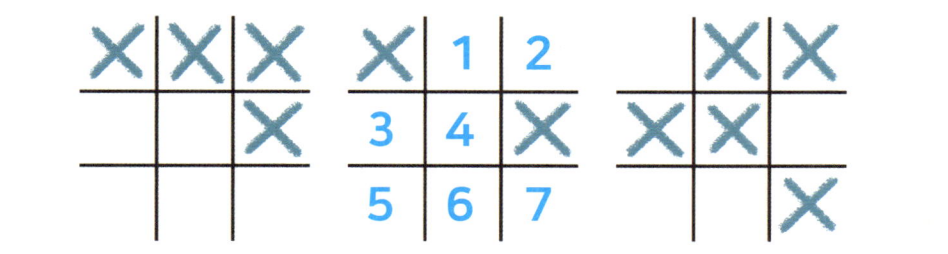

각 칸마다 경우를 잘 따져봐야겠는걸?

8 브리지잇

브리지잇은 미국의 수학자이자 경제학자인 데이비드 게일이 1950년대에 만든 게임이에요. 이 게임은 미국의 유명한 과학 잡지인 〈사이언티픽 아메리칸〉에 '게일'이란 이름으로 소개되며 많은 사람에게 알려졌어요.

> 게임판이 재미있게 생겼네~

게임은 위 그림과 같은 형태의 게임판에서 시작해요. **두 사람이 하는 게임**으로 두 사람은 규칙에 따라 두 점을 연결하는 선을 그려서 **자신의 색으로 된 양쪽 선을 먼저 연결하는 사람이 승리**해요. 게임 규칙을 좀 더 구체적으로 알아볼까요?

게임 규칙

1 두 사람 중 한 사람은 오른쪽과 왼쪽에 있는 파란색 선을 연결하고, 다른 한 사람은 위와 아래쪽의 빨간색 선을 연결해요.

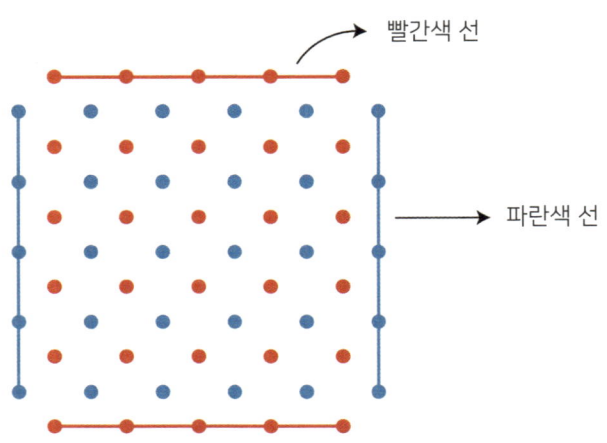

2 두 사람은 교대로 자기 색의 인접한 두 점을 연결해요. 한 점과 인접한 점은 그 점의 바로 위, 아래, 오른쪽, 왼쪽에 있는 같은 색의 점이에요.

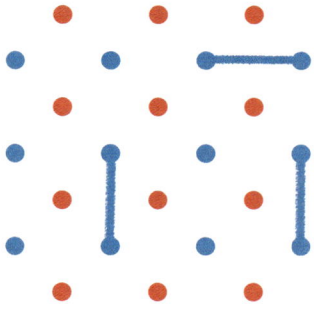

파란색 점을 연결한 모습

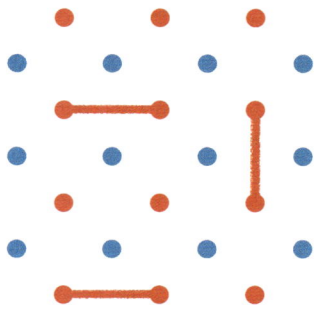

빨간색 점을 연결한 모습

3 두 점을 연결할 때 이미 그려진 선을 가로지르면 안 돼요.

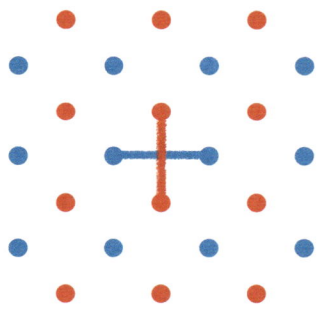

두 점의 연결이 안 되는 경우

4 두 사람 중 자신의 양쪽 끝의 선을 먼저 연결하는 사람이 승리해요.

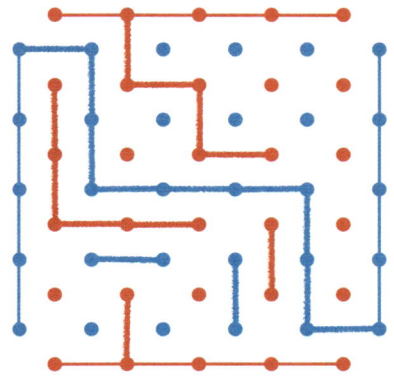

게임이 종료된 모습(파란색 승리)

게임 맛보기

브리지잇을 해 보며 자신만의 전략을 찾아보세요.

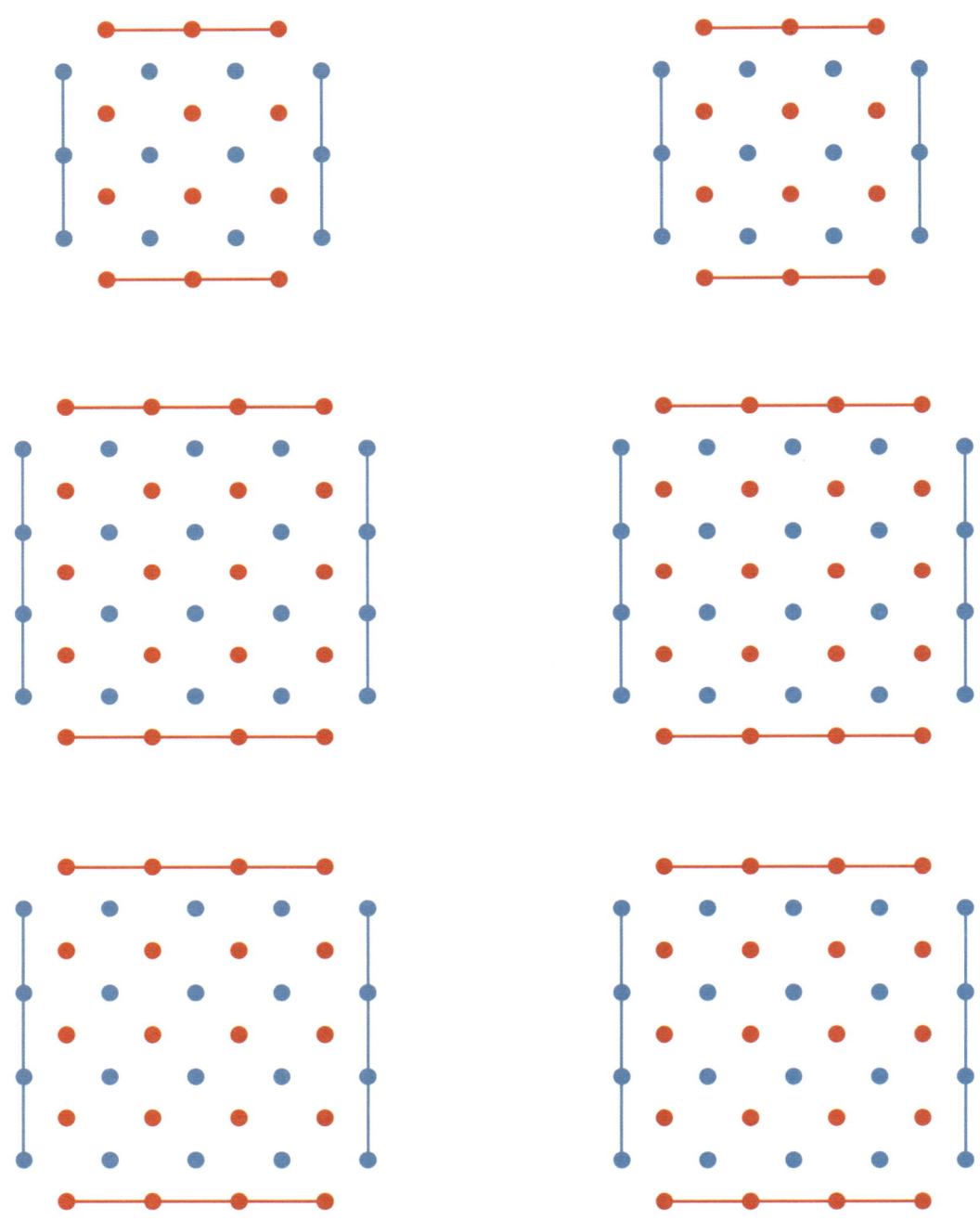

게임 맛보기

브리지잇을 해 보며 자신만의 전략을 찾아보세요.

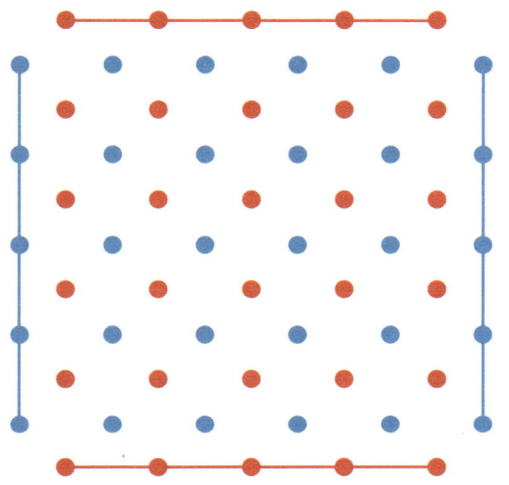

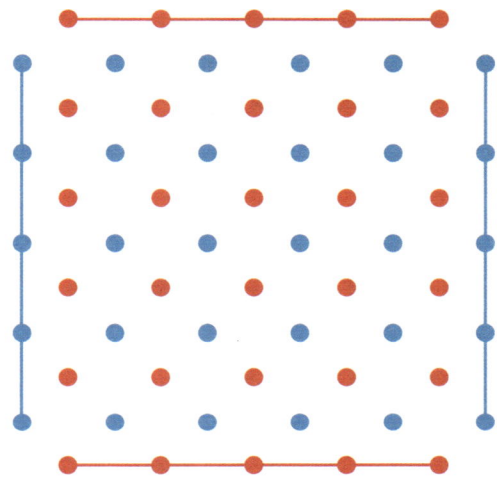

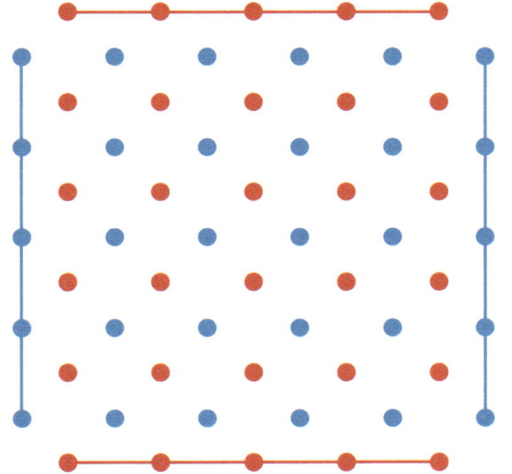

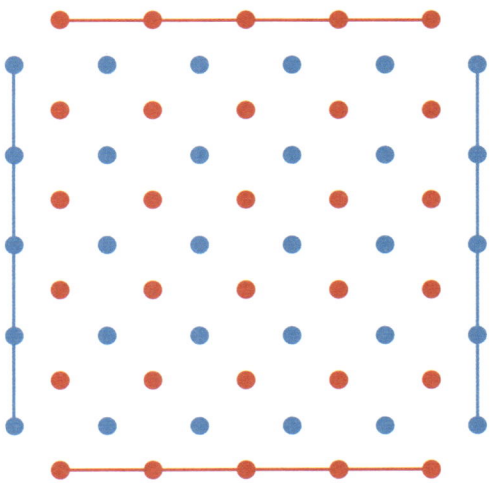

브리지잇의 역사

수학자 데이비드 게일

브리지잇은 미국의 경제학자이자 수학자인 데이비드 게일이 1950년대에 만든 게임이에요. 1958년 유명한 퍼즐리스트인 마틴 가드너는 〈사이언티픽 아메리칸〉에 '게일'이란 이름으로 이 게임을 소개했고 많은 사람에게 알려졌어요.

이후 1960년에 해선펠드 브라더스라는 회사에서 이 게임을 보드게임으로 발매했는데 그때 이름이 '브리지잇'이에요. 브리지잇은 헥스, 점과 상자와 함께 많은 사람에게 알려진 대표적인 연결 게임이에요.

브리지잇의 전략 : 짝짓기 전략

브리지잇은 먼저 시작한 사람에게 필승 전략이 있어요. 이 필승 전략은 수학게임 전문가인 올리버 그로스에 의해 알려졌는데 아주 단순하면서도 멋진 전략이에요. 한번 살펴볼까요?

짝짓기 전략

파란색이 먼저 시작한다고 하자. 파란색은 첫 번째 선을 아래 그림의 왼쪽 위에 그려진 선과 같은 위치에 그린다. 이후 상대방이 선을 그리면 다음 차례에 아래 그림에서 그 선과 만나는 점선의 다른 쪽 끝과 만나도록 선을 그린다.

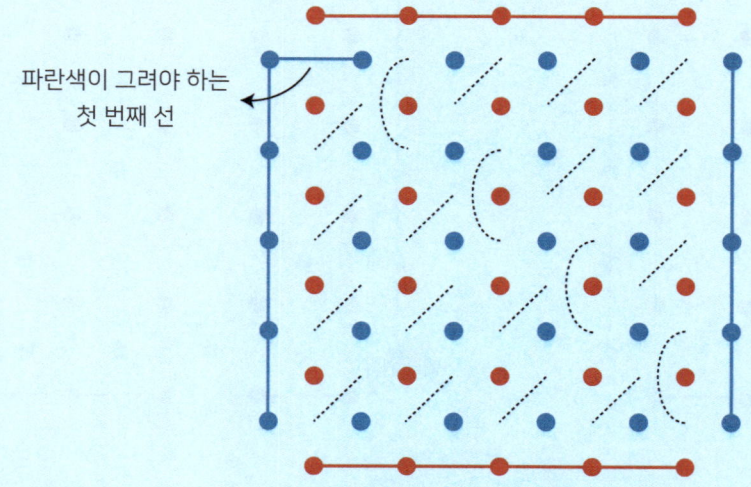

짝짓기 전략은 아래 그림과 같이 좀 더 작은 게임판에서도 사용할 수 있어요. (물론 더 큰 게임판에서도 가능해요.)

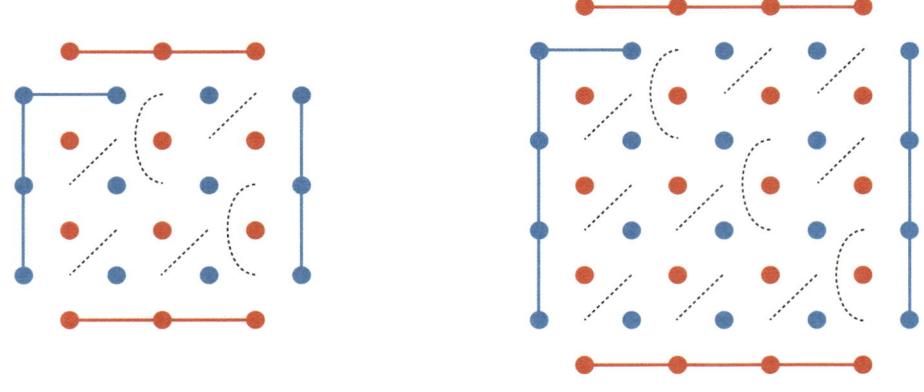

작은 게임판에서의 짝짓기 전략

짝짓기 전략을 이해하기 위해 아래와 같이 작은 게임판에서 생각해 볼까요? 내가 파란색으로 먼저 한다고 하고, 위 왼쪽 그림의 전략에 따라 게임을 할 거예요.

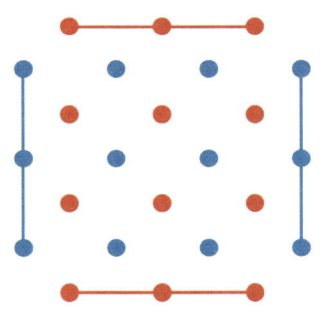

내가 먼저 해야 할 것은 짝짓기 전략에 따라 아래 그림처럼 왼쪽 위에 선을 그리는 거예요.

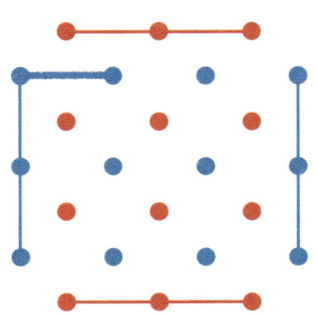

짝짓기 전략!! 정말 멋진걸?

그리고 그다음부터는 상대방이 어디에 선을 그리는지에 따라 파란색이 그려야 하는 선의 위치가 결정돼요.

상대방이 아래 왼쪽 그림처럼 선을 그리면 짝짓기 전략에 따라 아래 오른쪽 그림처럼 선을 그리면 돼요. 빨간색 선과 연결된 점선을 잘 살펴봐요.

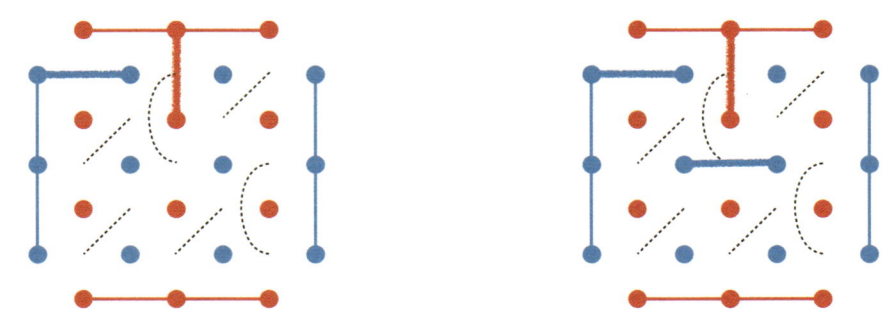

이후에도 짝짓기 전략에 따라 게임을 하면 아래와 같아요.

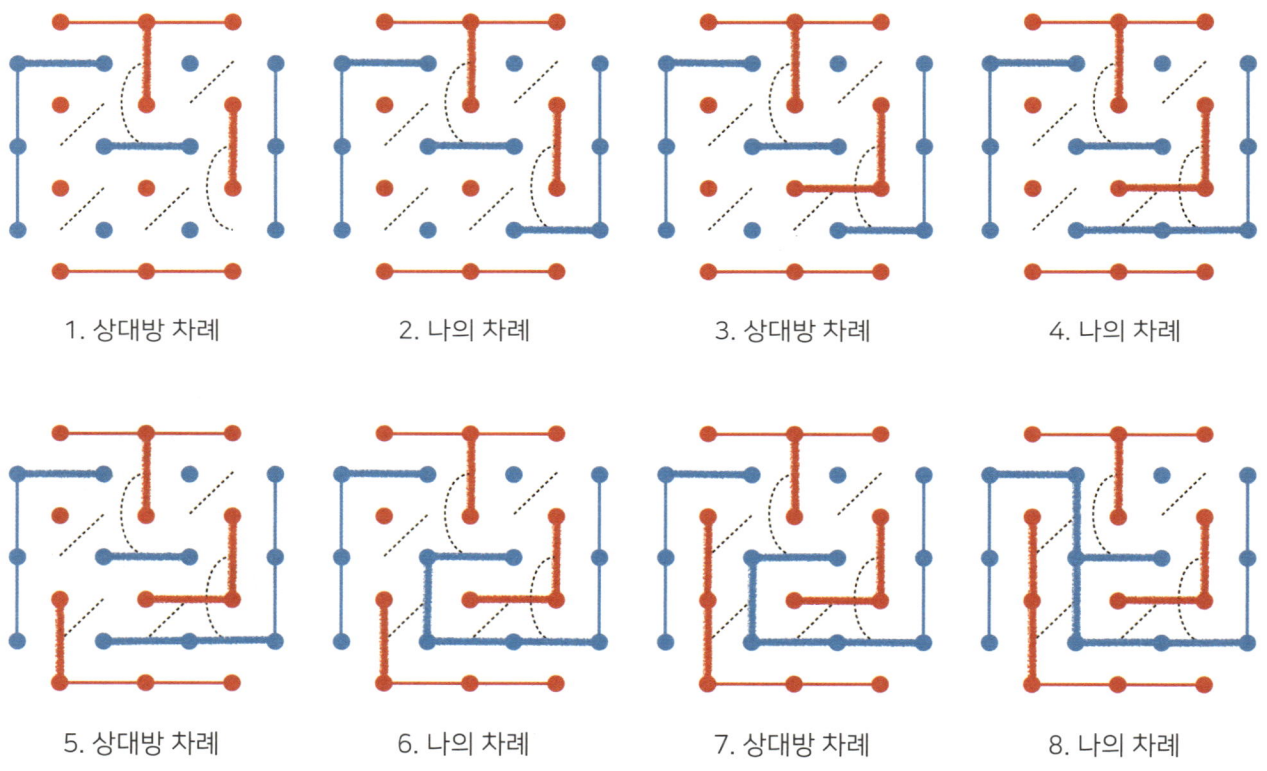

이렇게 짝짓기 전략을 사용하면 먼저 시작한 사람은 게임에서 승리할 수 있어요. 때로 짝짓기 전략을 사용하면 상당히 이상한 곳에 선을 그린다는 느낌이 들 수 있어요. 하지만 그럼에도 짝짓기 전략은 확실하게 승리를 얻을 수 있는 방법이에요.

도전! 게임왕!

정답 204쪽

당신은 빨간색으로 당신이 게임할 차례예요. 어디에 선을 그리는 것이 가장 좋을지 찾아보세요.

9 새싹게임

새싹게임은 수학자 존 콘웨이와 컴퓨터 과학자 마이클 S. 패터슨이 만든 게임이에요. 단순한 규칙에 비해 생각보다 깊은 전략이 필요한 게임으로 다양한 변형 게임이 존재해요.

점만 찍으면 할 수 있는 게임이라니!

게임은 몇 개의 점을 찍은 후 진행되는데 보통 위 그림처럼 두 개의 점에서 시작해요. **두 사람이 하는 게임**으로 두 사람은 규칙에 따라 두 점을 연결하는 선을 그린 후 새로운 점을 추가해요. 더 이상 게임을 진행할 수 없을 때 게임이 종료되고 **마지막으로 게임을 한 사람이 승리**해요. 게임 규칙을 좀 더 구체적으로 알아볼까요?

게임 규칙

1 먼저 시작한 사람은 두 점을 연결하는 선을 그린 후 이 선 위에 점을 하나 추가해요.

먼저 시작한 사람이 두 점을 연결한 선을 그린 후 점을 추가한 상황

2 두 번째로 시작한 사람도 두 점을 연결하는 선을 그린 후 이 선 위에 점을 하나 추가해요.

두 번째로 시작한 사람이 두 점을 연결한 선을 그린 후 점을 추가한 상황

3 선을 그릴 때 다른 선에 닿거나 교차해서는 안 돼요.

다른 선과 만나서 선을 그리는 것이 불가능한 경우(빨간색 선 추가는 불가능)

4 한 점에서 출발해 같은 점으로 연결하는 것은 가능해요.

한 점에서 출발해 같은 점으로 연결한 경우

5 한 점에 연결할 수 있는 선은 최대 세 개예요.

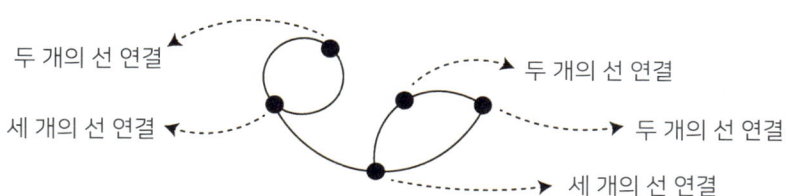

6 마지막으로 게임을 한 사람이 승리해요.

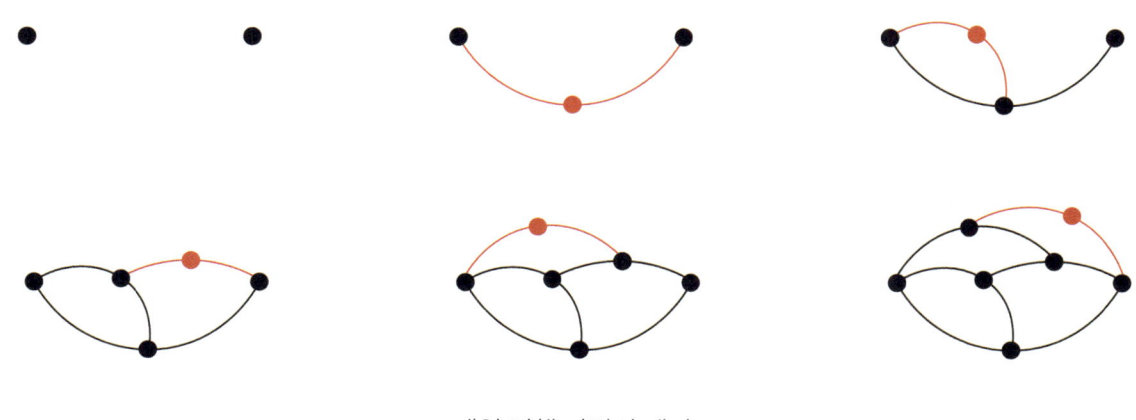

게임 진행 과정의 예시

게임 맛보기

새싹게임을 해 보며 자신만의 전략을 찾아보세요.

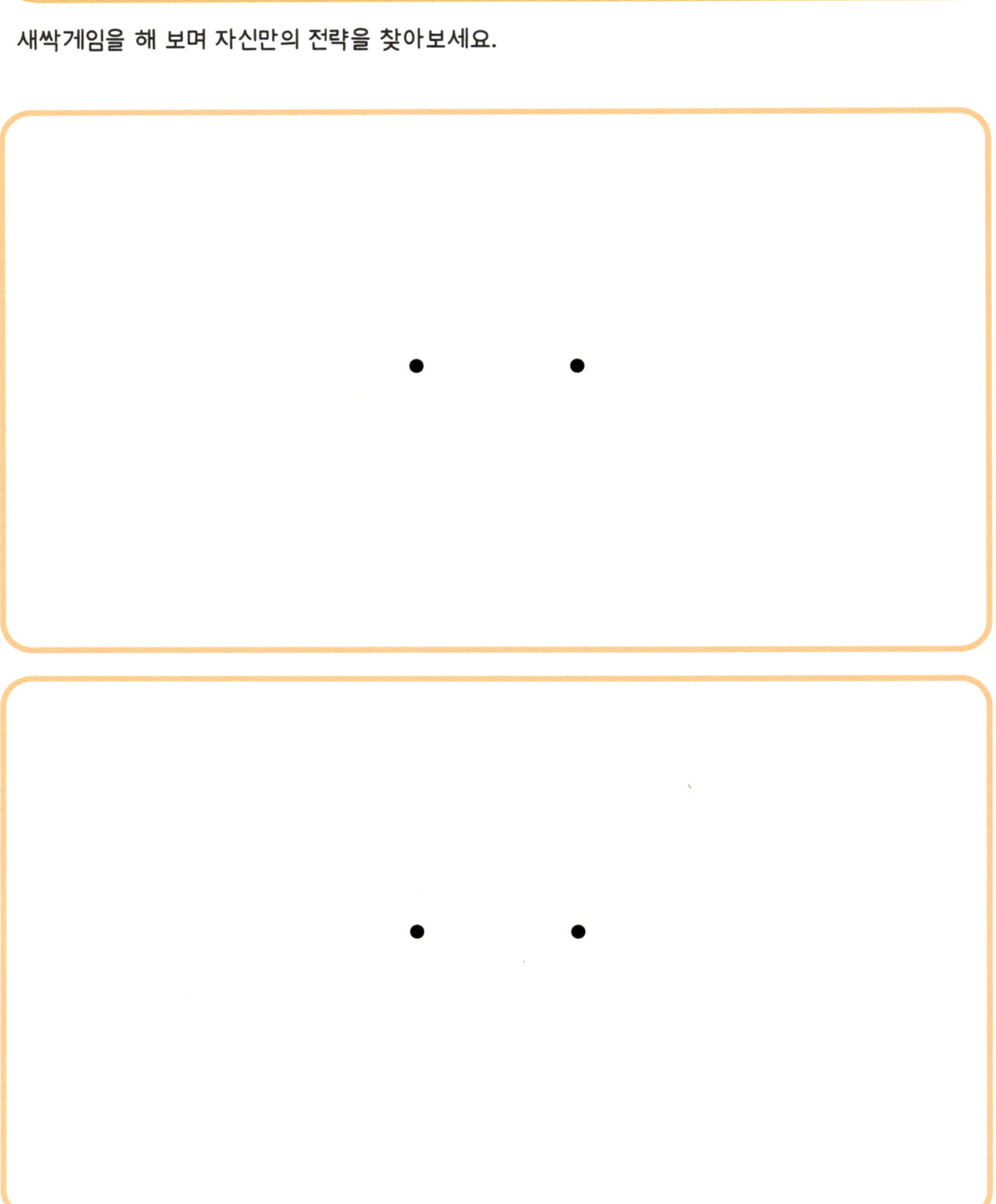

게임 맛보기

아래는 세 개의 점에서 하는 새싹게임이에요. 새싹게임을 해 보며 자신만의 전략을 찾아보세요.

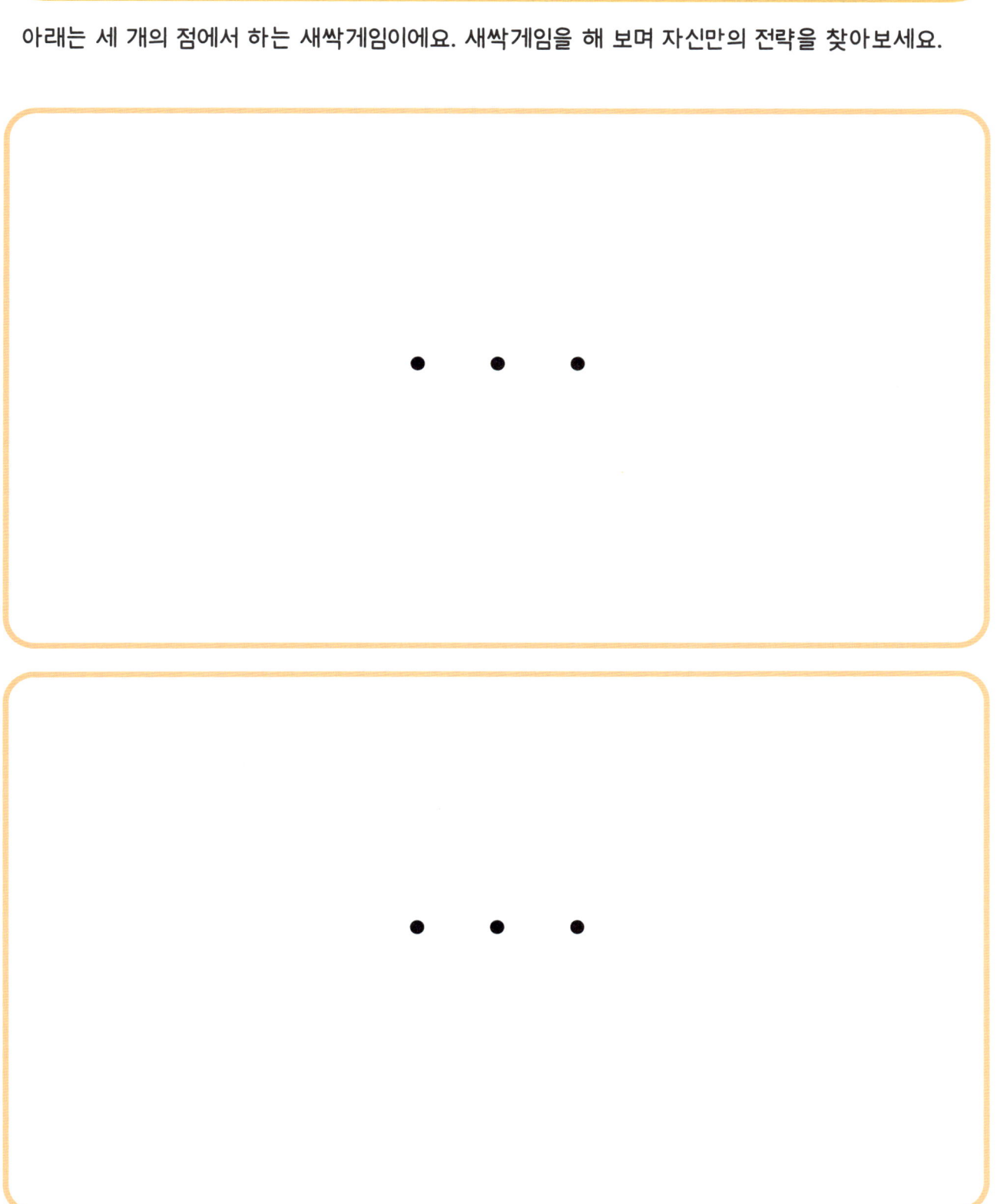

새싹게임의 역사

수학자 존 콘웨이

새싹게임은 1967년에 영국의 케임브리지 대학의 수학 교수였던 존 콘웨이와 당시 대학원생이던 컴퓨터 과학자 마이클 S. 패터슨이 만든 게임이에요. 이 게임은 케임브리지 대학 내에서 큰 인기를 끌었고 다양한 변형 게임이 만들어지며 많은 사람에게 알려졌어요.

존 콘웨이는 수학게임의 필승 전략에 대해 탐구하는 조합 게임 이론의 대표적인 학자로 조합 게임 이론의 아버지라 불릴 정도로 많은 업적을 남겼어요. 또한 수학게임의 필승 전략을 탐구하기 위해 '초현실수'라는 새로운 수 개념을 고안하기도 했어요.

새싹게임의 전략

새싹게임은 단순한 규칙에 비해 진행이 생각보다 복잡해서 전략을 파악하기가 쉽지 않아요. 그래서 여기에선 두 개의 점에서 시작하는 새싹게임에 대해서만 생각해 볼 거예요. 수학자들의 연구 결과에 따르면 **두 점에서 시작하는 새싹게임은 나중에 시작하는 사람에게 필승전략이 존재**해요. 즉, 먼저 시작하는 사람이 어떻게 게임을 진행한다고 해도 나중에 시작하는 사람이 최선의 전략으로 게임을 하면 나중에 시작하는 사람이 승리하게 돼요. 나중에 시작하는 사람은 게임에서 승리하기 위해 어떻게 진행해야 할까요?

위 그림처럼 두 점에서 새싹게임을 할 때, 먼저 시작하는 사람이 할 수 있는 행동은 아래 두 가지예요.

   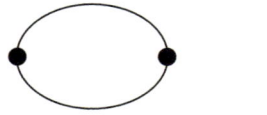

이 중 첫 번째 경우 나중에 시작한 사람은 아래와 같이 게임을 진행할 수 있어요.

그러면 다음 차례에 먼저 시작한 사람이 할 수 있는 행동은 두 가지예요. 하지만 아래 그림에 보이듯 둘 중 어떠한 선택을 해도 나중에 시작한 사람이 승리할 수 있어요.

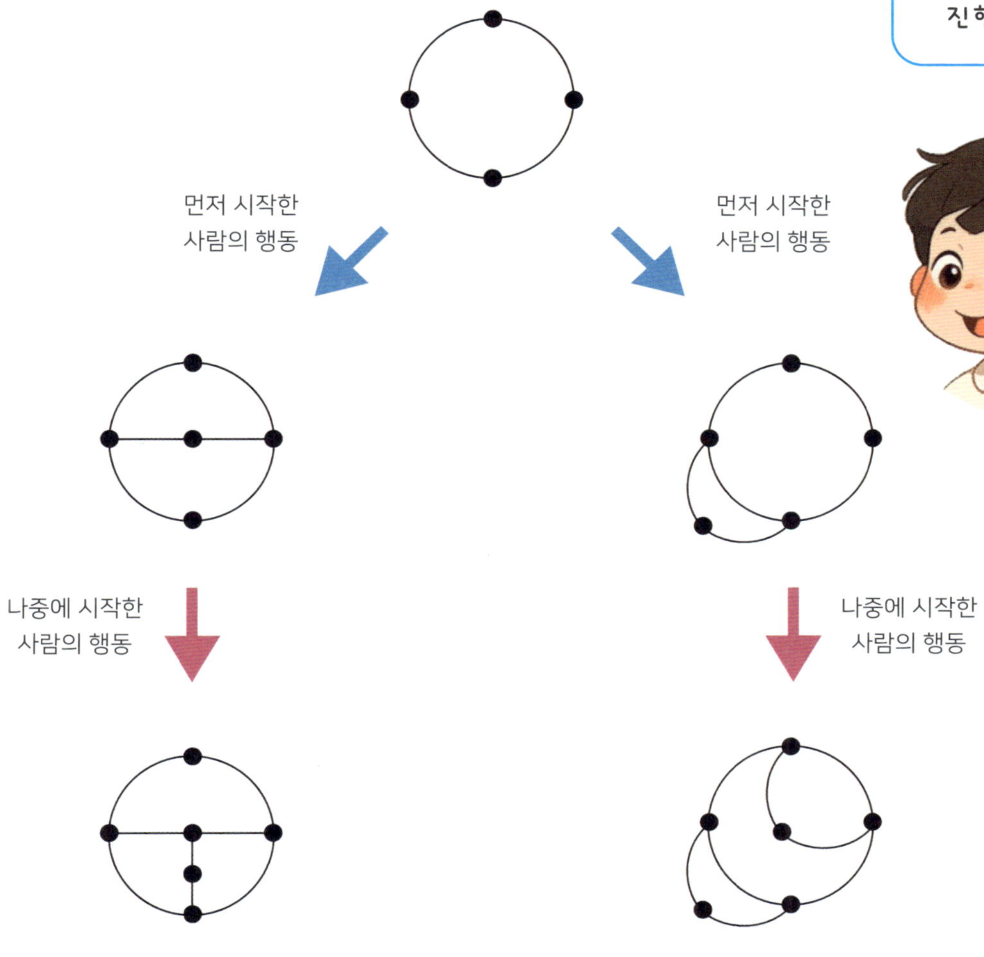

위 그림에서 각 진행의 마지막 게임 상태를 관찰해 보세요. 더 이상 선을 추가할 수 없다는 것을 알 수 있어요. 따라서 먼저 시작한 사람은 이다음 차례에 게임을 진행할 수 없고 나중에 시작한 사람이 마지막으로 게임을 한 사람이 되어 게임에서 승리하는 거예요.

비슷하게 먼저 시작한 사람이 처음 시작한 두 점에서 아래의 왼쪽 그림과 같이 진행했을 때, 나중에 시작한 사람은 아래의 오른쪽 그림처럼 진행할 수 있어요.

그러면 다음 차례에 먼저 시작한 사람이 할 수 있는 행동은 한 가지밖에 없고 아래 그림과 같은 진행을 통해 나중에 시작한 사람이 승리할 수 있어요.

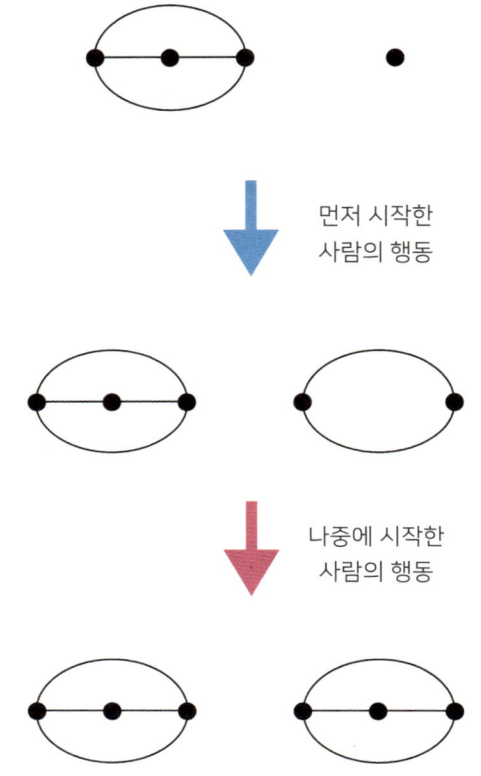

이렇게 두 점에서 시작하는 새싹게임은 나중에 시작하는 사람에게 필승 전략이 존재해요. 세 점에서 시작하는 새싹게임은 어떨까요? 세 점에서 시작하는 새싹게임은 먼저 시작하는 사람에게 필승 전략이 있다는 것이 알려져 있어요. 이를 알아보는 것이 쉽지 않겠지만 그래도 한번 도전해 본다면 흥미로운 도전이 될 것이 분명해요!

도전! 게임왕!

정답 204쪽

아래 상황에서 2번 더 진행 후 게임이 종료되려면 어떻게 하면 되는지 찾아보세요.

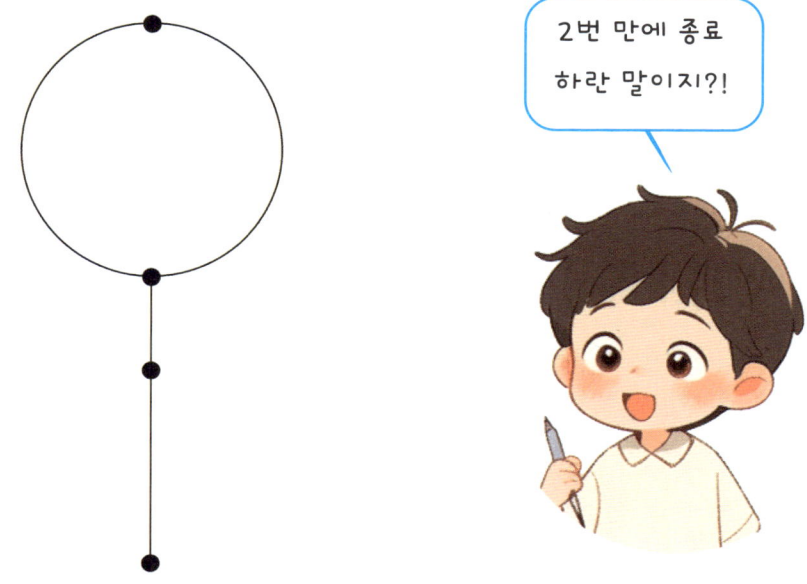

당신이 게임할 차례예요. 어떻게 하는 것이 가장 좋을지 찾아보세요.

10 하켄부시

하켄부시는 수학자 존 콘웨이가 만든 게임이에요. 점과 선으로 된 그림 위에서 진행하는 게임으로 직접 자신이 그린 그림에서 게임을 진행할 수 있기 때문에 자신만의 독특한 하켄부시 문제를 만들 수 있어요.

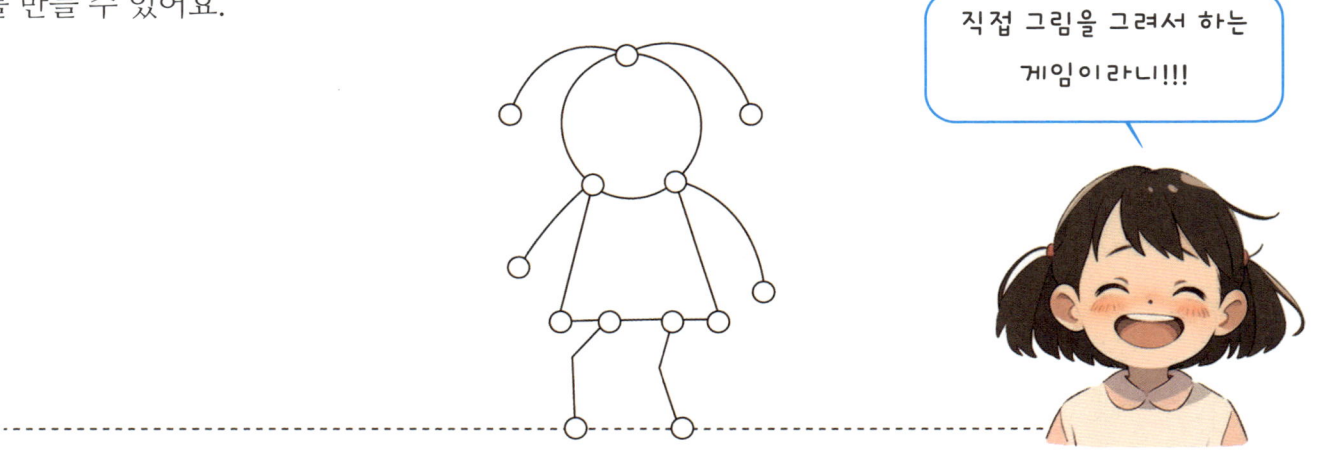

게임은 위 그림처럼 지면 위에 점과 선으로 그려진 그림에서 시작해요. **두 사람이 하는 게임**으로 두 사람은 규칙에 따라 두 점을 연결하는 선을 지우고 **마지막 선을 지우는 사람이 승리**해요. 게임 규칙을 좀 더 구체적으로 알아볼까요?

게임 규칙

❶ 아래 하켄부시 문제에서 아래에 있는 점선을 '지면'이라고 해요. 하켄부시는 이렇게 그려져 있는 문제에서 할 수도 있고, 직접 그림을 그려서 할 수도 있어요.

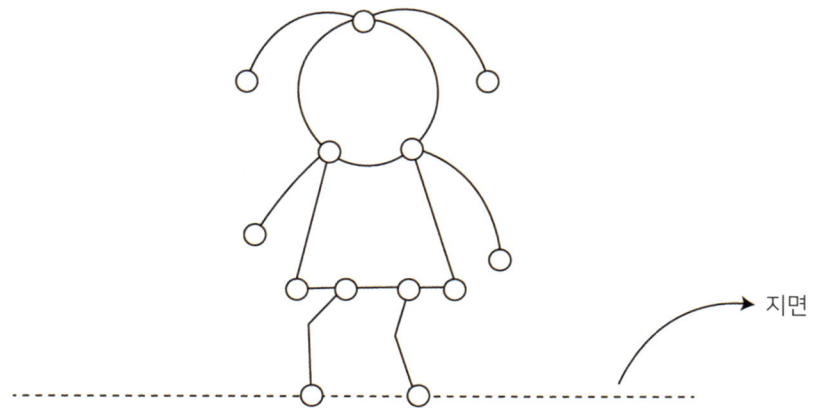

2 먼저 시작한 사람은 그림의 선 하나를 지워요. 만약 볼펜 등으로 그려져 있어 지울 수 없다면 선에 X 표시를 하거나 색칠을 해서 지운 것을 표현해도 돼요.

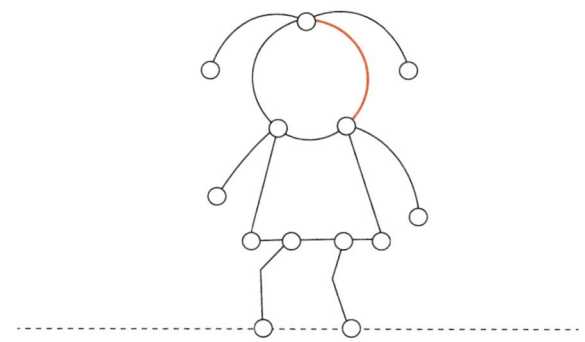

먼저 시작한 사람이 선 하나를 지운 상황(지우는 것을 색칠로 표현)

3 두 번째로 시작한 사람도 그림의 선 하나를 지워요.

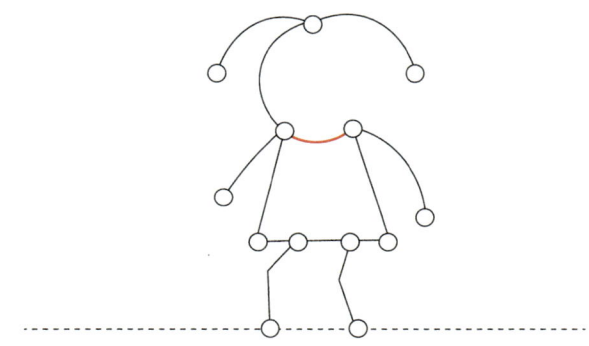

두 번째로 시작한 사람이 선 하나를 지운 상황(지우는 것을 색칠로 표현)

4 선을 지웠을 때 그림의 남은 부분 중 지면과 연결되지 않는 부분이 있으면 같은 차례에 그 부분의 선도 모두 지워요.

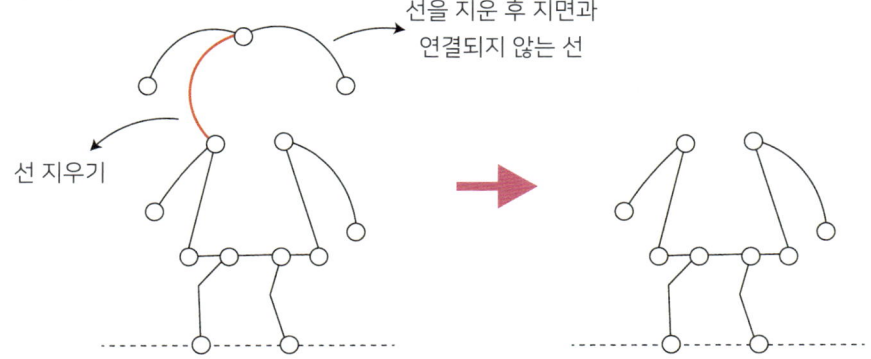

선을 지운 후 같은 차례에 지면과 연결되지 않은 부분까지 모두 지운 모습

5 마지막으로 선을 지운 사람이 승리해요.

게임 맛보기

하켄부시를 해 보며 자신만의 전략을 찾아보세요. (선을 지우는 것 대신 X 표시를 하거나 선에 색칠하기)

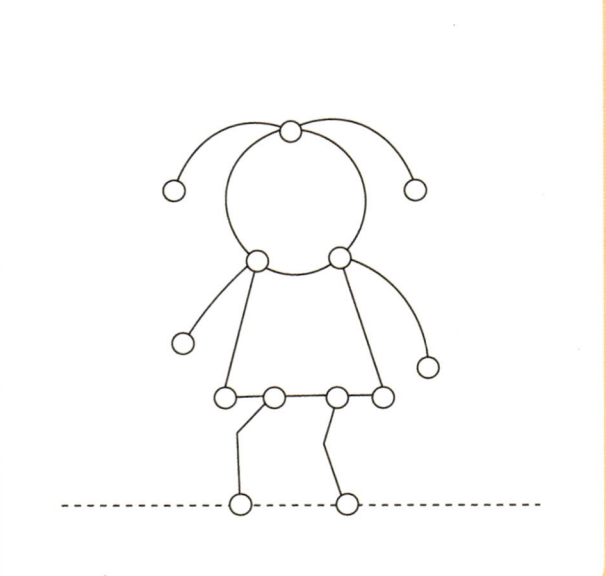

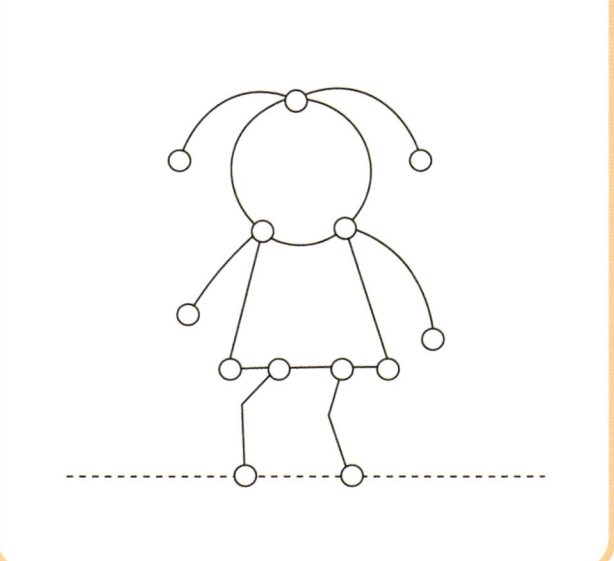

게임 맛보기

하켄부시를 해 보며 자신만의 전략을 찾아보세요. (선을 지우는 것 대신 X 표시를 하거나 선에 색칠하기)

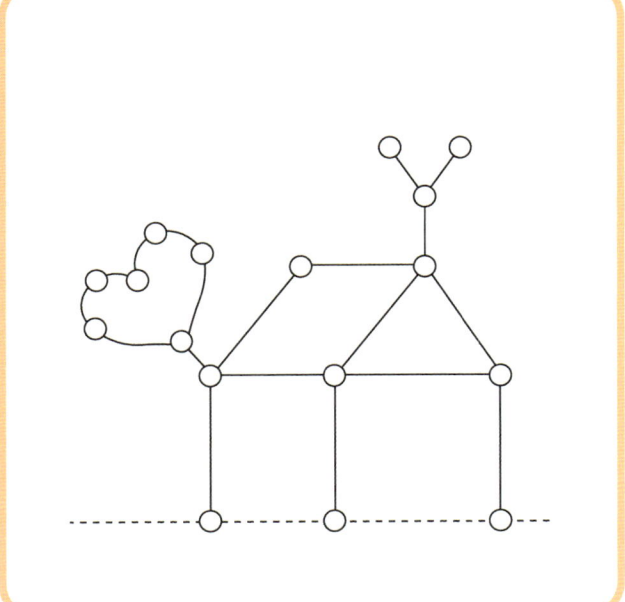
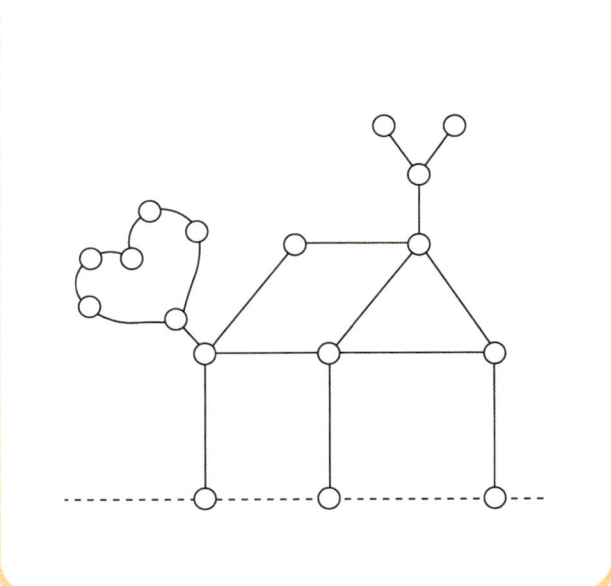
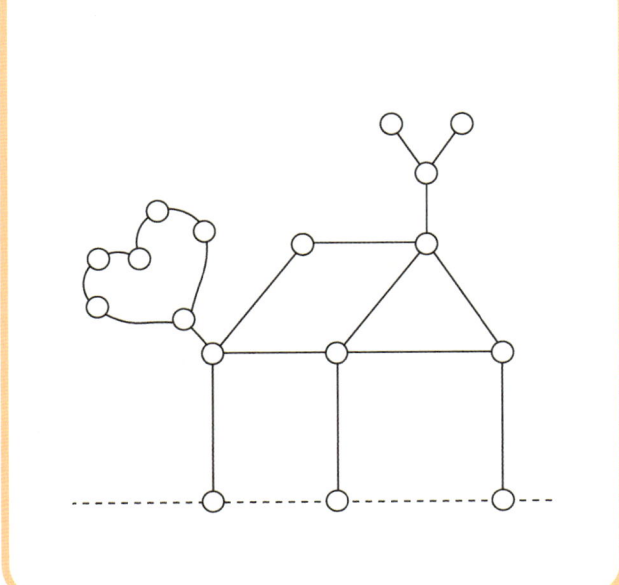
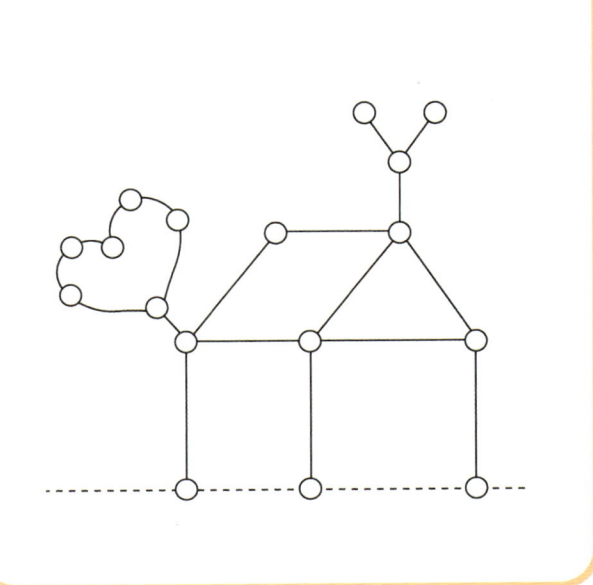

하켄부시의 역사

수학자 존 콘웨이

하켄부시는 수학자 존 콘웨이가 만든 게임이에요. 존 콘웨이는 수학게임의 필승 전략을 탐구하는 조합 게임 이론의 기틀을 만든 수학자로 조합 게임의 여러 이론을 소개할 때 하켄부시 게임을 많이 사용했어요.

하켄부시는 여러 변형 게임이 있는데 그중 하나는 블루-레드 하켄부시예요. 블루-레드 하켄부시는 파란색과 빨간색 선으로 되어 있는데 게임에 참여한 사람 중 한 명은 파란색 선만 지울 수 있고, 다른 한 명은 빨간색 선만 지울 수 있어요.

하켄부시의 전략

하켄부시에는 많은 전략이 알려져 있어요. 그중 몇 가지를 알아볼까요?

하켄부시의 전략 1 : 대칭 전략

연결되어 있지 않은 서로 같은 형태의 두 그림으로 된 하켄부시 게임의 경우 두 번째로 시작한 사람에게 필승 전략이 존재한다. 먼저 시작한 사람이 두 그림 중 한 그림에서 선을 지우면 두 번째로 시작한 사람은 다른 그림의 같은 위치에 있는 선을 지우면 된다. 그리고 이를 반복하면 게임에서 승리한다.

아래 그림을 보면 서로 같은 형태의 그림이 연결되지 않고 따로 그려져 있는 것을 알 수 있어요. 이렇게 그려진 하켄부시의 경우 두 번째로 시작한 사람에게 필승 전략이 존재해요.

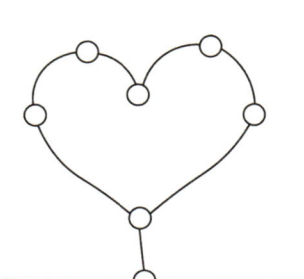

상대 행동을 따라 하는 거구나!!

두 번째로 시작한 사람이 게임에 승리하기 위해 사용할 수 있는 전략은 대칭 전략이에요. 예를 들어 먼저 시작한 사람이 아래 왼쪽 그림처럼 선을 지웠다면 두 번째로 시작한 사람은 아래 오른쪽 그림처럼 다른 그림의 같은 위치에 있는 선을 지우면 돼요. 먼저 시작한 사람이 어떤 선을 지우든 두 번째로 시작한 사람은 항상 지울 수 있는 선이 존재하므로 두 번째로 시작한 사람은 게임에서 승리하게 돼요.

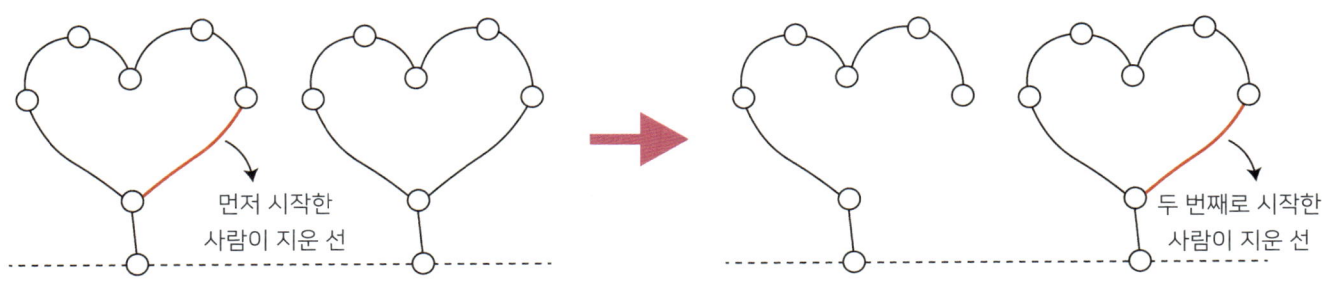

하켄부시의 전략2

지면의 한 점에서 지면의 다른 점으로 연결된 하나의 긴 선 형태의 하켄부시 게임의 경우 선의 개수가 홀수이면 먼저 시작한 사람에게 필승 전략이 존재하고, 선의 개수가 짝수이면 두 번째로 시작한 사람에게 필승 전략이 존재한다.

아래 그림과 같이 지면의 한 점에서 지면의 다른 점으로 연결된 하나의 긴 선 형태의 하켄부시 게임의 경우 선의 개수에 따라 누구에게 필승 전략이 있는지 알 수 있어요.

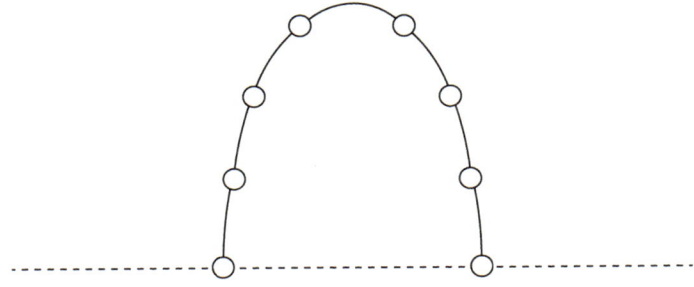

위 그림처럼 선의 개수가 홀수이면 먼저 시작한 사람에게 필승 전략이 존재해요. 먼저 시작한 사람은 다음 쪽의 그림처럼 정가운데 선을 지우면 돼요. 그러면 연결되지 않은 서로 같은 형태의 두 그림이 생기고 대칭 전략을 이용하면 먼저 시작한 사람이 게임에서 승리할 수 있어요.

아래 그림과 같이 선의 개수가 짝수이면 두 번째로 시작한 사람에게 필승 전략이 존재해요.

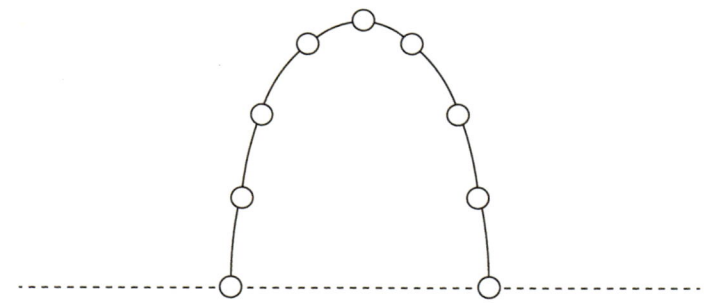

먼저 시작한 사람은 위 그림에서 어떤 선을 지워도 서로 같은 형태의 두 그림을 만들 수 없어요. 하지만 두 번째로 시작한 사람은 먼저 시작한 사람이 지면과 연결되지 않은 선을 지우면 적당한 선을 지워 연결되지 않은 서로 같은 형태의 두 그림을 만들 수 있어요. 그리고 이후 대칭 전략을 사용해 게임에서 승리할 수 있어요. 아래 그림이 그 예예요.

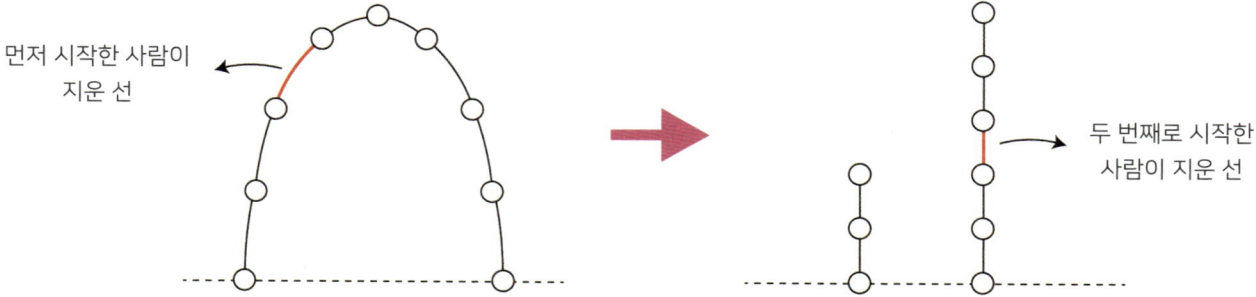

먼저 시작한 사람이 지면과 연결된 선을 지우면 두 번째로 시작한 사람은 다음 쪽의 그림처럼 지면과 연결된 다른 선을 지우면 돼요. 그러면 두 번째로 시작한 사람은 바로 게임에서 승리하게 돼요. 이렇게 먼저 시작한 사람이 어떤 선을 지워도 두 번째로 시작한 사람이 승리할 수 있다는 것을 알 수 있어요.

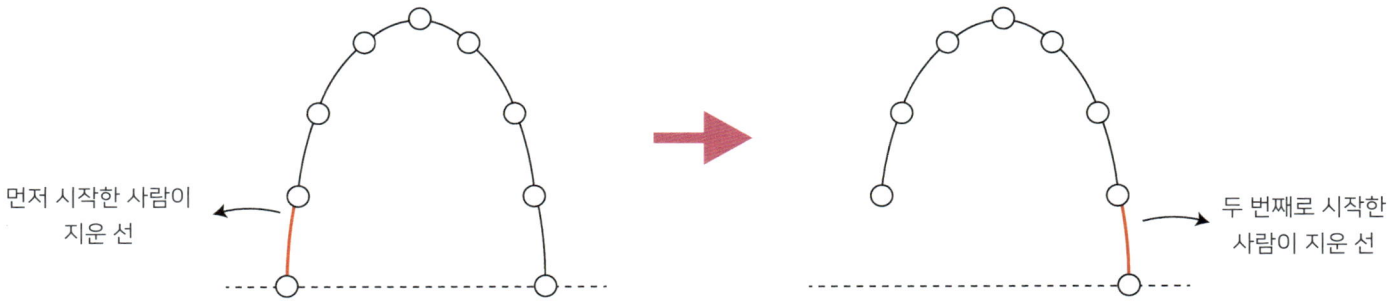

| 먼저 시작한 사람이 지운 선 | | 두 번째로 시작한 사람이 지운 선 |

하켄부시의 전략3

여러 개의 긴 선 형태로 된 하켄부시 게임의 경우 님 게임과 필승 전략이 같다.

하켄부시와 님 게임은 다른 게임처럼 보이지만 특수한 형태의 하켄부시의 경우 님 게임과 같은 게임이라는 것을 알 수 있어요. 예를 들어 아래 하켄부시와 님 게임을 비교해 볼까요?

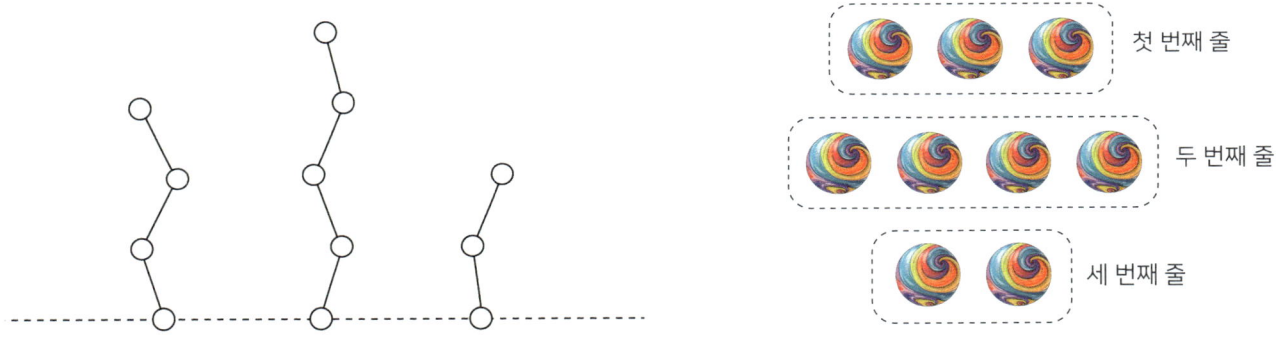

첫 번째 줄
두 번째 줄
세 번째 줄

위 그림 왼쪽의 하켄부시는 여러 개의 긴 선 형태로 되어 있는데 각각 3개, 4개, 2개의 선으로 되어 있어요. 이와 비슷하게 위 그림 오른쪽의 님 게임은 세 개의 줄로 되어 있고 각각 3개, 4개, 2개의 구슬로 이루어져 있어요. 즉, 하켄부시의 선의 수와 님 게임의 구슬의 수가 서로 대응돼요. 이렇게 여러 개의 긴 선 형태로 된 하켄부시의 경우 그에 대응하는 님 게임을 생각할 수 있는데 사실상 할 수 있는 행동과 승리 조건이 같기 때문에 두 게임은 서로 같은 게임이에요.

실제로 위의 하켄부시에서 선을 지우려면 세 줄의 그림 중 한 줄을 선택해 선을 지워야 하고, 님 게임은 세 줄 중 한 줄에서 구슬을 지워야 해요. 또한 님 게임에서 한 줄을 선택해 구슬을 지울 때 어떻게 구슬을 지우든 다른 줄에는 영향을 미치지 않는 것처럼 위 하켄부시에서도 세 줄 중 어떤 줄에서 선을 지우든 다른 줄에는 영향을 미치지 않아요. 그리고 게임을 진행하다가 하켄부시에서는 마지막 선을 지우는 사람이 승리하고, 님 게임에서는 마지막 구슬을 지우는 사람이 승리해요.

만약 하켄부시에서 아래의 왼쪽 그림처럼 가운데 줄에서 선을 지웠다면 그 바로 위 두 선은 지면과 떨어지게 되므로 같이 지워져요. 즉, 세 개의 선이 지워지게 돼요. 그런데 이는 아래의 오른쪽 그림처럼 가운데 줄에서 세 개의 구슬을 지우는 것과 같아요.

이렇게 여러 개의 긴 선 형태로 된 하켄부시의 경우 그와 같은 님 게임이 있으므로 님 게임의 필승 전략을 사용해 게임할 수 있어요. 그렇다면 아래 하켄부시를 님 게임으로 생각해 볼까요? 이번에 할 차례라면 어떤 선을 지워야 승리할 수 있을까요?

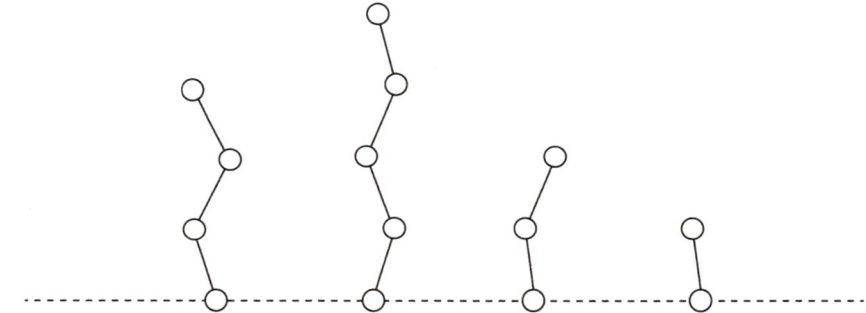

정답은 네 개의 선으로 이루어진 두 번째 줄의 가장 아래 선을 지우는 거예요. 그러면 각각 3개, 2개, 1개로 된 세 줄이 남는데 님 게임의 필승 전략에 따르면 상대가 이 상태에서 게임을 하게 해야 승리할 수 있어요.

지금까지 몇몇 간단한 형태의 하켄부시의 전략을 알아봤어요. 그리고 사실 이외에도 다양한 하켄부시의 전략이 알려져 있어요. 직접 게임을 해 보며 자신만의 하켄부시 전략을 찾아보도록 해요.

도전! 게임왕!

정답 205쪽

아래와 같은 그림에서 하켄부시를 하려고 해요. 먼저 시작하는 사람과 나중에 시작하는 사람 중 누가 더 유리할지 판단해 보세요.

당신이 게임할 차례예요. 어떻게 하는 것이 가장 좋을지 찾아보세요.

내 실력을 보여 주겠어!!!

둘이 놀기 **하켄부시**

11 커넥트 포

커넥트 포는 네 개의 말을 한 줄로 만들면 승리하는 게임이에요. 다른 한 줄 만들기 게임과 달리 말을 위로 쌓는 방식으로 게임이 진행되기 때문에 말을 놓고자 하는 위치 아래에 다른 말이 있어야 말을 놓을 수 있다는 점이 독특한 특징이에요.

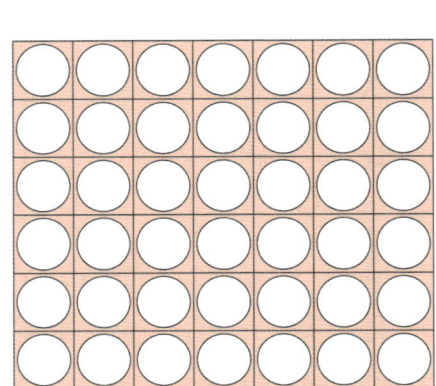

게임은 위 그림과 같은 게임판에서 시작해요. **두 사람이 하는 게임**으로 두 사람은 규칙에 따라 빈칸에 말을 놓고 **자신의 말 네 개를 한 줄로 만들면 승리**해요. 게임 규칙을 좀 더 구체적으로 알아볼까요?

게임 규칙

1 먼저 시작한 사람은 가장 아래 줄의 빈칸 중 한 곳에 말을 놓아요. 펜으로 게임을 할 때는 말을 놓는다는 의미로 빈칸을 자신만의 색으로 칠하면 돼요.

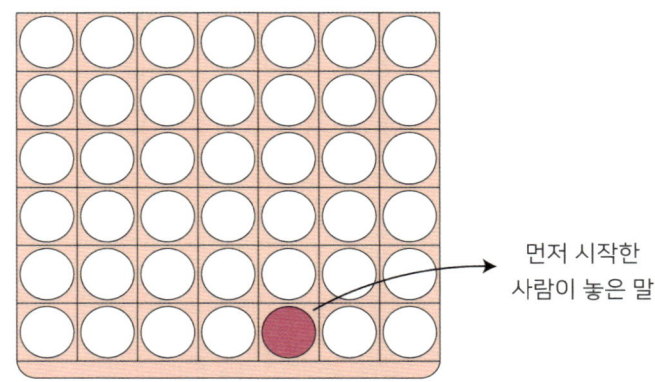

❷ 두 번째로 시작한 사람도 규칙에 맞게 빈칸 중 한 곳에 말을 놓아요. 펜으로 게임을 할 때는 말을 놓는다는 의미로 빈칸을 자신만의 색으로 칠하면 돼요.

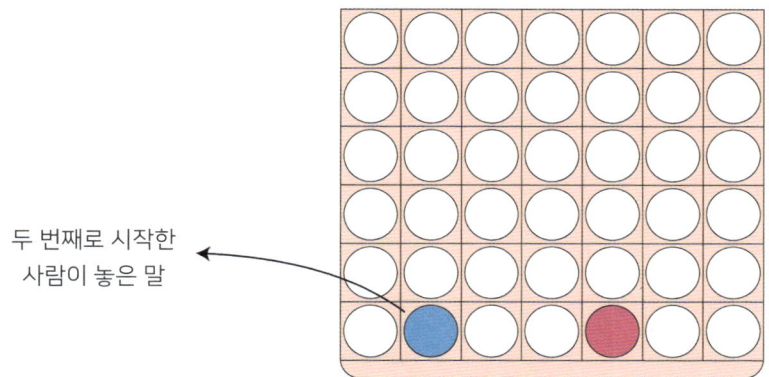

두 번째로 시작한 사람이 놓은 말

❸ 빈칸 중 말을 놓을 수 있는 칸은 가장 아랫줄의 칸이거나 그 칸 아래에 있는 모든 칸에 말이 놓여 있는 칸이에요.

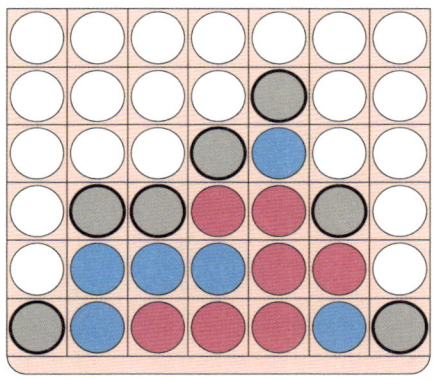

다음 차례에 말을 놓을 수 있는 위치(회색 칸)

❹ 가로, 세로, 대각선 중 한 곳에 자신의 말 네 개를 한 줄로 만들면 승리해요.

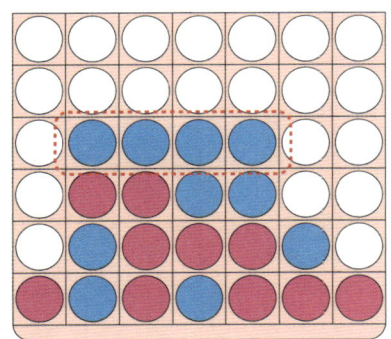 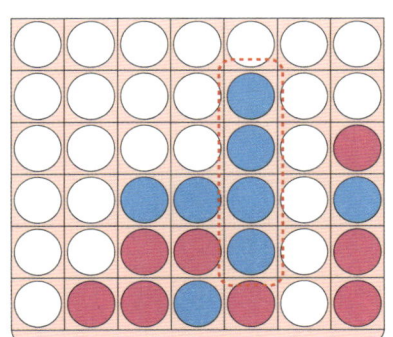 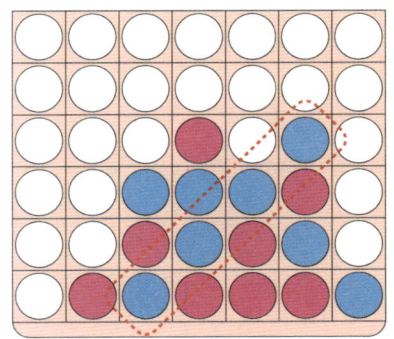

말 네 개를 한 줄로 만들어 승리한 상황(파란색 승리)

게임 맛보기

커넥트 포를 해 보며 자신만의 전략을 찾아보세요.

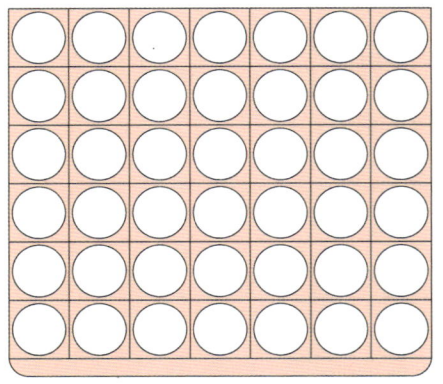
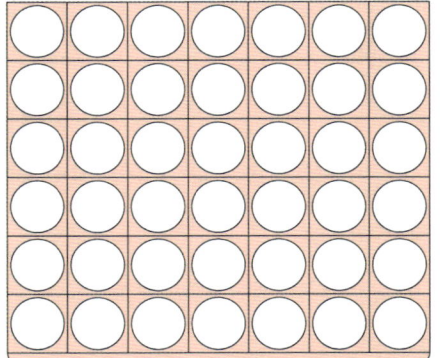
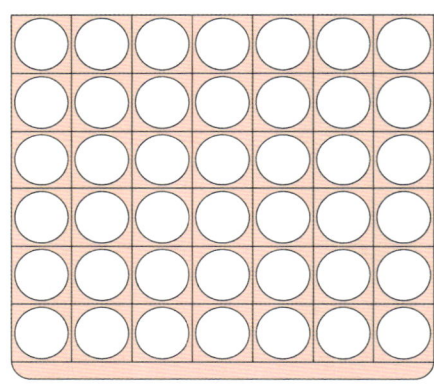
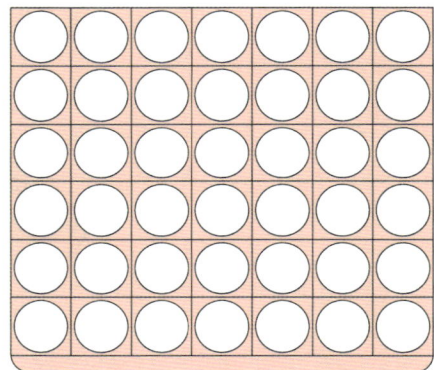
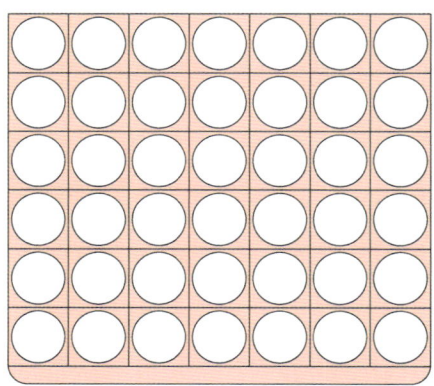
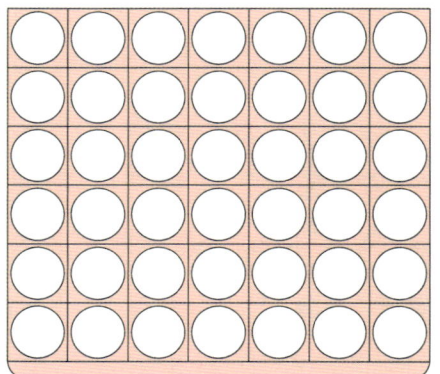

커넥트 포의 역사

영국의 항해사 제임스 쿡

언제부터 커넥트 포가 시작됐는지에 대한 정확한 기록은 없지만, 18세기 영국의 항해사 제임스 쿡 선장이 이와 비슷한 게임을 즐겨했다는 기록은 남아 있어요. 제임스 쿡 선장은 그의 오두막에서 이 게임을 많이 했다고 해요.

1974년 미국의 보드게임 회사인 밀턴 브리들리사는 커넥트 포를 상표로 등록하며 보드게임으로 정식 출시했고, 커넥트 포는 많은 사람들에게 알려지게 됐어요. 1979년에는 비디오 게임과 컴퓨터 게임으로 할 수 있는 커넥트 포가 출시되기도 했어요.

커넥트 포의 오프닝 전략

커넥트 포의 오프닝 전략에 대해 알아볼까요? 오프닝 전략은 먼저 시작하는 사람이 가장 처음에 어느 칸을 차지할지에 관한 전략이에요. 가장 처음에 불리한 칸을 차지하면 이후에 어떻게 해도 이길 수 없기 때문에 가장 처음에 어떤 칸을 차지할지는 정말 중요해요.

수학자들이 커넥트 포를 연구한 결과 먼저 시작한 사람이 승리하려면 가장 아래 줄 정가운데 칸(아래 그림의 노란색 칸)에 말을 놓아야 해요. 그러면 이후 최선의 전략으로 게임을 하면 승리할 수 있어요. 정가운데 칸이 아닌 다른 칸에 처음 말을 놓으면 무승부가 되거나 패배해요. 무승부가 되거나 패배한다는 것은 상대가 최선의 전략으로 게임을 하면 내가 어떻게 게임을 해도 이길 수 없다는 거예요. 따라서 가장 아래 줄 정가운데 말을 놓는 것이 승리를 위한 유일한 수라고 할 수 있어요. 이를 그림으로 나타내면 아래와 같아요.

커넥트 포의 전략 : 추크츠방

커넥트 포의 대표적인 전략은 추크츠방이에요. 추크츠방은 '강제 이동'이라는 뜻을 가진 독일어로 게임을 할 차례인 사람이 나쁜 수를 둘 수밖에 없는 상황을 말해요. 즉, 게임을 할 차례인 사람이 둘 수 있는 모든 수가 자신에게 불리하게 작용하는 상황을 뜻하는 말로 커넥트 포뿐 아니라 다른 게임에서도 많이 사용하는 전략이에요. 대표적으로 체스가 있어요. 커넥트 포를 하며 추크츠방을 통제할 수 있다면 게임에서 승리할 수 있어요. 여기서 추크츠방을 통제한다는 것은 상대방이 계속해서 추크츠방에 빠지는 상황을 만들어가는 것을 말해요.

예를 들어 아래와 같은 게임 상황을 볼까요? 빨간색이 말을 놓는다고 했을 때, 어디에 말을 놓아도 빨간색에게 게임이 불리하게 진행된다는 것을 알 수 있어요. 즉, 빨간색이 추크츠방에 빠진 상황이에요.

실제로 아래 그림과 같이 빨간색 말을 놓을 경우 바로 위의 칸에 파란색이 말을 놓으면 파란색이 빨간색 점선 부분에 자신의 말 네 개를 한 줄로 만들 수 있기 때문에 게임에서 승리하게 돼요. 따라서 이곳에 말을 놓는 것은 빨간색에게 좋은 선택이 아니에요.

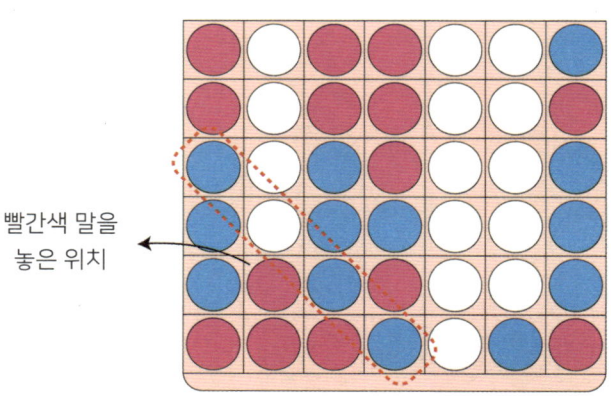

빨간색 말을 놓은 위치

또한 아래 그림과 같이 빨간색 말을 놓을 경우 바로 위의 칸에 파란색이 말을 놓으면 파란색이 빨간색 점선 부분에 자신의 말 네 개를 한 줄로 만들 수 있기 때문에 게임에서 승리하게 돼요. 따라서 이곳에 말을 놓는 것 역시 빨간색에게 좋은 선택이 아니에요.

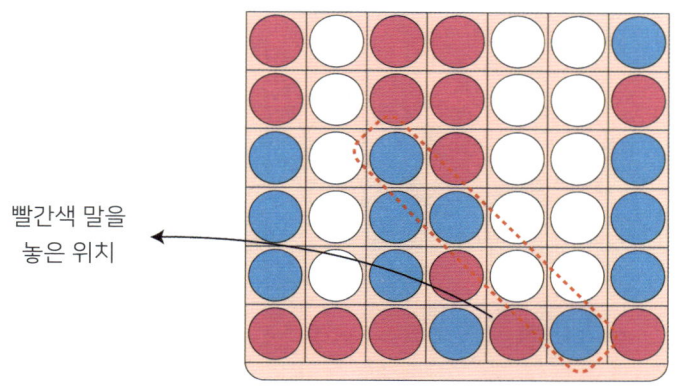

마지막으로 아래 그림처럼 빨간색 말을 놓으면 바로 파란색이 승리하는 것은 아니지만 빨간색 점선 부분에 파란색 말 세 개가 생기므로 빨간색에게는 위협이 돼요. 파란색이 말 하나만 더 놓으면 파란색 말 네 개를 한 줄로 만들 수 있기 때문이에요. 따라서 이곳에 말을 놓는 것도 빨간색에겐 좋지 않아요. 결과적으로 어느 위치에 말을 놓아도 빨간색에게는 좋지 않다는 것을 알 수 있어요.

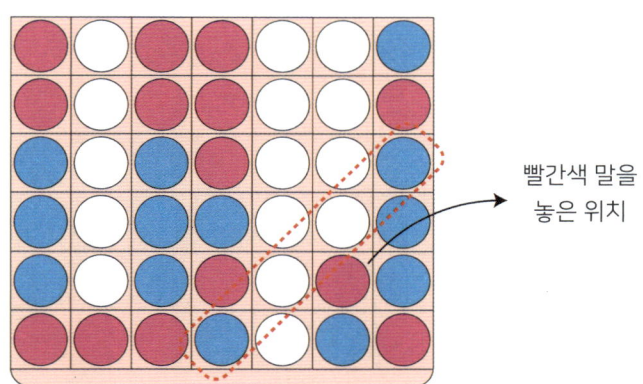

커넥트 포에서 추크츠방은 가장 핵심 전략이라고 할 수 있어요. 따라서 어떻게 게임을 진행해야 상대를 추크츠방에 빠트릴 수 있을지 생각하며 게임을 진행할 필요가 있어요. **특히, 추크츠방이 중요한 경우는 게임 후반이에요.** 게임 후반에 승리하기 위해서는 상대의 수와 나의 수를 계산해 좋은 수를 둘 수 있어야 하는데, 이는 사실상 추크츠방을 통제한다는 것과 같기 때문이에요.

커넥트 포의 전략 : 버티컬

버티컬은 연속된 세로 두 칸 중 한 칸은 반드시 차지할 수 있다는 단순한 사실을 바탕으로 한 전략이에요. 이 사실은 너무나 당연한 것 같지만 잘 활용하면 상대방에게 큰 위협이 될 수 있어요. 아래 그림을 볼까요?

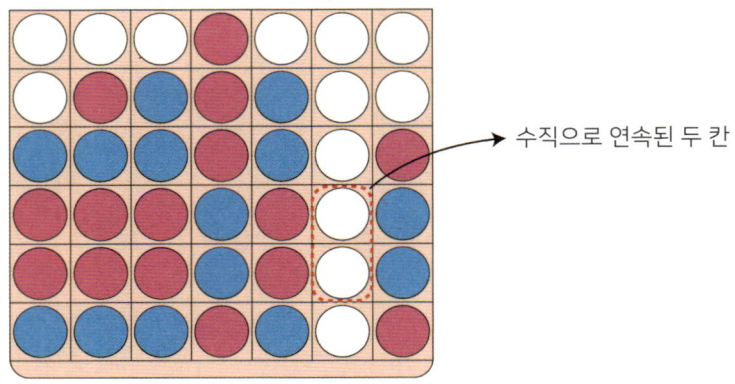

수직으로 연속된 두 칸

위 그림에서 빨간색 점선으로 둘러싸인 부분은 수직으로 연속된 두 칸이므로 빨간색은 두 칸 중 한 칸을 반드시 차지할 수 있어요. 그런데 이 두 칸 중 한 칸이라도 차지하면 빨간색은 승리할 수 있어요. 왜냐면 아래 그림에 보이듯 어떤 경우든 자신의 말 네 개를 한 줄로 만들 수 있기 때문이에요. 따라서 위 그림의 게임 상황에서 누가 할 차례든 빨간색은 게임에서 승리할 수 있어요. 이렇게 버티컬은 단순하지만 잘 활용하면 강력한 무기가 될 수 있어요.

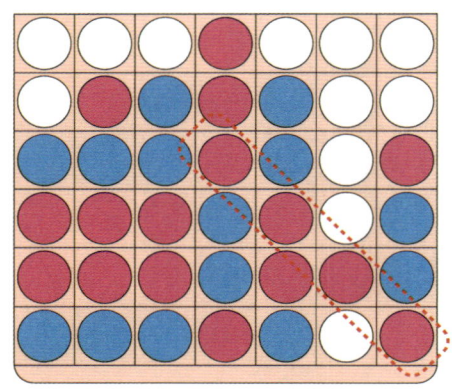 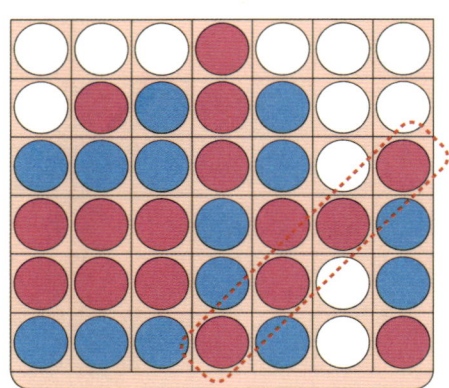

커넥트 포에는 이 외에도 다양한 전략이 존재해요. 자신만의 전략을 찾아 커넥트 포를 즐겨 봐요!

도전! 게임왕!

정답 206쪽

빨간색이 게임할 차례예요. 어떻게 해야 승리할 수 있을지 찾아보세요.

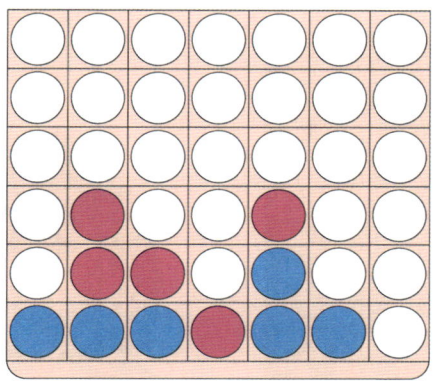
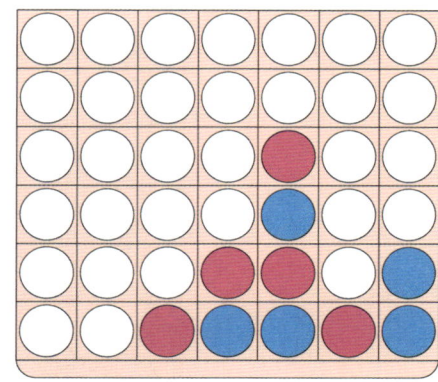
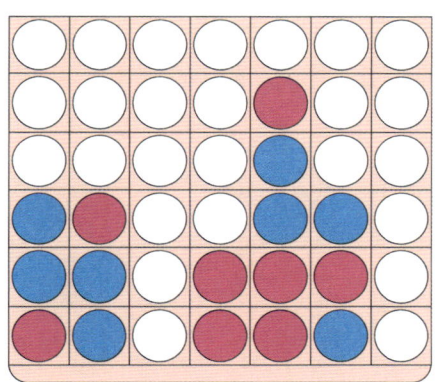
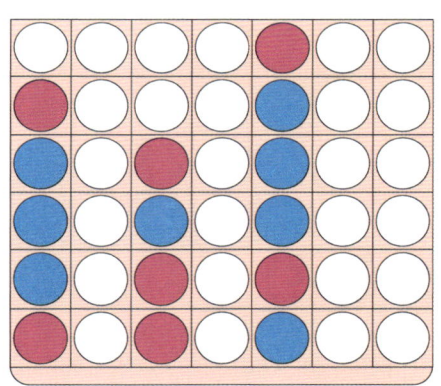
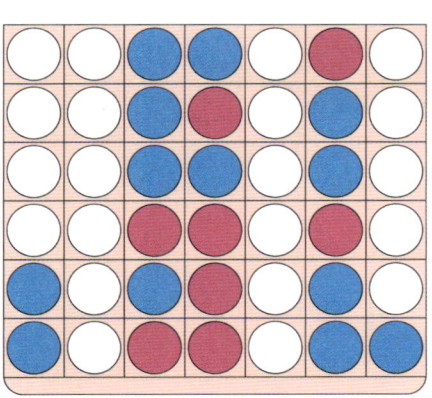

멋지게 해결하겠어!!

12 참프

참프는 두 사람이 규칙에 따라 초콜릿을 가져가는 게임이에요. 수학자 데이비드 게일이 만든 게임으로 게일은 님 게임의 변형 게임 중 하나로 참프를 소개했어요.

내가 좋아하는 초콜릿이네!

게임은 위 그림처럼 초콜릿 바에서 시작해요. **두 사람이 하는 게임**으로 두 사람은 규칙에 따라 초콜릿을 가져가고 **마지막 초콜릿을 가져가는 사람이 패배**해요. 게임 규칙을 좀 더 구체적으로 알아볼까요?

게임 규칙

1 먼저 시작한 사람은 초콜릿 한 칸을 고른 후 그 칸과 그 칸의 오른쪽, 그리고 아래쪽에 있는 초콜릿을 모두 가져가요. 게임을 할 때는 초콜릿을 가져간다는 뜻으로 X 표시를 하세요.

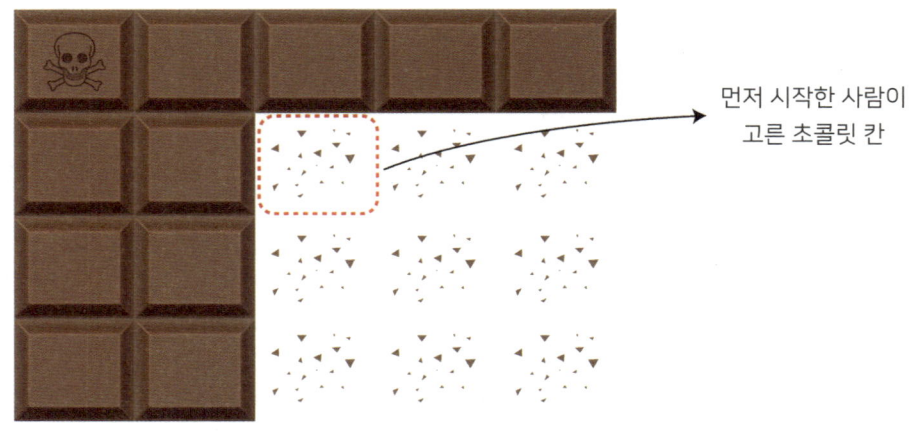

먼저 시작한 사람이 고른 초콜릿 칸

2 두 번째로 시작한 사람도 초콜릿 한 칸을 고른 후 그 칸과 그 칸의 오른쪽, 그리고 아래쪽에 있는 초콜릿을 모두 가져가요. 게임을 할 때는 초콜릿을 가져간다는 뜻으로 X 표시를 하세요.

두 번째로 시작한 사람이 고른 초콜릿 칸

3 이렇게 번갈아가며 초콜릿을 가져가다가 독이 들어 있는 초콜릿(해골이 그려진 초콜릿)을 고르는 사람이 패배해요.

아래는 이준과 이서가 참프 게임을 한 과정을 나타낸 거예요. 이서가 시작한 게임은 이서의 승리로 끝났어요.

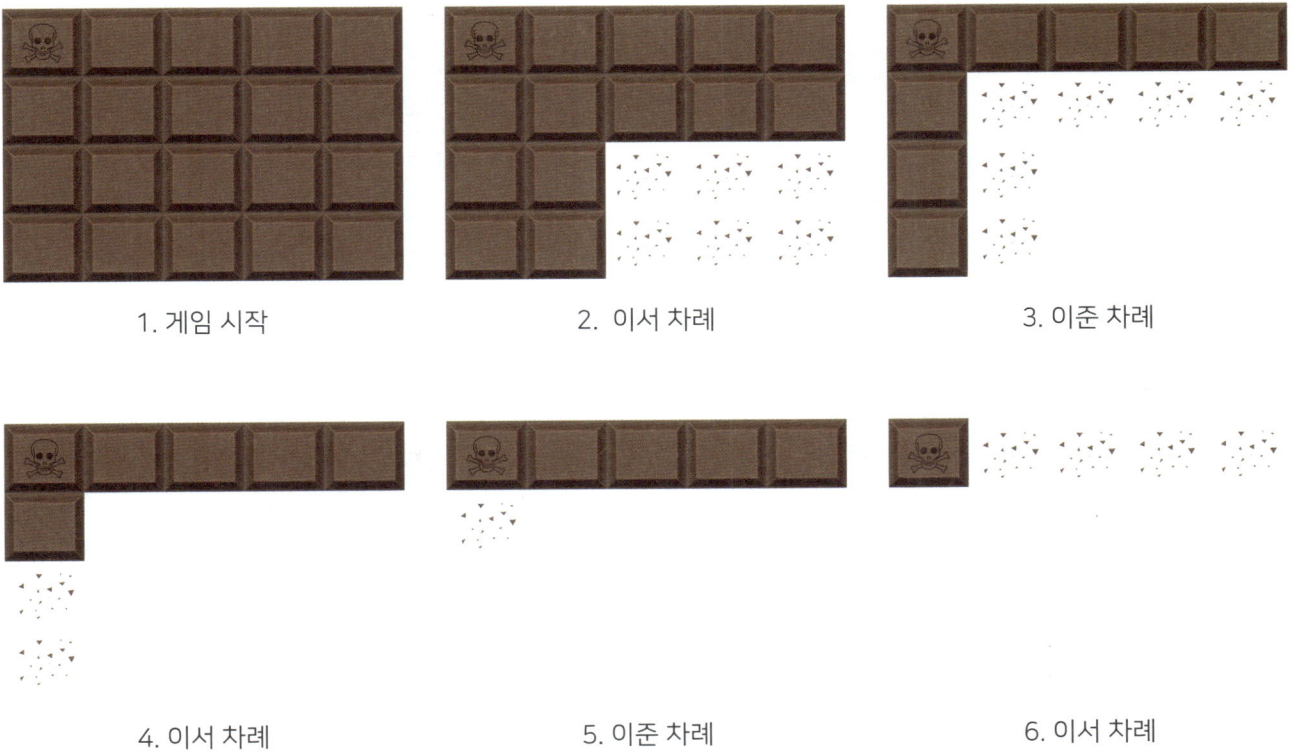

1. 게임 시작
2. 이서 차례
3. 이준 차례
4. 이서 차례
5. 이준 차례
6. 이서 차례

게임 맛보기

참프를 해 보며 자신만의 전략을 찾아보세요. (가져간 초콜릿에 X 표시를 하세요.)

게임 맛보기

참프를 해 보며 자신만의 전략을 찾아보세요. (가져간 초콜릿에 X 표시를 하세요.)

참프의 역사

수학자 데이비드 게일

참프는 미국의 경제학자이자 수학자인 데이비드 게일이 1974년에 만든 게임이에요. 게일은 님 게임의 변형 게임으로 참프를 소개했어요. 게임 이름인 '참프'는 유명한 퍼즐리스트인 마틴 가드너가 처음 사용한 것으로 보여요.

참프는 단순한 규칙에 비해 전략을 파악하기가 어려워요. 그래서 여러 수학자는 참프의 전략에 대해 연구했어요. 참프의 전략을 탐구한 대표적인 수학자는 도른 차일베르거로 세 줄로 된 참프의 전략에 대해 탐구했어요.

참프의 필승 전략

참프의 재미있는 성질 중 하나는 먼저 시작하는 사람이 최선의 전략으로 게임을 하면 항상 승리할 수 있다는 거예요. 즉, 다음이 성립해요.

> **참프의 필승 전략**
>
> 참프는 먼저 시작하는 사람에게 필승 전략이 존재한다.

먼저 시작하는 사람에게 필승 전략이 존재한다는 것은 두 번째로 시작하는 사람이 어떻게 게임을 하든 먼저 시작하는 사람이 최선의 전략으로 게임을 하면 먼저 시작하는 사람이 승리한다는 거예요. 아래 그림에서 진행하는 참프를 통해 왜 먼저 시작하는 사람에게 필승 전략이 있는지 생각해 볼까요?

먼저 시작하는 사람이 아래 그림과 같이 오른쪽 가장 아래 있는 초콜릿 칸을 가져간 경우를 생각해 봐요.

이후 게임 진행은 둘 중 하나예요. 바로 먼저 시작한 사람이 최선의 전략으로 게임을 하면 이기는 경우와 먼저 시작한 사람이 최선의 전략으로 게임을 해도 지는 경우예요. 이 중 먼저 시작한 사람이 최선의 전략으로 게임을 해도 진다는 것은 두 번째로 시작한 사람이 위 그림에서 특정 초콜릿 칸을 선택하면 이후 게임에서 최선의 전략을 통해 이길 수 있다는 거예요. 실제로 두 번째로 시작한 사람이 초콜릿을 가져가 아래 그림처럼 만들면 이후 최선의 전략을 통해 승리할 수 있어요.

먼저 시작하는 것이 유리하구나!

하지만 먼저 시작하는 사람이 처음 차례에 위 그림과 같은 형태가 되도록 만드는 것이 가능하므로 먼저 시작하는 사람에게 필승 전략이 존재한다고 할 수 있어요. 따라서 어떤 경우든 먼저 시작하는 사람에게 필승 전략이 존재해요.

아마도 먼저 시작하는 사람에게 필승 전략이 존재한다면 게임을 할 필요가 있을까라는 생각이 들 수 있어요. 항상 먼저 시작하는 사람이 이긴다면 게임을 하는 의미가 없기 때문이에요. 하지만 먼저 시작하는 사람에게 필승 전략이 존재한다는 것을 안다고 해서 구체적인 승리 방법까지 아는 것은 아니에요. 참프는 생각보다 게임 진행의 경우의 수가 많기 때문에 다양한 진행이 가능하고, 먼저 시작하든 나중에 시작하든 흥미롭게 게임을 할 수 있어요.

정사각형 참프의 전략

정사각형 참프의 전략에 대해 알아볼까요?

정사각형 참프의 전략

정사각형 참프는 먼저 시작하는 사람에게 필승 전략이 존재해요. 먼저 시작하는 사람이 승리하려면 처음 차례에 해골이 그려진 초콜릿 칸 바로 대각선 아래쪽 초콜릿 칸을 선택해야 해요.

위 그림의 정사각형 참프에서 게임 진행할 때 먼저 시작하는 사람이 승리하려면 아래 그림처럼 해골이 그려진 초콜릿 칸 바로 대각선 아래쪽 초콜릿을 선택한 후 초콜릿을 가져가야 해요.

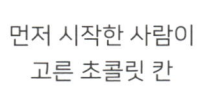
먼저 시작한 사람이 고른 초콜릿 칸

해골 대각선 아래 초콜릿 칸을 선택해야 하는구나!

그러면 위 그림처럼 L자 모양의 초콜릿 바가 생겨요. 이 L자 모양의 초콜릿 바를 보면 해골 오른쪽에 있는 초콜릿 칸의 수와 해골 아래쪽에 있는 초콜릿 칸의 수가 같은데 이후 게임 진행에서 먼저 시작한 사람은 이 수가 서로 같아지도록 게임을 진행해야 해요. 그러면 게임에서 승리할 수 있어요.

예를 들어 두 번째로 시작하는 사람이 위 그림처럼 초콜릿을 가져간다면 다음 차례에 먼저 시작한 사람은 아래 그림처럼 초콜릿을 가져가면 돼요.

그리고 이런 과정을 반복하면 먼저 시작한 사람은 게임에서 승리할 수 있어요.

두 줄로 된 참프의 전략

두 줄로 된 참프의 경우 필승 전략은 아래와 같아요.

두 줄로 된 참프의 전략

두 줄로 된 참프는 먼저 시작하는 사람에게 필승 전략이 존재해요. 먼저 시작하는 사람이 승리하려면 처음 차례에 오른쪽 끝 아래에 있는 초콜릿 칸을 선택해야 해요.

아래와 같이 두 줄로 된 참프에서 필승 전략을 생각해 봐요.

게임에서 승리하려면 먼저 시작하는 사람은 필승 전략에 따라 아래 그림처럼 초콜릿을 가져가야 해요.

이후에는 상대방이 어떤 초콜릿을 가져가는지에 따라 가져가야 하는 초콜릿이 결정돼요.

만약 두 번째로 시작한 사람이 위 그림에서 1번이 쓰여 있는 초콜릿 칸을 선택해 초콜릿을 가져가면, 먼저 시작한 사람은 다른 1번이 쓰여 있는 초콜릿 칸을 선택해 초콜릿을 가져가면 되고, 두 번째로 시작한 사람이 2번이 쓰여 있는 초콜릿 칸을 선택해 초콜릿을 가져가면, 먼저 시작한 사람은 다른 2번이 쓰여 있는 초콜릿 칸을 선택해 초콜릿을 가져가면 돼요. 마찬가지로 두 번째로 시작한 사람이 위 그림에서 3번이 쓰여 있는 초콜릿 칸을 선택해 초콜릿을 가져가면, 먼저 시작한 사람은 다른 3번이 쓰여 있는 초콜릿 칸을 선택해 초콜릿을 가져가면 돼요. 그리고 이런 과정을 통해 먼저 시작한 사람은 게임에서 승리할 수 있어요.

상대가 어떤 초콜릿 칸을 선택하는지 잘 확인해야겠어!

세 줄로 된 초콜릿 바나 네 줄로 된 초콜릿 바에서 진행되는 게임의 경우도 이런 비슷한 방법을 통해 필승 전략을 생각해 볼 수 있어요. 그리고 그 과정에서 자연스럽게 앞에서 알아본 필승 전략이 활용돼요. 간단한 형태부터 시작해 세 줄 이상으로 된 초콜릿 바에서의 필승 전략을 확인해 보세요. 새로운 전략을 찾는 과정에서 수학의 재미를 느낄 수 있을 거예요!

도전! 게임왕!

정답 206쪽

당신이 게임할 차례예요. 어떻게 하는 것이 가장 좋을지 찾아보세요.

정답과 설명

혼자 놀기

1. 테트라스퀘어

혼자 놀기 12 ~ 13쪽 게임 맛보기

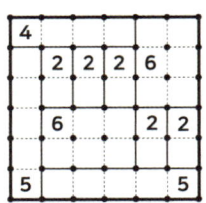
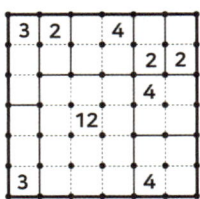

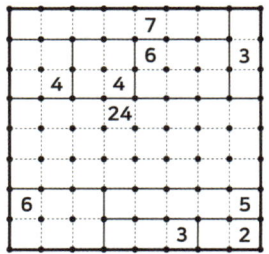
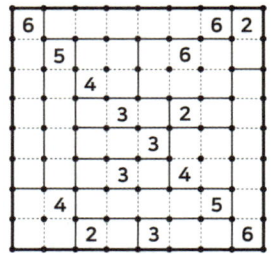

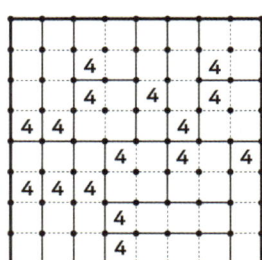
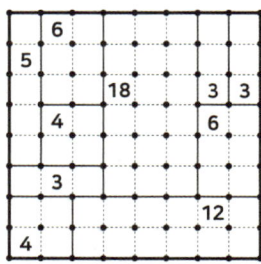

혼자 놀기 20 ~ 21쪽 도전! 게임왕!

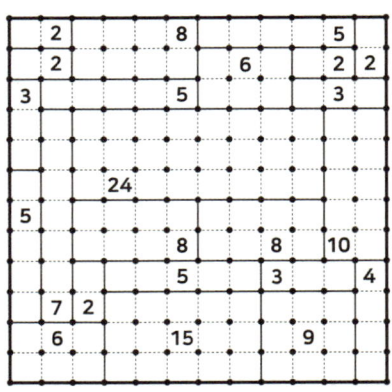

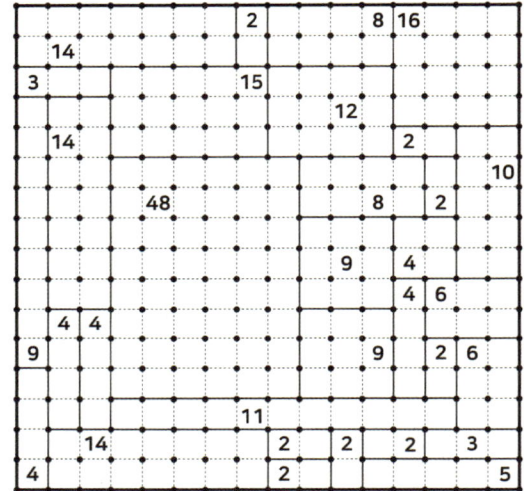

3. 배틀쉽 솔리테어

혼자 놀기 35 ~ 36쪽 게임 맛보기

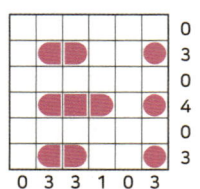
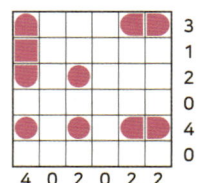

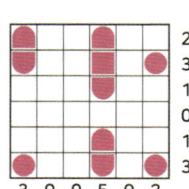
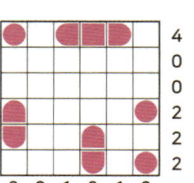

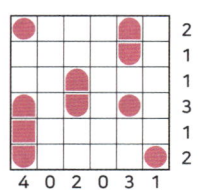
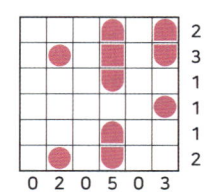

4. 지뢰찾기 퍼즐

혼자 놀기 46쪽 게임 맛보기

혼자 놀기 42 ~ 43쪽 도전! 게임왕!

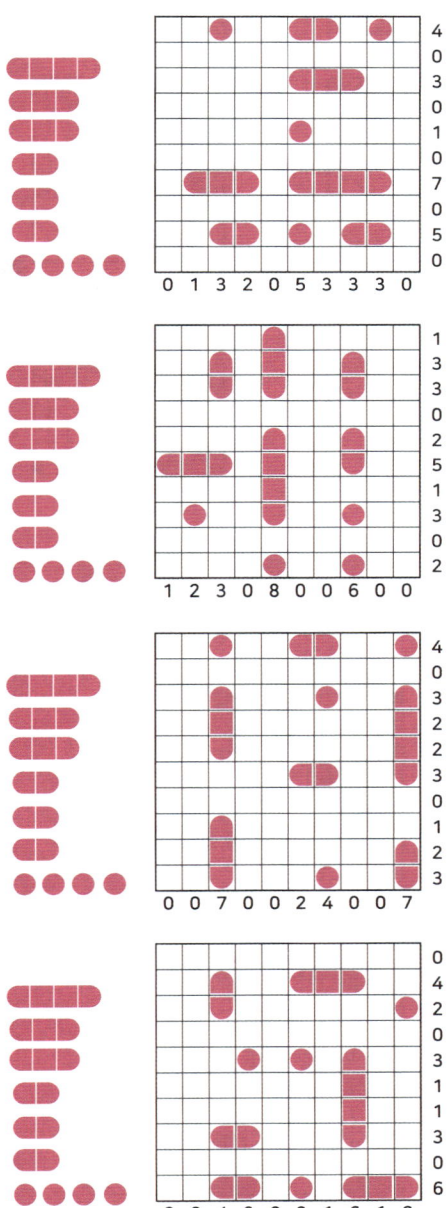

혼자 놀기 51쪽 도전! 게임왕!

5. 넘버링크

혼자 놀기 54쪽 게임 맛보기

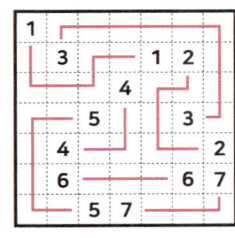
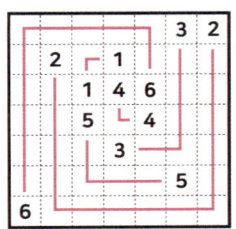

혼자 놀기

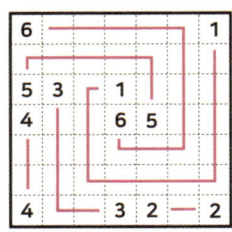

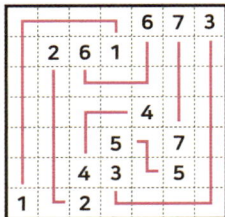
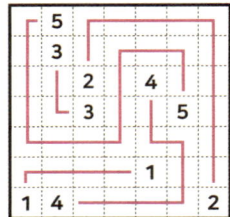

6. 카쿠로

혼자 놀기 60쪽 게임 맛보기

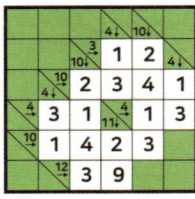

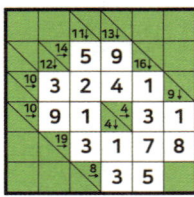
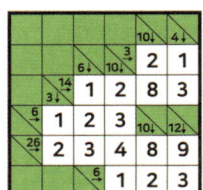

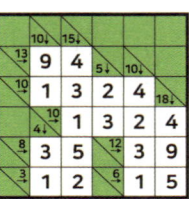

혼자 놀기 57쪽 도전! 게임왕!

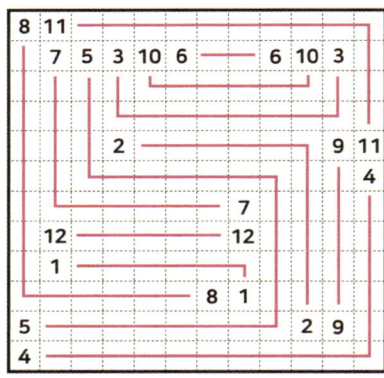

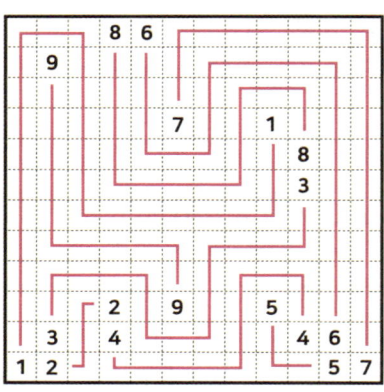

혼자 놀기 65쪽 도전! 게임왕!

7. 스카이스크래퍼

혼자 놀기 68쪽 게임 맛보기

	3	1	2	3	
2	1	4	3	2	3
2	2	1	4	3	2
1	4	3	2	1	4
2	3	2	1	4	1
	2	3	3	1	

	3	3	1	2	
2	2	1	4	3	2
2	3	2	1	4	1
2	1	4	3	2	3
1	4	3	2	1	4
	1	2	3	3	

		2	3		
2	3	2	1	4	
1	4	1	3	2	3
	2	3	4	1	2
2	1	4	2	3	
	3	1	2		

	1	3			
	4	1	2	3	2
2	3	2	4	1	
	1	4	3	2	3
3	2	3	1	4	1
		2	3		

		2	3		
1	4	3	1	2	
	1	4	2	3	
	2	1	3	4	1
	3	2	4	1	
		2	2		

	1	2	2		
	1	4	2	3	
3	2	3	1	4	
2	3	2	4	1	2
	4	1	3	2	3
	1	2	2		

혼자 놀기 73쪽 도전! 게임왕!

	1	5	4	3	2	
1	5	1	2	3	4	2
5	1	2	3	4	5	1
4	2	3	4	5	1	2
3	3	4	5	1	2	3
2	4	5	1	2	3	2
	2	1	2	2	2	

	2	2	5	3	1	
3	3	4	1	2	5	1
1	5	1	2	3	4	2
2	4	2	3	5	1	2
1	2	5	4	1	3	3
3	1	3	5	4	2	3
	4	2	1	2	4	

	1	2	2	3	2	
1	5	2	3	1	4	2
2	1	5	2	4	3	3
2	4	3	1	5	2	
3	3	4	5	2	1	
3	2	1	4	3	5	1
	4	3	2	2	1	

	2	4	2	1	2	
4	1	2	4	5	3	2
1	5	3	2	4	1	3
3	2	4	1	3	5	1
	3	1	5	2	4	
	4	5	3	1	2	3
	2	1	2	5	3	

8. 릿츠

혼자 놀기 76쪽 게임 맛보기

혼자 놀기 81쪽 도전! 게임왕!

199

둘이 놀기

1. 님 게임

둘이 놀기 91쪽 도전! 게임왕!

풀이1

앞에서 소개한 〈님 게임의 전략2〉에 따르면 상대방이 아래와 같은 상태에서 게임을 하도록 해야 해요.

(2, 5, 7), (3, 4, 7), (3, 5, 6)

따라서 게임에 승리하기 위해서는 첫 번째 차례에 구슬을 하나만 가져가야 해요. 이 구슬은 첫 번째 줄, 두 번째 줄, 세 번째 줄 중 어디서 가져가든 상관없어요. 이후 상대가 어떻게 하든 〈님 게임의 전략2〉에 따라 게임을 하면 게임에서 승리할 수 있어요.

풀이2

게임에 승리하기 위해서는 나중에 시작하는 것이 좋아요. 이때의 전략은 상대와 대칭적으로 행동하는 거예요.

만약 상대가 구슬이 하나 있는 줄에서 구슬을 가져가면 나도 구슬이 하나 있는 줄에서 구슬을 가져가고, 상대가 구슬이 두 개 있는 줄에서 구슬을 가져가면 나는 구슬이 두 개 있는 다른 줄에서 같은 수의 구슬을 가져가요. 이를 반복하면 게임에서 승리할 수 있어요.

즉, 첫 번째 차례에 상대가 구슬을 어떻게 가져가는지에 따라 (2, 2), (1, 1), (1, 1, 1, 1) 중 하나의 형태를 만들면 게임에서 승리할 수 있어요.

2. 틱택토

둘이 놀기 97쪽 도전! 게임왕!

풀이1

아래 그림과 같이 X 표시를 하면 상대방이 어떻게 하든 상관없이 포크 전략을 사용해 승리할 수 있어요.

풀이2

아래 그림과 같이 1번 위치에 O를 표시해야 해요. 1번 위치에 표시한다고 승리하는 것은 아니지만 이후 잘 표시하면 패배하지도 않아요. 실제로 그런지 직접 해 보며 확인해 보세요.

반면 다른 위치에 O를 표시하면 상대가 승리할

수 있어요. 예를 들어 아래 그림처럼 2번 위치에 O를 표시한 경우를 생각해 볼까요?

이후 상대가 아래와 같이 표시하면 나는 이것을 막을 수밖에 없어요.

다음에 상대가 다음 그림과 같이 표시하면 상대는 포크 전략으로 승리할 수 있어요.

3번 위치에 O를 표시한 경우에도 비슷한 방식으로 상대가 승리할 수 있어요.

3. 점과 상자

둘이 놀기 107쪽 **도전! 게임왕!**

풀이1

모든 작은 정사각형에 두 개의 선이 그려져서 작은 정사각형 하나를 선택해 세 번째 선을 그려야 한다면 이미 그려진 선에 의해 나눠진 영역 중 작은 쪽 영역에 선을 그려야 해요. 이 문제는 세 개의 영역으로 나눠지므로 아래 그림처럼 왼쪽 위 한 칸짜리 영역에 선을 그리는 것이 가장 좋아요.

그리고 이후 최선의 전략으로 게임을 진행하면 최소 6개의 칸을 차지할 수 있어요.

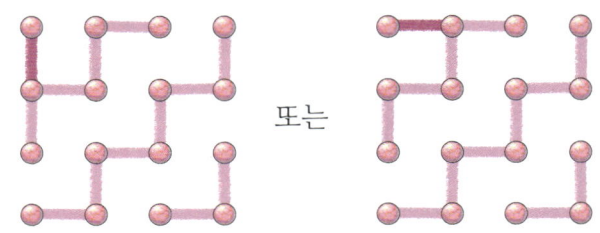

또는

둘이 놀기

풀이2

이중 거래 전략에 따라 아래 그림처럼 선을 그리는 것이 가장 좋아요. 그리고 이때 상대방에게 최소 5점 차이로 승리할 수 있어요.

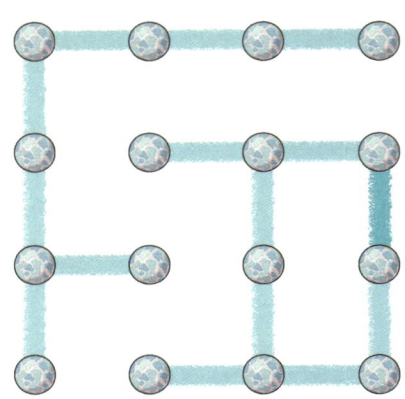

4. 헥스

둘이 놀기 119쪽 **도전! 게임왕!**

풀이1

아래 그림의 빨간색 원이 위치한 칸을 차지하는 것이 좋아요. 그러면 상대방의 연결을 끊으면서 나의 두 변을 연결할 수 있어요.

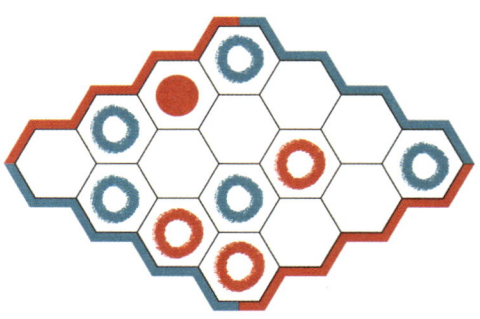

풀이2

아래 그림의 파란색 원이 위치한 칸을 차지하는 것이 좋아요. 그러면 이후 다리 두기나 변 템플릿 등의 전략을 사용해 게임에서 승리할 수 있어요.

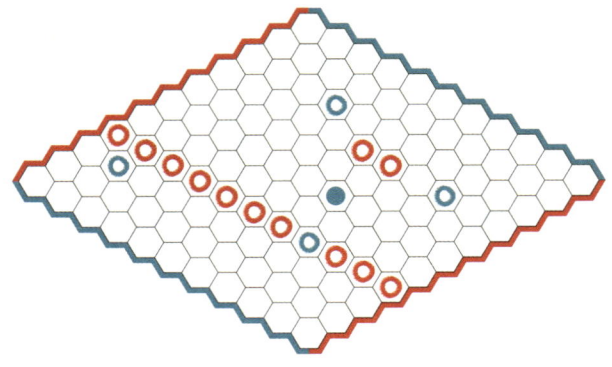

5. 자동차경주 게임

둘이 놀기 132 ~ 133쪽 **도전! 게임왕!**

풀이1

아래 그림처럼 이동하는 것이 출발 지점에서 가장 멀리 이동하는 거예요. 다른 방향으로도 이와 비슷하게 이동할 수 있어요.

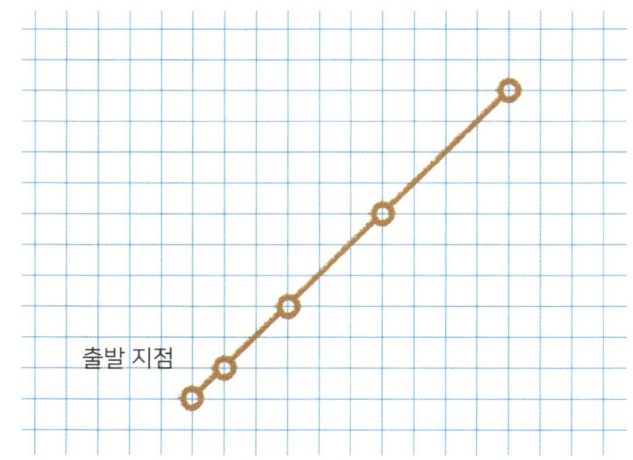

풀이2

아래 그림처럼 이동하면 돼요. 물론 11번 만에 결승선에 도착하는 다른 방법도 있어요.

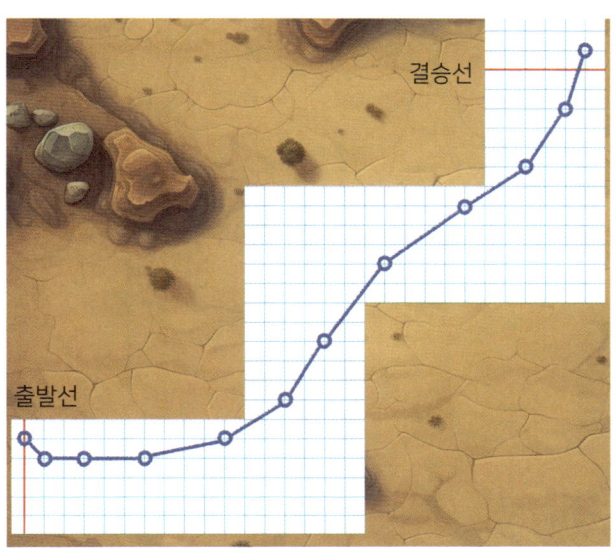

풀이2

아래 그림처럼 빨간색 직사각형 위치에 그리는 것이 좋아요. 그러면 직사각형을 그릴 수 있는 영역이 4개로 나눠지는데 위의 두 영역이 대칭적이고, 아래 두 영역도 대칭적이에요. 따라서 대칭 전략을 사용하면 게임에서 승리할 수 있어요.

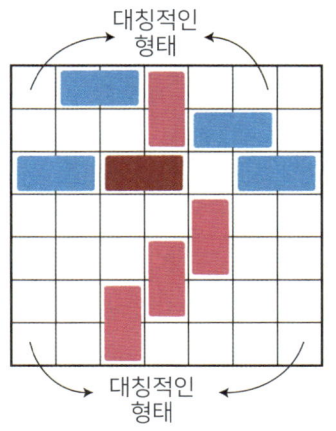

6. 크램

둘이 놀기 141쪽 도전! 게임왕!

풀이1

아래 그림처럼 3의 위치에 표시해야 해요. 그러면 남아 있는 칸에서 총 8번의 진행이 가능하므로 게임에서 승리할 수 있어요. 아래 그림의 화살표의 숫자가 각 영역에서 진행 가능한 횟수예요.

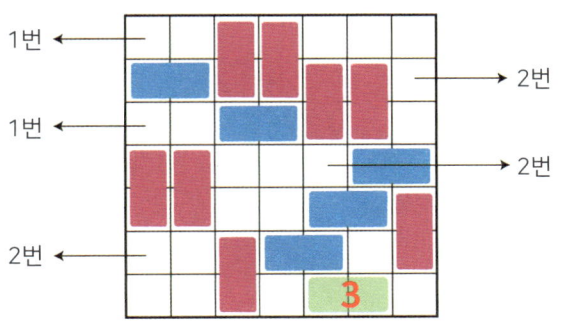

7. 노탁토

둘이 놀기 149쪽 도전! 게임왕!

풀이1

주어진 게임에서 첫 번째와 두 번째 게임판은 3개의 X 표시가 한 줄이 됐으므로 마지막 게임판에서만 게임이 진행돼요. 여기에 아래 그림처럼 X 표시를 해서 부트 트랩을 만들면 승리할 수 있어요.

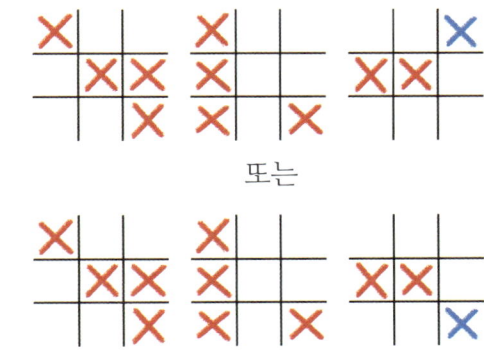

둘이 놀기

풀이2

주어진 게임에서 첫 번째 게임판은 3개의 X 표시가 한 줄이 됐으므로 두 번째 게임판과 세 번째 게임판에서 게임이 진행돼요. 이때 아래 그림처럼 두 번째 게임판의 1 ~ 7 중 6의 위치에 표시하는 것이 가장 좋은 전략이에요. 이후 상대가 어떻게 해도 최선의 전략으로 게임을 진행하면 승리할 수 있어요. 직접 생각해 보도록 해요!

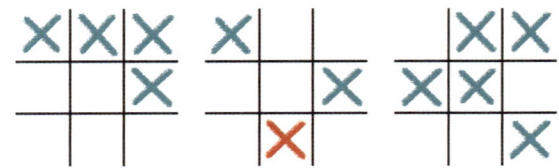

8. 브리지잇

둘이 놀기 157쪽 도전! 게임왕!

풀이1

아래 그림처럼 선(주황색 선)을 그리는 것이 가장 좋아요. 이후 상대가 어떻게 해도 최선의 전략으로 게임을 진행하면 승리할 수 있어요. 직접 생각해 보도록 해요!

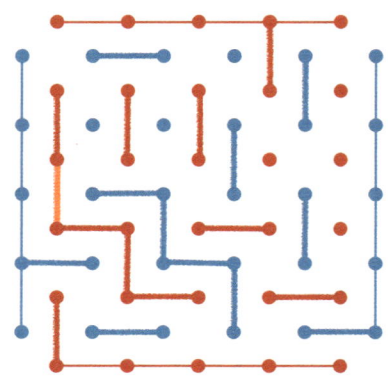

풀이2

아래 그림처럼 선(주황색 선)을 그리는 것이 가장 좋아요. 이후 상대가 어떻게 해도 최선의 전략으로 게임을 진행하면 승리할 수 있어요. 직접 생각해 보도록 해요!

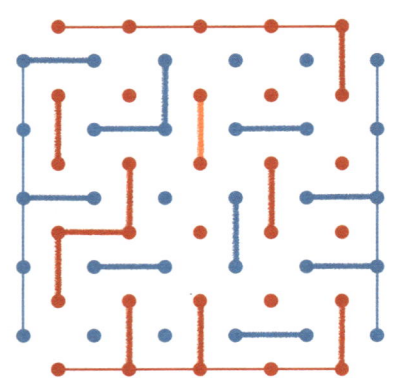

9. 새싹게임

둘이 놀기 165쪽 도전! 게임왕!

풀이1

이 게임 상태는 어떻게 진행하냐에 따라 두 번 만에 종료되거나 세 번 만에 종료돼요. 두 번만 진행하고 게임이 종료되려면 아래처럼 진행해야 해요.

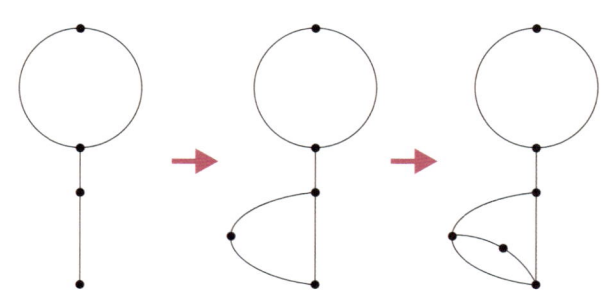

풀이2

게임에 승리하려면 아래처럼 해야 해요.

이후 상대방이 할 수 있는 행동은 다음 두 가지예요.

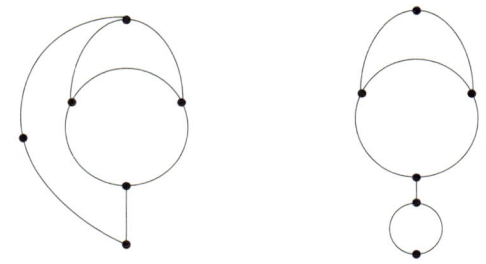

이때 첫 번째 경우는 다음과 같이 하면 승리할 수 있어요.

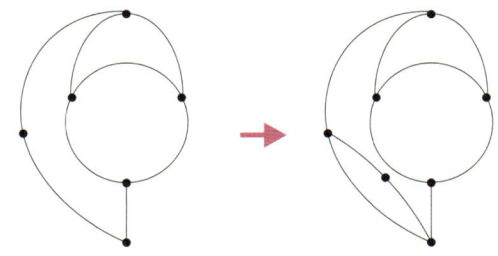

두 번째 경우는 다음과 같이 하면 승리해요.

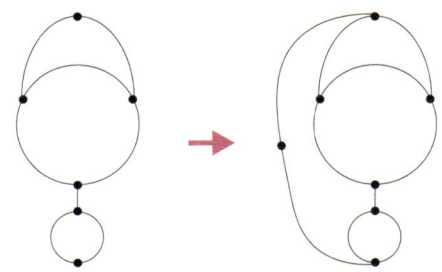

따라서 상대방이 어떻게 하든 게임에서 승리할 수 있어요.

10. 하켄부시

둘이 놀기 175쪽   도전! 게임왕!

풀이1

먼저 하는 사람이 더 유리해요.

먼저 하는 사람이 아래 그림처럼 선을 지우면 왼쪽과 오른쪽의 두 그림의 형태가 서로 같아진다는 것을 알 수 있어요. (자세히 모양을 관찰해 보세요.) 따라서 먼저 하는 사람은 이후 대칭 전략을 사용해 게임에서 승리할 수 있어요.

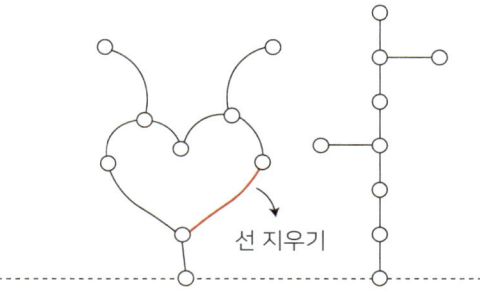

풀이2

아래 그림처럼 선을 지워야 해요. 그러면 이후 상대방이 어떤 선을 지우든 게임에서 승리할 수 있어요. 한번 직접 게임을 해 보며 확인해 보세요!

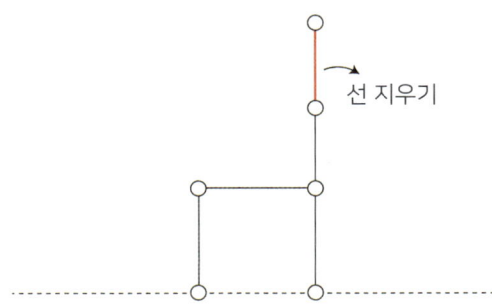

둘이 놀기

11. 커넥트 포

둘이 놀기 183쪽 도전! 게임왕!

풀이1

아래 그림에 쓰여 있는 숫자의 순서대로 게임을 진행하면 게임에서 승리할 수 있어요. 문제에 따라 다르게 진행해도 승리할 수 있는 경우가 있으니 자신의 풀이가 아래 답과 달라도 맞는 풀이일 수 있어요.

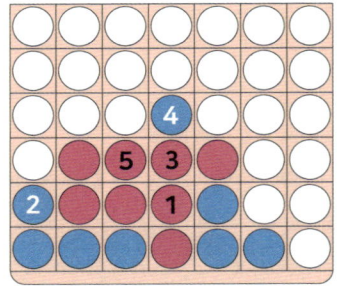

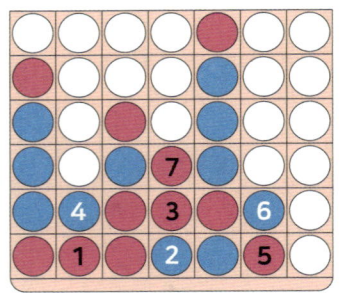

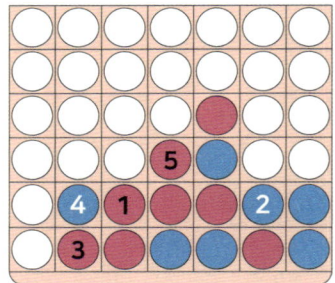

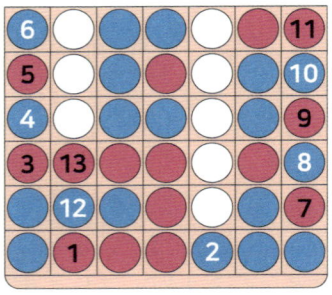

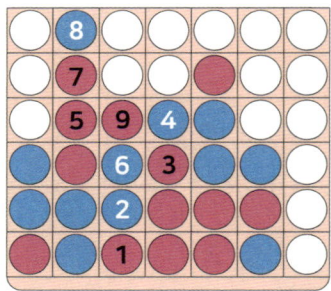

12. 참프

둘이 놀기 193쪽 도전! 게임왕!

풀이1

아래 그림처럼 초콜릿을 가져가면 돼요. 이후 정사각형 참프의 필승 전략에 따라 게임을 하면 게임에서 승리할 수 있어요.

아래 그림처럼 초콜릿을 가져가면 돼요. 이후 두 줄로 된 참프의 필승 전략에 따라 게임을 하면 게임에서 승리할 수 있어요.

아래 그림처럼 초콜릿을 가져가면 돼요. 그러면 이후 상대방이 아래 숫자 중 어떤 숫자의 초콜릿을 선택하는지 보고 그에 맞춰 같은 숫자가 있는 다른 초콜릿을 선택하면 게임에서 승리할 수 있어요.